公司分配法律制度研究

孔令政　著

Research on
Corporate Distribution Legal System

法律出版社
LAW PRESS · CHINA
—— 北京 ——

图书在版编目(CIP)数据

公司分配法律制度研究 / 孔令政著. -- 北京 : 法律出版社, 2021
ISBN 978 - 7 - 5197 - 5069 - 5

Ⅰ. ①公… Ⅱ. ①孔… Ⅲ. ①公司法-研究-中国 Ⅳ. ①D922.291.914

中国版本图书馆 CIP 数据核字(2020)第 202053 号

公司分配法律制度研究
GONGSI FENPEI FALÜ ZHIDU YANJIU

孔令政 著

责任编辑 慕雪丹 章 雯
装帧设计 汪奇峰

出版发行 法律出版社
编辑统筹 法商出版分社
责任校对 赵明霞
责任印制 胡晓雅
经 销 新华书店

开本 710 毫米×1000 毫米 1/16
印张 16.5 **字数** 230 千
版本 2021 年 9 月第 1 版
印次 2021 年 9 月第 1 次印刷
印刷 唐山玺诚印务有限公司

地址:北京市丰台区莲花池西里 7 号(100073)
网址:www.lawpress.com.cn
投稿邮箱:info@lawpress.com.cn
举报盗版邮箱:jbwq@lawpress.com.cn
销售电话:010 - 83938349
客服电话:010 - 83938350
咨询电话:010 - 63939796

书号:ISBN 978 - 7 - 5197 - 5069 - 5
定价:69.00 元

凡购买本社图书,如有印装错误,我社负责退换。电话:010 - 83938349

序

本书将论述公司资本制度中的主要制度之一——公司分配法律制度。公司资本制度内容广泛，但其主要解决两个问题，即“股东投入”(pay－in)和“向股东支付”(pay－out)。公司资本制度中规范“股东投入”的制度为公司出资制度或公司资本形成制度，而规范“向股东支付”的制度则为公司分配制度。公司出资制度保障公司独立财产权的形成，而公司分配制度则保障公司财产合理、有序地流向股东，在防止公司财产不当减少的同时保护公司债权人的利益。公司出资制度与公司分配制度犹如公司资本制度大厦的两大支柱，缺一不可。正是基于此，世界主要国家，如美国、英国、德国和日本的公司法均针对公司分配制度制定了十分完备的法律规则，美国和英国的公司法中更是以专节或专章的形式对公司分配制度进行了全面而系统的规范。

公司资本制度改革历来是我国公司立法的重点，无论是2005年还是2013年的公司法修订都聚焦于公司资本制度。然而，我国公司资本制度改革主要集中于公司出资制度的改革，对公司分配制度关注甚少，不仅立法几乎未作调整，而且在理论上也仅有零星的探讨。至今，我国公司法上还没有形成统一的公司分配概念，也缺乏严密的公司分配法律规范体系。实质上属于公司分配的各种交易形式，如股利分配、股份回购、股份回赎以及特定情况下的减资等，没有被置于“公司分配”这一统一范畴下。这造成了立法和司法上对经济和法律实质相同的交易行为适用不同的裁判规则，从而导致法律适用上的混乱与不公平结果的出现。

鉴于此,本书的研究着眼于公司分配法律制度的构建,在研究公司分配基本理论的基础上,依“主体”—“行为模式”—“法律后果”的一般法律规范逻辑来展开对公司分配法律制度的研究。以期对我国公司分配的法律理论研究与立法作出贡献。本书由五章构成,分别如下:

第一章为公司分配法律制度的本论,着重论述公司分配法律制度的基本理论。首先,本章阐述了公司分配的内涵与外延,在采取实质主义的原则下将公司分配界定为公司财产向股东任何形式的无偿转移,并在这一界定的基础上对公司分配的主要形式进行了列举。本章还从法律制度体系的角度对公司分配制度进行了定位,阐明了其与同属公司资本制度的其他法律制度或原则的关系。另外,本章还讨论了公司分配法律制度的价值目标。

第二章为公司分配法律制度的主体论,即公司分配由谁来决定的问题。公司分配决定权的归属既与公司分配这一交易的性质有关,也与一国公司治理的基本特征有关。本章对二者进行了探讨,认为现代公司的公司分配决定权应归属于董事会,或由股东会与董事会分享。但是,由于代理问题的存在,公司分配决定权存在被滥用的可能性。因此,本章也探讨了如何解决公司分配决定权中的代理问题。

第三章在第二章的基础上进一步探索了闭锁公司中分配决定权的特殊问题。由于闭锁公司分配决定权中隐含特殊的代理问题,使闭锁公司的小股东需要得到司法的特别救济,以对抗作为闭锁公司分配决定权拥有者的公司控股股东对其的欺压和对其股利分配期待的挫败。本章对这种司法救济的依据、理论基础与司法实践进行了深入的讨论,以期达到对闭锁公司小股东利润分配请求权的最佳保护 。

第四章为公司分配行为论,主要讨论了对公司分配进行限制的法律标准。本章在广泛的比较法研究的基础上,深入讨论了资产负债表测试与衡平偿付不能测试的利弊。同时,本章还讨论了对公司分配有着限制作用的其他法律制度——欺诈转让法和公司法人格否认,讨论了这些制度与公司分配制度的关系和适用问题。

第五章为公司分配责任论,即违法分配的法律后果。享有公司分配决定权的主体违反法律对公司分配限制的强制性规则必然招致公司分配责任。第五章分析了法律分配责任的主体、责任构成要件、违法分配时董事赔偿责任与股东返还责任的关系以及上述责任的范围等。

最后为本书的结论。

需要指出的是,在每一章的论述中,本书都从比较法研究和基本理论分析入手,但最后都落脚于我国公司法上的公司分配问题。本书通过各章中对相关公司分配中国法问题的探讨,以求对中国公司分配立法和司法实践有所助益。

目 录

第一章

分配制度本论:公司分配法律制度原理

第一节　公司分配的内涵与外延

一、分配以及公司分配的一般含义

(一)经济学上分配的概念

经济学上讲的分配是指对财富或收入的分配。古典经济学家将社会收入分为三个大的部分:工资总额、利息总额和利润总额。工资分配给雇员,利息分配给提供资金的资本家,而利润则分配给企业家。从社会财富分配的过程看,社会财富要经历三次分配:第一次分配是不同产业间的分配;第二次分配是产业内小团体间的分配;第三次分配则指各个小团体内部的分配,即将团体的财富分别分配给劳动的提供者、资金的提供者以及担任组织协调职能的企业家。[①] 公司即属于上述"小团体",因此公司分配从大的范畴上讲属于社会财富的第三次分配。从经济学上讲,公司是一个生产要素的集合体。不同要素的所有人将其生产要素置于公司这一组织框架下进行合作,从而取得收益。从公司价值形成的角度看,公司价值创造必须要在劳动所有者、资本所有者以及环境资本所有者所提供的生产要素协同作用下才

---

① [美]克拉克:《财富的分配》,陈福生、陈振骅译,商务印书馆1983年版,第2-3、13页。

可实现。因而这三种要素所有者均要参加公司分配。其中资本所有者又可分为,借入资本所有者与投入资本所有者。[①]在这里,劳动所有者就是指公司的雇员,其获取分配形式为工资;环境资本所有者为国家,其获取分配形式为公司的税收;借入资本所有者为公司的债权人,其获取分配的形式为利息;投入资本所有者为公司的股东,其获取分配的形式为股利等方式。

(二)哲学上的分配正义

与分配关联的一个重要的哲学上的概念就是分配正义。亚里士多德认为,正义就是"对他人的善",是一种利他的美德。他第一次将正义的范畴进行了分类,即分为分配正义(distributive justice)与矫正正义(corrective justice)。[②] 分配正义所关注的是在主体之间进行权利、权力、义务和责任配置的问题。[③] 按照亚里士多德的理论,分配正义是指将相等的东西分配给相等的人,把不相等的东西分配给不相等的人,即强调分配的比例性。在亚里士多德那里,"不相等的人"主要是指基于出身与阶级地位而不平等的人。在现代市民社会中,主体平等是民商事法律的基本原则之一,这就否定了在民事法律关系中基于出身与阶级地位的不平等。但是,民事法律主体的平等并不等于法律主体的完全同质。民事法律主体中仍存在债权人、优先股东、普通股东等不同角色的差别。在现代市民社会的语境中,分配正义表现为各民事主体依据其身份的不同而获得不同比例的分配,或相同的民事主体获得相同的分配。

当分配正义受到损害时,即产生了矫正正义。矫正正义是指当一方主体的权利受到侵犯时,其有权请求法院等具有强制执行力的机构判令施加侵害的一方对其进行补偿。从这一点讲,矫正正义是对分配正义的一种救济。如果分配正义得到实现,那么就不会产生矫正正义的问题。

---

① 马晓芳:《股份公司分配制度研究》,中国海洋大学出版社 2007 年版,第 165 页。

② [古希腊]亚里士多德:《尼各马可伦理学》,廖申白译,商务印书馆 2003 年版,第 134 页。

③ [美]E. 博登海默:《法理学法律哲学与法律方法》,邓正来译,中国政法大学出版社 1998 年版,第 256 页。

尽管哲学上对正义作出了以上区分,但是无论是分配正义还是矫正正义,其所表达的基本诉求就是:将各人应得的归于各人。如果实现了这个诉求就是实现了正义,否则就是不正义。

(三)本书中的公司分配基本范畴

如前文所述,对经济学中分配概念的讨论,公司收入需要向公司雇员、国家、债权人和股东进行分配。从法律规范的角度看,以工资形式向雇员的分配由劳动法律调整,向国家的分配由税收法律调整,向债权人的分配主要由合同法等债权法来调整,而向股东的分配则主要由公司法来调整。本书将对公司分配法律制度的研究限定于公司法的范畴内,即公司向股东的分配。另外,本书中所指的分配是指公司在正常存续过程中向股东的分配,如无特别指出,不包括在破产清算状态下的公司财产分配——这类分配主要由破产法来进行规范。

需要指出的是,虽然本书仅涉及公司向股东的分配法律问题,而不专门研究公司向其他主体如债权人的分配,但是,由于公司向股东的分配可能会损害公司债权人的利益,因此本书在讨论公司向股东分配的同时也会涉及公司债权人的保护等问题。

此外,本书中所称的公司是指具有法人资格,其股东承担有限责任的公司,如我国公司法上的有限责任公司和股份有限公司,或外国公司法上的类似公司。本书将不讨论全部或部分股东承担无限责任的无限公司或两合公司的公司分配问题。

二、公司分配概念的比较法研究

(一)美国公司法中的公司分配的概念

美国《示范商业公司法》(Model Business Corporation Act)第6章标题为"股份与分配",其中第6章第4节标题为"分配"(distribution),专门规范与公司分配相关的事项。该法第1.4条第6项对"分配"的定义是:分配是指基于股东所持有的公司股份或为了股东的利益,公司直接或间接地将金钱或其他资产(不包括公司自己的股份)转移给股东或公司为此向股东负债;分配可以采取宣派股利的方式、回购股份的方式、回赎股份的方式、其他收购股份的方式、以负债进行分配的方式或者其他方式。[①] 根据美国示范商业公司法官方注释对该定义的进一步解释,除上述定义中的明确列举外,分配还包括分配公司债务凭证或公司本票,以及在自愿或非自愿清算中的分配;宣派股份股利(share dividend)和拆股(share split)仅仅是持股单位的变化,并不会导致公司财产转移向股东,因此不属于分配的范畴;公司以负债形式进行分配时,这些负债的确立就构成了分配,而不必等到公司实际清偿这些债务。[②]

美国《加利福尼亚州公司法》第166条把"向股东分配"(distribution to shareholders)定义为,公司将现金或财产无对价地转移给股东,无论是采取股利或其他形式(不包含股份股利),或者公司或其子公司以现金或财产来回购或回赎公司的股份。[③] 如此可见,与美国示范商业公司法相比,加利福尼亚州公司法对公司向股东分配采取了更为广泛的定义,在美国示范商业公司法的基础上,加利福尼亚州公司法还把子公司回购母公司股东股份的交易也定义为向股东的分配。这是因为,当子公司回购母公司股份时,子公司向母公司的股东支付了相应对价,而子公司获得的是却只是母公司的股份,从母子公司合并看,实质上构成母公司财产向其股东的无偿转移,因此也构成了母公司自身的分配。此外,《加利福尼亚州公司法》规定,"向股东分配"不包含以下几种情形:第一,法院等有权机关判令撤销股份发行;第二,公司撤销股份发行,如果公司董事会决定:(1)有合理理由认为股份的持有人可以请求法院撤销股份发行。(2)撤销是为了公司的最大利益。(3)公司可以清偿其到期债务;第三,公司回购员工根据员工持股计划而持有的股份,如果董事会决定:(1)回购是为了公司最大利益。(2)公司可以清偿其到

---

① §1.4 (6), MBCA.

② American Bar Association Business Law Section, *Model Business Corporation Act Annotated* (Fourth Edition), 2013, p. 1 -97.

③ § 166, Cal Corp Code.

期债务。

与美国示范商业公司法和加利福尼亚州公司法不同,美国特拉华州公司法没有专门对公司分配作出定义。《特拉华州公司法》第5章标题为“股本和股利”。如果仅从该标题看,其似乎只规范股利的分配。但是,该章下的第160条却将股份回购和股份回赎作为股利的表现形式,可见特拉华州公司法对股利作了扩大化的解释,使其包含股份回赎和股份回购。除此之外,《特拉华州公司法》第213(c)条以及第262(k)条均使用了“股利或其他分配”(dividend and other distribution)的表述,可见该法对公司分配的定义也采取类似于美国示范商业公司以及加利福尼亚州公司法所采取的实质判断的做法。①

美国法对公司分配的定义与《布莱克法律词典》的描述是一致的。《布莱克法律词典》将公司分配(corporate distribution)定义为:“公司直接或间接将金钱或其他财物转移给股东,或者公司向股东负债,或者为了股东利益而承担债务,比如公司从现有或过去利润中向股东分配股利。”②

(二)英国公司法中的公司分配定义

英国2006年《公司法》第23部分的标题为“分配”。该部分全面规定了分配的定义、分配的一般原则、分配的正当化理由、分配中的会计问题、实物分配问题、违法分配的后果以及其他与分配相关的问题。该部分下的第1条——英国《公司法》第829条对分配进行了非常宽泛的定义,把其定义为“公司向其成员③的任何分配,不论是以现金或其他形式”。④ 此外,英国《公司法》在其第18部分“有限公司取得自身股份”中单独规定了公司进行股份

---

① §160, §213(c), §262(K), Title 8 of Delaware Code.

② Black's Law Dictionary, Seventh Edition, p. 488.

③ 在英国公司法中,当公司资本分为股份时,“成员”即指公司股东。

④ s. 829, Companies Act 2006. 值得注意的是,根据该法,仅为Part 23 (Distribution)的目的,分配不包括股份股利、减资、以资本回购或回赎公司股份以及在公司解散时将公司资产分配给股东。但从英国公司法的整体规范来看,公司股份回购、股份回赎以及减资都采取了与股利分配相近的规制方法。

回购和股份回赎,但是该部分中规定的股份回购和回赎的条件与英国《公司法》第23部分中规定的公司进行分配的标准是一致的。除英国公司法外,英国颁布的《示范公司章程》也以专章的形式约定了公司的分配。[①] 英国的《示范公司章程》虽然仅对英国公司制定章程时具有指导作用,而非强制适用,但是根据英国《公司法》第20条的规定,如果一个公司的章程没有注册或者其章程没有排除或修改相关的示范章程条款,则示范章程条款就适用于该公司。可见英国的《示范公司章程》也具有较高的、相当于法律的规范效力。

英国最权威的公司法论著——由保罗·戴维斯(Paul Davies)教授撰写的《公司法原理》一书也以第十二章整一章的内容来论述公司的股利与分配。在这部著作中,戴维斯教授重申了英国公司法上分配的广泛含义。除此之外,戴维斯教授还将“掩饰的分配”(disguised distribution)作为分配的一种。“掩饰的分配”的概念来源于英国的判例法,是指通过公司和股东之间不遵循市场定价原则的交易而由公司向股东转移财产的行为。因为在这种情况下,股东支付给公司的对价少于公司支付给股东的对价,这其中的差额就是公司向股东的分配。[②] 除此之外,2003年由包括英国顶级公司法学家、律师和会计师等组成的跨学科小组出具的研究报告也指出,公司分配一般以股利的形式进行,但也可以以股份回购、股份回赎或公司资本重组的方式进行。[③]

(三)欧盟公司法指令中的公司分配定义

2012年10月25日,欧盟议会和理事会颁布了关于公司资本制度的指令(Directive 2012/30/EU)。其中,指令第17条第4款规定,本条中的“分配”是指公司向股东支付股利或其他利益。[④] 可见,欧盟也对公司分配采取

---

① Part 4, Model Articles for Public Companies, UK; Part 3, Model Articles for Private Companies Limited by Shares, UK.

② Paul L. Davies and Sarah Worthington, *Gower & Davies Principles of Modern Company Law* (Ninth Edition), Sweet & Maxwell, 2012, p. 306 – 307.

③ Jonathan Rickford, *Reforming Capital Report of the Interdisciplinary Group on Capital Maintenance*, 15 Eur. Bus. L. Rev. 919, 922 (2004).

④ Art. 17(4), 2012/30/EU.

了较为宽泛的定义。此外,该指令的第 21 条和第 39 条分别规定了公司回购自身股份和回赎自身股份的规则,这些条款规定公司回购或回赎自身股份须满足第 17 条公司分配的条件。由此可见,欧盟公司法指令中也是将公司股利分配、公司股份回购和公司股份回赎作为统一的公司分配范畴来看待,并适用统一的法律规定的。

(四)德国公司法中的公司分配

德国《股份法》第 58 条和第 60 条使用的是“盈余分配”的概念;德国《有限责任公司法》第 29 条和第 32 条使用的也是“盈余分配”的概念。[①] 该“盈余分配”指的就是公司向股东分配的股利。德国《股份法》第 57 条原则上禁止公司通过股份回购取得自己的股份。[②] 根据德国《股份法》第 71 条“取得自己的股份”,仅在几种例外的、经法律明确列举的情形下,股份公司才被允许取得自己的股份。德国有限责任公司法则采取了不同的态度,德国有限责任公司原则上可以回购自身的营业份额。从德国有限责任公司法的规定看,有限责任公司取得自身营业份额的规制更多的是从资本维持的角度来进行的。但是,绝不能理解为德国公司法上的分配仅指股利分配。从本书第四章第二节关于德国公司法上分配法律限制的比较法研究看,德国公司法对股利分配、股份回购采取了相近的财源规制,即不得损害公司的基本资本和不得分配的公积金。[③] 在德国,一些被称为“隐性的资产捐赠”的交易行为也会适用隐性利润分配的规定。这些所谓的“隐性资产捐赠”包括但不限于以下情形:公司给股东提供无息或相较市场利率而言的低息贷款、代股东清偿债务或为该等债务提供担保、向股东支付过高的薪酬或劳务费等。[④] 因

---

① 德国《股份法》第 58 条、第 60 条,以及德国《有限责任公司法》第 29 条、第 32 条,载《德国商事公司法》,胡晓静、杨代雄译,法律出版社 2014 年版,第 38、152 页。

② [德]托马斯·莱塞尔、[德]吕迪格·法伊尔:《德国资合公司法》,高旭军等译,法律出版社 2005 年版,第 309 页。

③ 详见本书第四章第二节的讨论。

④ [德]托马斯·莱塞尔、[德]吕迪格·法伊尔:《德国资合公司法》,高旭军等译,法律出版社 2005 年版,第 305 页。

此,德国法上的资本维持原则事实上禁止公司向股东的任何没有相等对价的支付,除非这种支付是源于公司资产负债表上的利润且根据股东会有效的公司分配决议。[①]由此可见,德国公司法事实上将任何公司向股东无相等对价的支付施之以相同的法律标准。中国学者研究德国的分配制度后也指出,德国法上的"分配"含义十分广泛,系指在公司运营期间任何从公司向股东的财产流出。[②] 总结以上可以看出,虽然德国股份法和有限责任公司法中没有对公司分配作集中的、统一的规定,但实际上其却采取了如同美国公司法上对公司分配所持的实质性标准。

(五)日本公司法中的公司分配

日本《公司法》关于公司分配的规定设置于其第二编"股份公司"第5章"计算"之下。该章第453条使用的是"盈余金分红"的概念。虽然如此,日本《公司法》第461条"分红等的限制"中,对公司股份的回购和公司股份的回赎设置了与盈余金分红相同的限制条件,即必须以"可分配额"进行。[③] 由此可见,虽然日本公司法没有从形式上对公司分配作统一的定义,但其实质上却将作为公司分配主要形式的股利分配、股份回购与股份回赎置于相同的法律规则之下,对这些行为采取统一的财源规制,从本质上对公司分配采取了与美国类似的广义的概念。

(六)公司分配概念比较法小结

从上述世界主要国家和地区对公司分配的定义可以看出,虽然程度不同,各个国家和地区基本都对公司分配采取了较为宽泛的界定方法。其中,

---

① Martin Schulz & Oliver Wasmeier, *The Law of Business Organizations: A Concise Overview of German Corporate law*, Springer, 2012, p. 62.

② 王萍:《公司抽逃出资法律问题研究——以德国法为主要考系》,载《德国研究》2016年第4期。

③ 日本《公司法》第461条,载《最新日本公司法》,于敏、杨东译,法律出版社2006年版,第257页。

以美国示范商业公司法和加州公司法对公司分配的定义最为宽泛,其次为英国和欧盟的公司法及公司法指令,再次为德国和日本公司法对公司分配的实质性统一规定。尽管以上国家和地区对公司分配的定义不尽相同,但本书认为,在对公司分配进行定义时,其均遵循了"重实质、轻形式"的思路,即体现了美国示范商业公司法对公司分配的规制逻辑。在这一规制思路中,公司法中"分配"的内涵特指由公司向股东、根据其所持股份而进行的单方向的财产转移。从"分配"的外延看,分配不仅包括股利的支付,而且包括股份的回购、回赎、以公司负债形式进行分配等形式。这些形式的共同特点就是公司财产无偿流向股东从而导致公司财产的减少,继而减弱了公司财产对公司债权的担保功能。仅仅把公司分配理解为公司股利的支付是一种只见树木不见森林的做法,其不利于公司相关利益主体的保护,因此是"十分危险的"。[①] 需要指出的是,在美、英、德、日等国的公司法对公司分配作出定义的同时,其也对分配的标准、时点、决策人、分配的责任等作出了系统而相对较为统一的规定。

三、本书对公司分配的界定

(一)本书所指的公司分配

本书采用美国示范商业公司法中对公司分配的定义,公司分配,是指基于股东所持有的公司股份,公司直接或间接地将公司财产无偿转移给股东的行为。本书中所指的公司分配具有以下几个特征:

第一,公司分配的依据是股东所持有的公司股份。公司分配的具体数额可以是按股东的持股数量或比例进行,也可以依章程规定的其他方式进行,但是分配的依据必须是股东所持有的公司的股份。因此,公司向其职工所支付的薪资或者向高管依其向公司提供的服务所支付的奖金等均不属于本书中所述的公司分配。这种界定方法在当公司股东同时为公司的员工或

---

① Thomas Bachner, *Creditor Protection in Private Companies*, Cambridge University Press, 2009, p. 103.

高管时可能会存在分歧。但总的原则是:要看其取得一项分配是按什么身份。这里的身份标准宜采取实质性判断的原则。[①]

第二,公司分配的本质是公司财产向股东的无偿转移。公司财产是对公司有经济价值、可资公司利用并产生利益的物或权利。公司自身的股份对公司来说并不属于其财产,仅当公司将股份出售给股东并因此而获得相应的现金或其他财产时,公司的财产才会增加。因此,股份股利(share dividend)或股份拆分(share split)并不属于本书中公司分配的范畴,因为公司并未因此而失去财产。相反,在公司股份回购和股份回赎中,公司将现金或其他财产支付给公司股东而获得的公司自身股份并非公司财产,因此股份回购和股份回赎属于公司分配的范畴,因为二者在减少公司财产这一结果上与公司分派股利并无二致。也是基于这个原因,当公司与其股东进行交易,股东虽然支付对价,但该对价与公司支付给股东的财产数额相差悬殊时,其实质也是公司向其股东无偿赠与了一部分财产,在有些情形下会构成本书中所述的"掩饰的分配"。[②] 值得注意的是,虽然股份股利不属于本书中所述的公司分配的范畴,但是公司向其股东分配其子公司的股份则构成公司分配,因为与公司自身的股份不同,公司所持子公司的股份属于公司的财产,如果公司将其子公司股份分配给其股东就属于公司财产向其股东的转移。

第三,公司分配可以采取直接的方式也可以采取间接的方式。公司分配可以采取公司直接向股东支付股利、回购或回赎股份等方式,也可以采取由公司的子公司向母公司的股东回购股份等间接形式。在子公司向母公司股东回购股份的情形下,虽然母公司没有直接向其股东作出分配行为,但其子公司回购母公司股份的行为事实上减少了母公司的财产,因此也间接地构成了母公司向其股东的分配。另外,公司分配有时可表现为:公司虽然是向第三人支付,但却是为了股东的利益。该种支付行为也应被看作一种间

---

① 有关该等实质判定标准请参见本书第一章第二节第四条"掩饰的分配"。

② 参见本书第一章第二节关于"掩饰的分配"的论述。

接的公司分配。例如,在德国法上,为股东利益而向第三人的支付,也受限于盈余分配的法律限制。①

第四,公司分配通常表现为公司与股东的一项交易。该交易可能为资本性交易,如股利分配、股份回购等公司依股东股权为依据进行的交易;也可能为经营性交易,即公司日常经营中进行的交易,如公司向股东购买原材料或销售商品等。② 前一类交易仅发生于公司与股东之间,而后一种交易则不限于股东与公司之间。如果完全不存在任何交易,仅仅是股东对公司财产的掠夺,如股东打开公司保险柜拿走大笔现金,则该行为并不属于公司分配的范畴。

(二)对公司分配进行广义界定的意义

对公司分配进行界定,明确其内涵与外延的意义在于:第一,将不同的公司交易行为,如股利支付、股份回购、股份回赎等统一界定为公司分配,可以对这些分配行为适用统一的法律标准,并且统一地适用违法分配所导致的法律后果,这样有利于公司分配法律制度的体系化和司法成本的节约;第二,可以识别公司的分配行为,防止股东以股利之外的其他方式不公平地、隐蔽地接受公司分配;第三,可以在对公司分配设定统一限制标准的基础之上,适当放松某些公司分配形式的管制。例如,股份回购和股份回赎,如果将其视为一种与股利支付相同的分配形式,那么在符合相关标准的情况下,公司法就不应该禁止。

第二节 公司分配的主要表现形式

根据对公司分配内涵与外延的分析,本书所指的公司分配主要具体体

---

① [德]托马斯·莱塞尔、[德]吕迪格·法伊尔:《德国资合公司法》,高旭军等译,法律出版社2005年版,第306页。

② 刘燕:《重构"禁止抽逃出资"规则的公司法理基础》,载《中国法学》2015年第4期。

现为股利支付、股份回购、股份回赎、以公司负债形式分配以及“掩饰的分配”。需要指出的是,本节关于公司分配表现形式的讨论并非关于公司分配的穷尽式的列举,而毋宁说是对目前较为常见的分配形式的总结。本书对公司分配采取实质主义的态度,即只要具备上文中所述的公司分配的本质,无论其表现形式如何,也无论其采取直接或间接的方式,均属于本书中所称的公司分配,也因此而受到公司法关于公司分配规则的约束。

一、股利支付

(一)股利的定义

股利是以现金或额外股份的形式、按一定比例支付给股东的公司收入或利润。① 与股利相关的概念还有股息、红利。这 3 个概念分别出现在我国相关法律及规范性文件中。我国现行《公司法》第 139 条第 2 款规定:“股东大会召开前二十日内或者公司决定分配股利的基准日前五日内,不得进行前款规定的股东名册的变更登记。但是,法律对上市公司股东名册变更登记另有规定的,从其规定。”其中使用的是“股利”的表述。但《公司法》第 34 条规定:“股东按照实缴的出资比例分取红利;公司新增资本时,股东有权优先按照实缴的出资比例认缴出资。但是,全体股东约定不按照出资比例分取红利或者不按照出资比例优先认缴出资的除外。”其中使用的是“红利”的概念。由于《公司法》第 139 条是关于股份公司的规定,而第 34 条是关于有限责任公司的规定。这是否可以得出,股份公司的利润分配所得称为“股利”,而有限公司的利润分配所得称为“红利”呢?但在证监会等几个政府部门发布的部门规章《关于鼓励上市公司兼并重组、现金分红及回购股份的通知》中,对上市公司的利润分配又使用的是“分红”一词,从字意推测即为“分配红利”。另外,我国《个人所得税法》第 2 条第 7 项为“利息、股息、红利”所得,其中又将“股息”与“红利”相并列。我国《企业会计准则第 34 号——每股收益》第 13 条规定:“发行在外普通股或潜在普通股的数量因派发股票股

---

① Black's Law Dictionary, 7th Ed., p. 492.

利、公积金转增资本、拆股而增加或因并股而减少，但不影响所有者权益金额的，应当按调整后的股数重新计算各列报期间的每股收益。”[①]该会计准则针对普通股使用的是“股利”的表述。另外，在《国务院关于开展优先股试点的指导意见》（国发〔2013〕46号）中，针对优先股使用的是“股息”一词。

我国台湾地区“公司法”中同时使用了“股息”与“红利”两个概念。我国台湾地区著名公司法学者柯芳枝认为，公司的盈余分派分为股息与红利。股息是指以公司资本为基础计算的、按固定比率进行分配的公司盈余，可以视为以公司资本计的利息；而红利则是指公司税后利润中除股息以外的、比率不固定的、分配给股东的盈余。[②] 另有公司法学者认为，股利是股息和红利的合称，在现实中股息一般适用于对优先股股东的分配，红利则适用于普通股股东。我国大陆相关法律和学者著作中对股息和红利没有作区分，而是统称为股利。[③]

由此可见，“股利”、“股息”和“红利”几个概念还是有所区别的。本书不区分有限责任公司与股份有限公司，将两种公司的盈余分配统称为“股利”。但当本书论述公司优先股与普通股在分配上的区别时，本书会区别使用“股息”和“红利”。

（二）股利的表现形式

根据股利的表现形式不同，股利可以分为现金股利、股份股利、财产股利和负债股利。[④]

1. 现金股利

股东向公司出资便是为了从公司获取回报，而现金股利则是股东获得

---

① 《企业会计准则第34号——每股收益》（财会〔2006〕3号）第13条。

② 柯芳枝：《公司法论》（下）（修订版），台北，三民书局2009年版，第369页。

③ 赵旭东主编：《公司法学》（第4版），高等教育出版社2015年版，第341页；甘培忠：《企业与公司法学》（第7版），北京大学出版社2014年版，第304－305页。

④ 赵旭东主编：《公司法学》（第4版），高等教育出版社2015年版，第342页；参见施天涛：《公司法论》（第3版），法律出版社2014年版，第227页；参见李建伟：《公司法学》（第3版），中国人民大学出版社2014年版，第203页。

这种回报的主要形式。顾名思义,现金股利(cash dividend)是以现金形式发放的股利,其又可以分为经常现金股利(regular cash dividend)与特别现金股利(special cash dividend)。[①] 经常现金股利是指公司根据其设定的股利发放目标,发放的数额和频率较为固定的股利。现金股利,是指当公司经营业绩在短时间内有较大提升时,公司向其股东支付的、额外的股利。把公司的利润作为特别现金股利而非经常现金股利进行发放的原因是,公司管理层意欲传达这样一种讯息,即特别现金股利是"一次性"的,并没有进行持续发放的预期。

2. 股份股利

股份股利(stock dividend),是指公司向现有股东分配自身股份的一种行为。在我国的上市公司,这种方式又称送红股。[②] 由于向股东派送的股份股利并不涉及公司财产向股东的转移,因此股份股利并不属于本书所指的公司分配。

3. 财产股利

财产股利,是指公司将其持有的非现金财产向股东进行分配的形式。在现实中,公司可以将其持有的别的公司的有价证券或公司所有的其他有形或无形财产作为股利分配给股东。[③] 虽然现金股利是一种最为常见的分配形式,但是有时候将公司财产分配给股东可能更受到股东的青睐。比如,当股东认为公司持有的另外一家公司的股票在未来升值潜力巨大时,这时公司将该股票以分配时的市场价格作为股利分配给股东就会受到股东的欢迎。另外,公司将持有的其全资子公司的股份分配给公司股东,也是剥离公司资产、进行公司重组的重要方式。例如,甲公司将其持有的全资子公司乙公司的全部股份按持股比例全部分配给甲公司的股东时,这样做的结果就是:乙方公司从甲公司中剥离出去,不再是甲公司的财务并表公司,而是成

---

① 邱海洋:《公司分配法律制度研究》,中国政法大学 2002 年博士学位论文,第 1 - 2 页。

② 赵旭东主编:《公司法学》(第 4 版),高等教育出版社 2015 年版,第 342 页。

③ 赵旭东主编:《公司法学》(第 4 版),高等教育出版社 2015 年版,第 342 页。

为一个与甲公司股东结构相同的、与甲公司并列的独立公司。

4. 负债股利

如上文所述,公司分配的实质是公司资产向股东的无偿转移。当公司以向股东负债的方式分配股利时,就构成了负债股利。当公司分配付债股利时,虽然公司资产没有立刻减少,但公司股东却因此而享有一项对公司的财产性权利,而公司却有了财产性的负担。在现实中,负债股利的常见形式是公司向其股东发行债券或应付票据(promissory notes),并以此作为向股东分配的股利。当公司分配负债股利时,虽然并不会即时产生公司向股东的支付义务,但是这种公司向股东负债的形成即认为公司向股东进行了分配。正如美国示范商业公司法解释中的说明,当公司因为进行分配而负债时(如对债权凭证的分配或分期付款的形式进行股份回购),则该等负债的产生、承担或者分配,而非公司最终向股东的清偿,构成公司分配。①

(三)股利政策

公司的股利政策是指公司在决定向股东分配规模和模式时所遵循的政策。② 公司股利政策所要回答的问题是:(1)公司股利政策的预期目标是什么?(2)公司是否将全部利润用于支付股利,抑或只是其中特定一部分利润?(3)股利支付的多少是否取决于其他因素?如果是,那么是什么因素?

在现实中,公司管理层试图努力达到一个目标分配比率,并且尽量使目标分配比率的变动相比较于公司利润的变化更平缓。举例来说,如果一个公司的目标分配比率为其年净利润的一半,当其公司净利润上涨每股1美元时,公司可能会仅将其股利上涨30美分;当下一年公司净利润以相同速度进一步上涨时,公司才会将股利上调,以接近其设定的目标分配比率。只有公司管理层预期公司利润会继续增长时,其才会增加公司经常股利。③ 从这点

---

① American Bar Association Business Law Section, *Model Business Corporation Act Annotated* (Fourth Edition), 2013, p. 1 - 97.

② H. Kent Baker, *Dividends and Dividend Policy*, John Wiley & Sons, Inc., 2009, p. 3.

③ Robert Charles Clark, *Corporate Law*, Little, Brown and Company, 1986, p. 594.

上来说,股利具有"信号效应"(signaling effect),即股利的增长表示公司管理层对公司未来盈利能力的积极预期,而股利的减少则表示公司管理层对公司未来盈利能力的消极预期。① 但问题是,这个目标分配比率是怎么来确定的呢?这个比率是否会影响公司价值,进而影响股东权益呢?一直以来,经济学家围绕这些问题展开了激烈的争论。传统理论认为,股东偏好一个稳定的股利模式,股利的增加在某些情形下会导致公司价值的增加。但是,Modigliani 和 Miller 两位学者提出了不同的观点。他们在发表于 1961 年的论文《股利政策、增长和股票价值》一文中提出股利政策与公司价值不相关的主张。② 该主张认为,在一个没有交易成本的完美市场,公司价值与公司如何融资开展经营活动无关,即公司既可以选择将公司利润分配给股东而靠发行新股来筹集资金用于再投资,也可以将公司利润留存用于再投资而不分配给股东,这两种选择对公司价值并没有影响——这就是著名的"M-M定律"。"M-M 定律"本身在经济学界得到广泛的认同。

但是,"M-M 定律"的假设——"没有交易成本的完美市场"在现实中是不存在的。在现实中,交易是有成本的,信息具有不对称性,而且资本市场也并不是完全有效的。例如,税收的不同就会对公司股利政策产生影响。在美国,针对股东股利所得的税率要高于针对股东转让股份的资本利得的税率,在这种情况下,最优的股利政策就是公司不分配股利而留存所有利润。一般而言,以下因素在现实中会影响公司的股利政策:③(1)对于普通商业公司投资者而言,针对其资本利得适用的税率要高于股利收入的税率;(2)有些投资者,如养老基金和非营利机构,其收入不会被征税,因此税收并非其青睐某一股利政策的决定因素;(3)有些投资人,如人身保险公司、退休基金和为未成年人设立的信托,其税率较低,因此税收也不是其重要考虑因

---

① William W. Bratton, *Corporate Finance: Cases and Materials*, 7ed, Foundation Press, 2012, p. 789.

② Merton H Miller & Franco Modigliani, *Dividend Policy, Growth, and the Valuation of Shares*, 34 J. Bus. 411 (1961).

③ Robert Charles Clark, Corporate Law, Little, Brown and Company, 1986, p. 596 - 598.

素;(4)由于监管政策使某些股东更倾向投资于股利较高的公司;(5)与卖出股份获得现金相比,获得股利对某些股东的交易成本较低;(6)有的投资者对公司披露的关于利润的信息并不信任,他们宁愿公司将利润分配给他们,以落袋为安;(7)当公司将利润分配给股东后,其不得不在市场上向机构借款人借款或向投资银行发行新股来募集资金,这些市场机构为了确保其债权或投资安全从而会监督公司管理层,从而有利于公司代理成本的降低。从以上第(7)项来看,股利政策与公司治理密切相关:一方面股利政策可以成为公司内部治理的替代机制;另一方面,由于股利政策的信号功能,其也可能引发公司控制权市场等公司外部治理机制。①

(四)股利支付程序

1. 股利的宣布

股利应由公司董事会或股东会根据公司法和公司章程的规定进行决议并宣布。在宣布股利的同时,应该同时确定公司股利的发放日、发放形式以及接受分配股东的基准日(record date)。股利的发放日是指股利的实际支付日。由于股权转让或股份买卖,公司股东处于不断的变动之中,因此应以某一时点的公司股东为准进行股利的支付,这个时间点即为股利分配的基准日。

2. 股利的支付

在公司宣布股利并确定基准日后,公司应该以基准日的股东及其持股情况为准,并在预先确定的支付日向股东支付股利。已宣布但未支付的股利在性质上属于公司对股东的债务,公司不可以单方面撤销。当公司在支付日届至但仍未支付股利时,股东可以请求公司支付。若公司拒不支付的,公司股东可以诉请法院强制执行。

---

① [葡萄牙]路易斯·科雷拉·达·席尔瓦等:《股利政策与公司治理》,罗培新译,北京大学出版社2008年版,第204-205页。

二、股份回购

(一)股份回购定义与原因

股份回购(share repurchase)是指公司以一定对价买回自身股份。股份回购的实质是公司向股东转移了公司财产,从而得到自身的股份。由于公司持有自身的股份对公司而言并无价值,因此,股份回购事实上是公司财产无偿向股东的转移,因此也是公司分配的一种。公司回购会导致公司持有自身股份。这些股份应如何处理呢?有以下选择:第一,在有库藏股制度的国家或地区,如美国特拉华州或我国台湾地区,回购的股份可作为库藏股,这些股份的状态仍为已授权并已发行,其随后可以由公司转让给第三人或由公司注销;第二,由公司直接注销,并办理减资。在授权资本制下,这些被注销的股份的状态为已授权但未发行,而在非授权资本制下,则作减资处理。

公司为什么回购自身股份呢?有以下可能的原因:①第一,股份回购可以作为公司支付股利的替代性手段,对此,下文有专门论述;第二,公司可以通过回购股份的方式来减少其法定资本;第三,股东因股份回购得到的收益属于资本利得,其税率通常要低于股利收入,但是如果股份回购是针对全体股东的话,股份回购可能会被税务机关等同于股利支付,从而适用股利收入的税率;第四,当公司管理层认为公司股票被市场低估时,可以通过股份回购的方式来提振公司股价;第五,当公司面临敌意收购时,公司董事会可以通过股份回购的方式来阻止敌意收购者取得公司控制权;第六,在闭锁公司中,股份回购为股东提供了一种重要的退出方式。它为股东提供了一个无法从其他地方获得的投资收益变现手段,而且在闭锁公司中,通过回购将异议股东买出也可以保障公司持续地、和谐地经营。② 除此之外,公司也可能

---

① Robert Charles Clark, *Corporate Law*, Little, Brown and Company, 1986, p. 626 - 631.

② Richard O. Kummert, *State Statutory Restrictions on Financial Distribution by Corporations to Shareholders*, Part Ⅰ, 55 Wash. L. Rev. 359, 391 (1980).

出于实行职工持股计划或股权激励的需要而回购股份。

(二)股份回购的形式

公司回购自身股份可以通过以下几种方式：

1. 公开市场回购

公开市场回购(open market purchase)是指公司在公开市场上宣布购买自身股份的意图，同时公布其公开购买的时间期限、预估回购股份数以及说明其实际回购股份数量将取决于市场情况的前提条件。公开市场回购的时间期限一般较长，从几个月到几年不等。[①] 由此可见，在公开市场回购中，公司宣布其回购意图并不会使公司承担必须回购特定数额股份的法定义务，而毋宁说是表明一种回购的意向。

2. 要约回购

要约回购(repurchase tender offer)是指公司以公开要约的方式向股东购买一定数量的本公司股份，要约回购价格通常要高于市场价格。股东可以自由决定是否接受公司的要约，将其持有的股票出售给公司。要约回购是要约收购的一种，一般都受到一国证券法的严格规制，以确保股东的平等对待。与公开市场回购相比，要约回购的时间期限一般较短，如我国证券法规定要约收购期限为 30 日至 60 日。[②] 另外，要约回购的宣布使公司承担以特定价格和特定总数购买公司股份的法律义务。在美国，目前公司要约回购一般采取“荷兰式竞购”(Dutch Auction)的方式，即公司公布一系列回购价格，由股东来提交其愿意以何种价格出售何等数量股份的反要约，最后由公司以出售价格的从低到高决定接受股东的反要约。

3. 直接谈判回购

直接谈判回购(directly negotiated repurchase)是指公司通过单独谈判的

---

① William W. Bratton, *Corporate Finance*: *Cases and Materials*, 7ed, Foundation Press, 2012, p. 823.

② 《证券法》(2019 年修订)第 67 条。

方式收购一个或多个股东的全部或部分股份。在实践中,在直接谈判回购中出售股份的一般为持有较多股份的、比较重要的股东。

(三)作为向股东分配方式的股份回购与股利支付

在美国,20 世纪 80 年代中期之前,公司主要采取股利分配的方式向股东提供回报。但是,从 20 世纪 80 年代中期以来,股份回购日益成为一种向股东提供回报的受欢迎的形式。目前,在公司向股东提供回报的总量中,股份回购已经超过 50%,而股利支付的份额却呈下降的态势。由此可见,在美国,更多的公司采取股份回购作为股利的替代方式。经济学家对股份回购代替股利的原因进行了分析,认为主要原因是:由于股利的信号效应,公司倾向于用股利的形式来支付公司持久的利润,而用股份回购的方式来支付公司的临时利润。[①] 当公司宣布股利时,市场往往将其解读为公司的股利政策会在下一个财务年度得以延续,但是当下一个财务年度公司没有宣布股利或股利降低时,市场会对公司作出负面的反应,公司的股价也会下跌;但是,当公司以股份回购的方式进行分配时,市场一般只将其解读为本财务年度的偶然行为,并不会预期该种回购行为会必然出现在下一财务年度。因此,当下一财务年度公司没有以回购的方式进行分配或者回购价格降低时,市场的反应会比较温和。需要指出的,虽然股份回购在美国成为一种日益重要的公司分配形式,在世界其他国家,股份回购并不像美国那么常见。[②]

股份回购在法律、会计处理以及税务处理方面与股利支付相比存在差异。从法律上讲,如果回购的股份没有作为库藏股由公司持有,则股份回购会引发公司减资的法律程序,而股利支付则不会影响公司的股本;从会计处理上讲,股份回购会引起资产负债表中所有者权益项下已付资本(paid - in capital)的变化,而股利则一般只影响公积金或留存利润的变化;从税务处理

---

① H. Kent Baker, *Dividends and Dividend Policy*, John Wiley & Sons, Inc., 2009, p. 64 - 65.

② H. Kent Baker, *Dividends and Dividend Policy*, John Wiley & Sons, Inc., 2009, p. 65.

来看,股利属于投资收益,而股东从股份回购中所得到的收益则属于资本收益,二者的税率或税收减免政策可能不同,一般来说投资收益适用的税率要高于资本收益;另外,公司回购股份可以减少公司已发行股份的数量,这会导致公司股票的每股净收益增加,从而会致使公司股价上升。

三、股份回赎

(一)股份回赎的定义

股份回赎(share redemption)是指公司根据事先与股东的协议或公司章程规定,按照约定的时间与价格向股东购买其所持公司股份的行为。例如,公司章程可以规定:在公司发行某一类别优先股3年期满后,公司有权以发行价120%的价格从股东手中将该等股份购回。公司根据以上章程规定购回该等优先股的行为就称为“股份回赎”,而这些股份称为“可赎回股份”(redeemable shares)。

(二)股份回赎与股份回购

从形式上看,股份回赎与股份回购都是公司向股东购买自身股份的行为。但在一些国家的公司法以及法学论著中却将二者进行了区分。概括讲,二者存在以下区别:

第一,股份回赎强调事先的约定。即在公司发行股份时,已经在认购协议、公司章程或招股书中规定好股份回赎的时间或触发事由,以及股份回赎的价格等。而股份回购则无须进行提前约定。例如,当公司有一次性的、充足的现金流时,公司可以决定以股份回购的方式分配该等现金流。

第二,股份回赎一般针对公司所发行的优先股。公司所发行的优先股会依约定在公司股利分配、投票权等方面享有相较于普通股的优先权。为了平衡优先股股东与普通股股东的利益,公司在发行优先股时往往会约定公司在满足一定条件时可以回赎这些优先股,从而终结优先股股东的各项优先权利。

第三,股份回赎一般表现为公司的一项选择权。一旦事先约定的股份回赎的期限届满或条件成就,公司即可单方面选择按约定向股东支付对价,同时取消股东所持有的公司相应股份。与股份回赎相比,公司进行股份回购必须在股东自愿的情形下进行,公司并不可以单方面完成股份的回购。随着公司融资实践的发展和某些情形下优先股股东的强势谈判地位,股份回赎有时也表现为优先股股东的一项选择权,即当事先约定的期限届满或条件成就时,优先股股东有权依约定的价格要求公司赎回其优先股。

第四,公司对回购和回赎的股份的处理方式不同。赎回的股份一般自动被取消,而回购的股份可能变成库藏股,也可能经公司相关机关决议而取消。

四、掩饰的分配

"掩饰的分配"(disguised distributions)是欧洲学者尤其是德国和英国的公司法学者使用的一个概念,是指公司股东与公司之间的非公平的(other than on an arm's length basis)交易。①

德国波恩大学公司法学者 Holger Fleischer 认为,"掩饰的分配"概念的起源与原则是德国法律和制度思维的产物。Holger Fleicher 教授认为德国《股份法》第 57 条关于公司分配的规定,不仅规范公开的公司向股东的价值转移,也规范掩饰的价值转移。② 此外,德国主流的观点认为,欧盟《公司法指令》第 17 条第 4 款关于"分配"的定义也包含掩饰的分配。③ 而英国关于掩饰的分配的相关规则是在普通法中确立的。早在 1964 年的 Ridge Securities Ltd. v. IRC 一案中,英国法院就确立了一条准则:"公司可以通过股利、经法院允许的减资或清算将公司财产分配出去,公司也可以通过支付充分

① Robert Charles Clark, *Corporate Law*, Little, Brown and Company, 1986, p. 626 - 631.

② Holger Fleischer, *Disguised Distribution and Capital Maintenance in European Company Law*, Europe Company and Financial Law Review, Legal Capital in Europe, Special Volume 1 (Ed. by Marcus Lutter, 2006), p. 95.

③ Holger Fleischer, *Disguised Distribution and Capital Maintenance in European Company Law*, Europe Company and Financial Law Review, Legal Capital in Europe, Special Volume 1 (Ed. by Marcus Lutter, 2006), p. 99.

对价的形式来获得财产,但公司不能通过自由处置的方式将公司财产分配出去,这样做构成了公司越权(ultra vires)。”[①]在英国,“掩饰的分配”来源于普通法,有以下主要的判例。

(一)Re Halt Garage 案

Re Halt Garage 案是英国高等法院于 1982 年审理并判决的案件,其被认为是英国关于掩饰性分配的重要案例。[②] 在本案中,夫妻二人共同持有公司股份,并且二人均为公司董事。从 1968 年开始,由于妻子生病,便不再履行董事义务,但却在 1968 年至 1971 年仍然从公司领取每年 500 英镑至 1500 英镑不等的董事薪酬,尽管证据表明公司已于 1968 - 1969 年处于不能清偿到期债务的境地。1971 年,公司进入破产清算程序。清算人向法院提起诉讼,请求被告夫妻二人返还领取的董事薪酬。

Olive 法官经审理认为,虽然决定并向董事支付薪酬按章程规定属于公司股东会的职权,但是公司支付给生病妻子的薪酬与其对公司的贡献极度不对等,因此法院认为该支付给生病妻子的董事薪酬事实上就是“乔装改扮的股利”(dressed - up dividends)。[③] 最后法院判决作为董事的妻子将其停止履职期间所领取的薪酬归还公司。

(二)Aveling Barford Ltd. v. Perion Ltd. 案

在 Aveling 一案中,[④]原告公司 Aveling Barford Ltd. 与被告公司 Perion Ltd. 同受一人控制。原告公司将一宗经独立第三方评估价值为 65 万英镑的土地以 35 万英镑的价格出售给被告公司。当原告公司出售这一宗土地时,

---

① Ridge Securities Ltd. v. IRC, [1964] 1 ALL ER 275, 288.

② Holger Fleischer, *Disguised Distribution and Capital Maintenance in European Company Law*, Europe Company and Financial Law Review, Legal Capital in Europe, Special Volume 1(Ed. by Marcus Lutter, 2006), p. 101.

③ Re Halt Garage (1964) Ltd. [1982] 3 ALL ER 1016, 1042.

④ Aveling Barford Ltd. V. Perion Ltd., [1989] BCLC 626.

其利润和损失表中已经有累积的赤字。同时原告公司与被告公司约定,如果在此后一年内被告公司以 80 万英镑以上的价格转手将该宗土地卖出,则被告公司将向原告公司支付 40 万英镑。此后一年内,被告公司果然以 152.6 万英镑的价格将该宗土地转卖。原告公司的清算人提起诉讼,主张被告公司是原告公司的推定信托(constructive trust)受托人,从而主张被告公司将转卖土地的收入返还给原告公司。

Hoffmann J 法官判决认为:原、被告的实际控制人知晓该宗土地评估价值为 65 万英镑,因此他将土地以 35 万英镑出售是一种违反信义义务的行为。同时,由于被告公司明知上述违反信义义务的行为,因此被告公司构成推定信托的受托人。该案中的土地以远低于市场价格出售,其目的是使原、被告的实际控制人获得未获授权的资本返还,因此构成公司越权且不能被股东批准。该案中,原告公司虽然在出售土地时没有陷入资不抵债的境地,但是却有 1800 万英镑的累积赤字,因此并不符合向股东进行分配的标准。一项交易是否构成分配,并不依赖于交易双方如何对其称呼,法院会依据实质重于形式的原则来进行判断。依据此原则,本案中的交易显然是一项"掩饰的分配"(dressed - up distribution)。虽然法院并不认为本案中的交易是一项虚假交易,但却是一项故意为之的、以低于市场价格进行的交易,因此属于违法分配。

Aveling 一案也是关于掩饰的分配普通法规则的重要判例。其独特之处在于:其宣布,不仅股东与公司之间的直接交易可能构成公司分配,受同一股东控制的公司之间的交易也可能构成公司分配。

(三)Progress Property Company Ltd. v. Moorgarth Group Ltd. 案

Progress Property Company Ltd. v. Moorgarth Group Ltd. 案是英国最高法院于 2010 年审理的案件。在该案中,Progress Property Company Ltd.(PPC)将其持有的其全资子公司的股份以 63225 英镑的价格转让给了 Moorgarth Group Ltd.(MG)。在转让的时候,PPC 和 MG 均受同一人 Dr. Wiese 控制。在确定 63225 英镑的转让价格时,买卖双方考虑了 PPC 一项可

能的补偿义务(“或有补偿”),并将该项补偿义务所涉及的金额 400 万英镑从对 PPC 全资子公司的估值中减去。后来,PPC 的股份发生了转让,导致 PPC 不再受 Dr. Wiese 控制。而后来或有补偿也并没有实际发生。所以 PPC 起诉 MG,声称 PPC 向 MG 转让的子公司的股份价值由于考虑了后来并没有发生的或有补偿而被严重低估,从而在实质上构成了不法分配。①

Walker 法官在判决中认为:②第一,从普通法上的判例看,一项交易是否构成不当分配并不取决于其形式,而取决于其实质,因此一项交易呈现什么外观形式并不具有决定意义;第二,在审判中,法院的任务是调查被质疑交易的真实意图和实质,这就要求法院对包括相关当事人的主观意图在内的所有事实进行调查;第三,有时,董事的主观状态在判断一项交易是否构成分配时并不相关,无论他们多么善意地就交易进行谈判,仅仅是他们的行为就构成违法;第四,当公司当事人将一项分配伪装成一项正常的商业交易,当事人的主观意图是法院应考虑的相关事实;第五,一项交易,即使从事后看是一个亏本买卖,但只要交易当时是一项真实的、正常的交易,就不会受到法院的质疑;若当事人怀着从公司攫取财产的不当动机而假装进行一项正常交易,就是非法的;第六,仅仅从事后对财产的估值与财产当时实际交易价格的数字差异并不能推导出该交易构成分配;第七,如果一项交易在等价有偿的基础上真实地被考虑和执行,而且最终发现的估值差异并不构成一项超越任何合理解释的支付,并不以严重低估的价格进行交易且该差异不是不合理的巨大,则该交易并不构成伪饰的资本返还(dressed-up return of capital)。在评估对价的充足性时,应该允许存在自由裁量的空间(margin of appreciation)。

---

① Progress Property Company Ltd. v. Moorgarth Group Ltd., [2011] 2 ALL ER 432.

② Progress Property Company Ltd. v. Moorgarth Group Ltd., [2011] 2 ALL ER 432. See also Eilis Ferran & Look Chan Ho, *Corporate Finance Law*, Second Edition, Oxford University Press, 2014, p. 214.

(四)上述案例的小结

综合以上英国普通法上的判例,掩饰的分配的核心要素是:(1)虽然其可能直接发生在公司与其股东之间(如 Re Halt Garage 案),也可能发生在受同一股东控制的公司之间(如 Aveling Barford Ltd. v. Perion Ltd. 案),但其实质是公司与股东之间的一项交易;(2)该交易在形式上并不称为分配,更多地表现为一项正常的买卖;(3)由于这种不公平交易,公司实质上向其股东无偿转移了公司财产。这种不公平交易的直接体现为,公司股东支付给公司的对价小于公司支付给股东的价值。

根据 Ridge Securities Ltd. v. IRC 一案中所确立的原则,只要公司向股东返还财产不是依据成文公司法的规定或为了公司的目标,即使公司有可供分配的利润,该行为也是违法的。从这一点讲,英国普通法上所确立的掩饰的分配的法律规则要比英国成文公司法中关于分配的规定更为严厉。① 当然,如果公司有可分配利润时,英国成文公司法提供了进行合法分配的机制。但是,如果公司在没有可分配利润的情况下进行分配,那么其可能同时违反成文公司法和普通法中关于分配的规则。所不同的是,无论公司向股东的财产返还是否以分配的方式进行,也无论这种交易是在公司与股东之间直接进行的或间接进行的,其都将可能受到普通法上确立的掩饰的分配的相关规则的规制。

"掩饰的分配"中的交易并不当然为虚假交易——这种交易也许是真实的,但英国普通法之所以将其定性为"掩饰的分配"是因为这种交易中所存在的对价的差异。从英国普通法上的"掩饰的分配"也可以看出,其对公司分配的定义要比成文法上的定义广泛得多。从上述 Aveling 一案中可以看出,掩饰的分配不一定是一项虚假的交易。相反,在 Aveling 一案中,法官认可案中所涉的交易为一项真实的交易,在审理掩饰的交易的相关案件中,法

---

① Paul L. Davies and Sarah Worthington, *Gower & Davies Principles of Modern Company Law* (Ninth Edition), Sweet & Maxwell, 2012, p. 307.

官所真正关注的是公司与股东之间交易对价的非对等性。但是,此处有两个问题需要回答:第一,法官如何判定这种非对等性?也就是说,交易对价和市场价格产生多大的差异才会被法官认为是一项分配?第二,在判断是否构成一项掩饰的分配时,法官是否会考虑当事人的主观状态,即当事人是善意与否?

在有些案件中,股东与公司之间交易对价的非对等性是显而易见的,因为股东从根本上并未给公司支付任何对价。如在 Re Halt Garage 一案中,公司董事未给公司提供任何服务,却从公司领取薪水,虽然薪水总额并不巨大,但由于这本质上属于公司的无偿赠与,所以仍构成了掩饰的分配。但是,在包含股东向公司支付了对价的案件中,法院也没有对何种对价差异才构成掩饰的分配给出具体的判断标准。在 Progress Property Company Ltd. 一案中,法官认为:至少在当事人都是善意的前提下,要允许对交易对价的充足性有一个自由裁量的空间。也就是说,在当事人均为善意的情况下,必须是存在一个非常大的对价差异才会构成掩饰的分配。

至于当事人的主观状态方面,正如 Re Halt Garage 一案的判决所述,当事人的善意并不能完全使公司与股东之间的交易被免于认定为分配。在 Aveling 一案中,公司的控制股东明知公司财产价值被低估却仍然促成该交易,因而并不是善意的。在 Progress Property Company Ltd. 一案中,Walker 法官认为当事人的善意并不总是相关,但是同时也指出将一项不对等交易故意伪装成正常交易是掩饰的分配的典型表现。一言以蔽之,当事人主观的善意并非当然使其无辜,但若其有伪装的故意,则会成为法官认定掩饰的分配的重要考量因素。

英国法学家 Paul Davies 教授认为,在判断是否构成"掩饰的分配"时,一个重要的判断指标是:公司是否愿意与非股东进行同样的交易?如果答案是"否",则该交易很可能被定性为"掩饰的分配"。①

---

① Paul L. Davies and Sarah Worthington, *Gower & Davies Principles of Modern Company Law* (Ninth Edition), Sweet & Maxwell, 2012, p. 309.

(五)美国公司法上的"掩饰的分配"

虽然美国法上并无"掩饰的分配"这一概念,但是这种名为交易实为分配的行为也会构成美国法上的公司分配。美国曼宁教授就指出,除美国示范商业公司法中所列举的公司分配形式外,以下交易也可能构成公司分配:[①](1)公司以工资或奖金的名义支付给公司具有股东身份的公司管理人员或雇员的数额明显高于按其提供的服务合理应得的数额;(2)公司以明显低于市场的价格向股东出售、出借、出租其财产;(3)公司就股东向第三人的债务提供担保;(4)公司将其财产抵押给股东,并约定在公司不清偿债务时,公司股东有权将被抵押财产归为己有。在以上这几种情形中,公司的财产都以不等价的方式被转移给公司股东,从而减损了公司自身的财产。

第三节 公司资本制度与公司分配制度

一、公司资本制度的界定

尽管各国公司法理论与实践对"资本"的理解不同,但各国公司法律均对作为公司财产的公司资本设置了相应的法律规则,这些规则在欧洲和美国被称为"法定资本规则"(legal capital rules)。[②] 这里所说的"法定资本规则"的概念并不是在与授权资本制相对应的法定资本制的意义上使用的,而是指法律所规定的、关于资本的规则。欧洲和美国所称的法定资本规则其实就是我国公司法语境下的公司资本制度。

欧洲的法定资本规则主要体现在欧盟议会和理事会于 2012 年颁布的

---

① Bayless Manning & James J. Hanks, JR., *Legal Capital*, Fourth Edition, Foundation Press, 2013, p. 21.

② Luca Enriques & Jonathan R. Macey, *Creditors Versus Capital Formation: the Case Against the European Legal Capital Rules*, 86 Cornell L. Rev. 1165 (2001).

2012/30/EU 指令(“欧盟公司资本指令”)中。该指令取代了 1977 年的欧洲第二号公司法指令,并合并了 2006 年和 2009 年对第二号公司法指令的两次修改。[①] 从欧盟公司资本指令看,其内容涵盖了公司资本形成制度(包含最低资本额要求)、公司分配制度、公司股份回购、回赎以及公司增资与减资等制度。唯一值得关注的是,欧盟公司资本指令所规范的仅为公开公司,对闭锁公司的规范交由各成员国法律自行决定。

英国公司法理论中也有法定资本(legal capital)的概念,系指投资人为了获取公司股份而向公司支付的财产的价值。英国公司法对法定资本有两大规范进路。第一大规范进路为公司最低资本制度。该制度要求公司在开始营业前须具备一定数额的法定资本。值得关注的是,从历史上看,英国的公司法传统并不注重最低资本制度,但为了执行 1977 年的第二号欧洲公司法指令,英国在其公开公司中采纳了该制度。第二大规范进路为限制公司向股东返还财产的制度。具体体现为:(1)公司法将法定资本作为衡量是否可以向股东进行分配的标准;(2)为维持公司法定资本,严格限制公司股份回购或回赎;(3)公司不能随意减少其注册资本,只有经过特定的、旨在保护公司债权人的法律程序,公司才可以减少法定资本。以上第(2)、(3)项通常概括为“资本维持”。

在美国公司法中,并没有“公司资本制度”这种特定提法。美国律师协会公司法委员会在概括美国示范商业公司法中与公司股份发行、股东出资以及公司向股东分配的条款时使用的是“财务条款”(financial provisions)这一术语。[②] 美国公司法学者使用“法定资本制度”(legal capital)一词,是指关于向公司投资取得股份以及公司向股东分配财产的、由普通法和成文法所发展起来的规则群。[③] 由此可见,美国公司法学说中的“法定资本制度”是指

---

① http://ec. europa. eu/justice/civil/company－law/eu－company－law/index_en. htm.

② American Bar Association Business Law Section, *Model Business Corporation Act Annotated* (Fourth Edition), 2013, page Xiii of the Introduction part.

③ Bayless Manning & James J. Hanks, JR., *Legal Capital*, Fourth Edition, Foundation Press, 2013, p. 11.

规范公司资本形成以及公司向股东分配的法律规则总称。

根据我国公司法律规范和理论，在我国公司法上，资本就是注册资本，系公司设立时向公司登记机关登记的资本总额。① 关于公司资本以及公司资本制度的定义，我国有的学者认为，公司资本制度是围绕公司资本事项而建构的公司法上的制度构造。② 也有学者认为，公司资本制度分为广义与狭义之分：广义的公司资本制度是围绕股东的股权投资产生的、关于公司资本运作的一系列概念网、规则群与制度链的配套体系；狭义的公司资本制度是指公司资本的形成、维持、退出等方面的制度安排。③ 由于公司分配可能对公司资本产生影响，因此，我国的公司资本制度显然也包含公司分配制度。

从对上述国家公司法的考察看，公司资本制度大体可以分为公司资本形成制度以及公司分配制度。虽然两项制度的功能不同——一个规制公司资本的形成，另一个规制公司资本的消失——但由于二者均建立在“法定资本”或“注册资本的概念”之上，因此，二者存在诸多的关联。④

二、公司资本形成制度与公司分配制度之间的历史关联

公司分配制度作为公司资本制度的一部分，其深刻地受到公司资本制度价值取向的影响。在法定资本制下，整个资本制度的核心是公司的注册资本。⑤ 注册资本被当作公司的信用基础和对公司债权人的保障。⑥ 在这种价值取向下，无论公司资本形成制度，还是公司分配制度，都专注于对注册

---

① 赵旭东主编：《公司法学》（第 4 版），高等教育出版社 2015 年版，第 159、160 页。

② 邹海林、陈洁主编：《公司资本制度的现代化》，社会科学出版社 2014 年版，第 1 页

③ 赵旭东等：《公司资本制度改革研究》，法律出版社 2004 年版，第 1 页。

④ 美国示范商业公司法已经全面抛弃了“法定资本”的概念，但欧盟国家、日本等大多数国家还保留着这一制度。

⑤ 我国公司法中的注册资本相当于美国公司法中的“声明资本”，而“声明资本”又是基于“面值”这一概念的。

⑥ 关于公司注册资本信用的讨论，参见赵旭东：《从资本信用到资产信用》，载《法学研究》2003 年第 5 期。

资本这个抽象数字的确定与维持。美国公司法历史上也长期存在以面值为核心的所谓“法定资本规则”，在该等规则下，公司的声明资本被看作对公司债权人债权的担保，因此也构成公司分配的底线。美国 1824 年 Wood v. Dummer 一案揭示了公司资本对公司分配的限制作用。在 Wood 一案中，经董事会批准，Hallowell and Augusta 银行在其处于资不抵债的情况下仍把大部分流动资产分配给其股东；银行的某些债权人起诉股东，要求确认分配非法并请求法院责令股东向债权人清偿。该案的主审法官 Joseph Story 在判决中指出，公司股本（capital stock）是被法律和公司章程所专门特定化的、用来偿付公司债务的信托基金，仅当公司有盈余并且向债权人清偿后，剩余的盈余才归属于股东。①

当注册资本数额本身较大时，把注册资本作为公司分配时的限制标准确实可以在一定程度上对公司债权人提供保护。在我国 2005 年公司法修订之前，公司，特别是股份公司有着较高的注册资本额要求。同样，在 19 世纪的美国，人们也普遍认为：好的、受尊敬的公司的股票必定有一个高的面值（通常为 100 美元或更高）。② 在这种情况下，公司分配以注册资本为限确实能为债权人提供一定的保护。但是在美国，从 20 世纪初开始，低面值股和无面值股逐渐流行并成为股票的主流。1980 年，美国修订示范商业公司法，彻底取消了公司面值与声明资本的概念。在我国，经过 2005 年和 2013 年两次公司法修订，我国已完全取消公司法定最低注册资本额，并由出资的实缴制改为彻底的认缴制。与美国 20 世纪以前公司资本形成制度的改革方向一致，我国公司资本形成制度的变更意味着公司资本不再构成公司的信用基础，其也不再被视为对公司债权人债权的担保。

既然公司注册资本不再作为公司信用的基础，那么将其作为公司分配的标尺也就没有任何依据和意义了。试想，如果公司的注册资本仅为 1 元

---

① Wood, 30 F. Cas. at 437 – 438.

② Bayless Manning & James J. Hanks, JR., *Legal Capital*, Fourth Edition, Foundation Press, 2013, p. 30, 34.

钱。那么将其作为公司分配的尺度可以为债权人提供什么保护呢？再者，如果公司注册资本不再作为公司信用的基础，公司回购自身股份就不应该被绝对禁止。但是从另一个极端讲，允许公司回购是不是意味着回购不受任何限制呢？虽然我们不再关注股份回购对公司注册资本的影响，但回购作为一种公司向股东的分配方式，其毕竟减损了公司的财产，继而削弱了公司的偿债能力，如果听之任之，必然会挑战作为公司法根基的股权居次原则。因此，必须对股份回购等公司分配形式进行限制，从而平衡股东和债权人之间的利益。

三、资本维持原则与公司分配制度的关系

（一）“资本二原则”、“资本三原则”还是“资本四原则”

根据我国大陆和台湾地区公司法学者的论著，大陆法系国家的公司法历来奉行所谓的“资本三原则”，即资本确定、资本维持和资本不变。[①] 公司股东有限责任的确立使公司经营的风险转移到债权人身上，为了保护公司债权人，公司资本三原则便运用而生。资本确定原则是指公司在成立时其资本总额须确定并记载于公司章程，且资本须被认足或募足。资本维持原则，又称为资本充实原则，是指公司在存续过程中应维持与公司资本额相当的财产。[②] 资本不变原则是指公司资本额一经确定，非经法定程序不得随意变动。

我国大陆和台湾地区学者皆言资本三原则来源于德国。[③] 有学者认为，资本三原则源于德国，后被日本公司法理论接受，而中国公司法上的资本三原则则是基于我国公司法学者对日本公司法理论的引进。[④] 日本公司法学者确认了资本三原则来源于德国的事实。根据日本学者的研究，1898 年，德

---

① 赵旭东主编：《公司法学》（第 4 版），高等教育出版社 2015 年版，第 165 页；柯芳枝：《公司法论》（上）（修订版），台北，三民书局 2009 年版，第 123 页。

② 赵旭东主编：《公司法学》（第 4 版），高等教育出版社 2015 年版，第 165－166 页；柯芳枝：《公司法论》（上）（修订版），台北，三民书局 2009 年版，第 166 页。

③ 赵万一：《资本三原则的功能更新与价值定位》，载《法学评论》2017 年第 1 期；柯芳枝：《公司法论》（上）（修订版），台北，三民书局 2009 年版，第 123 页。

④ 王军：《中国公司法》（第 2 版），高等教育出版社 2017 年版，第 111－112 页。

国学者卡尔·莱曼（Karl Lehmann）提出了“资本确定原则”（Prinzip des festen Grundkapitals）和“资本稳定原则”（Prinzip der Beständigkeit des Grundkapitals）。前者是指作为出资的财产应被明确记载，而后者指公司资本一旦确定就不得随意变化。1928年，另一名德国学者穆勒·埃尔茨巴赫（Rudolf Müller－Erzbach）强调公司资本金充实（Das Aufbringung des Grundkapitals）和公司资本金的持续维持（Die dauernde Erhaltung des Grundkapitals）是股份公司的特性。基于资本充实，埃尔茨巴赫认为公司资本金应被全部缴足；基于资本维持，他认为应禁止公司返还实缴资本和公司回购自身股份。

1929年，日本学者OKANO KEIJIRŌ基于莱曼的理论，并吸收埃尔茨巴赫的主张，提出了资本确定原则（公司股份须全部被认购），并在此原则基础上衍生出资本不变原则与资本维持原则。从此，资本确定、资本维持与资本不变三原则逐渐成为日本公司法资本制度的通说。① 1950年日本废除了法定资本制，而改采授权资本制，即公司的股份不要求一次被全部认购。② 这相当于放弃了资本确定原则。近几年，日本学者的著作不再将资本确定原则列为公司资本制度的原则之一。根据日本学者近年出版的公司法著作，资本三原则包含资本充实原则、资本维持原则与资本不变原则。③ 这与我国学者关于资本三原则的论述不同。首先，日本学者的论述中没有资本确定原则。其次，日本学者认为资本充实原则与资本维持原则是两个独立的原则。资本充实原则是指出资人实际将相当于资本额的财产提供给公司；资本维持原则是指公司在经营过程中必须维持与资本金、准备金金额相当的财产；而资本不变原则是指公司非经法定程序不得随意减资。从以上可以看出，日本公司法中的资本充实原则与我国公司法上的资本确定原则所规

---

① Eiji Takahashi, “*Reception*” *and* “*Convergence*” *of Japanese and German Law*, 12 U. St. Thomas. 228, 230－231(2015).

② ［日］布井千博：《日本公司法的美国法化》，载王保树主编：《最新日本公司法》，于敏、杨东译，法律出版社2006年版，第34页。

③ ［日］山本为三郎：《日本公司法精解》，朱大明等译，法律出版社2015年版，第29页；参见［日］近藤光男：《最新日本公司法》（第7版），梁爽译，法律出版社2016年版，第350页。

范的领域类似,即都规范公司资本形成过程。所不同的是,我国的资本确定原则强调资本的确定和认足,而日本的资本充实原则则强调资本金的实际缴付。另外,日本公司法中的“资本”概念与我国也不同。我国公司法中的资本就是指注册资本,而日本公司法中的资本金指出资人缴付给公司的财产总额,既包括记为股本的金额,也包括资本公积。① 而资本维持中的“资本”不仅包括资本金,还包括准备金。日本公司法中的准备金是指公司将盈余的一部分留存在公司中积累起来的金额。② 由此可见,虽然日本公司法中也有所谓的资本三原则,但其与我国公司法学者所指的资本三原则在构成和具体内容上有很大的不同。

从以上考证可以看出,其实德国公司法理论上并未归纳出所谓的资本三原则。德国学者莱曼提出了资本确定与资本不变原则,而德国学者埃尔茨巴赫提出了资本充实与资本维持原则。因此,可以说德国学者事实上是提出了“四原则”,而非“三原则”。“三原则”是日本学者在吸收德国学者理论成果基础上的演绎而已。现代德国公司法学者似乎继承了埃尔茨巴赫的学说。在德国学者近年出版的公司法专著中,当论及公司资本原则时,只提到两个原则:资本缴付原则与资本维持原则。这与埃尔茨巴赫强调的公司资本金充实和公司资本金的持续维持两项原则基本是一致的。资本缴付原则是指出资人须真实而完整地缴付公司的原始资本;而资本维持是指股东不得从公司抽走原始资本。资本维持也被视为德国有限责任公司法律的支柱或核心。③ 我国学者的比较法研究也证实了以上情况。根据我国学者的研究,德国的立法者和学者认为德国公司资本制度存在两大原则,即资本的真实缴纳原则(Grundsatz der realen Kapitalaufbringgung)与资本维持原则(Grundsatz der Kapitalerhaltung),并认为这两大原则构成德国资合公司法的

---

① [日]山本为三郎:《日本公司法精解》,朱大明等译,法律出版社 2015 年版,第 29 页。

② [日]近藤光男:《最新日本公司法》(第 7 版),梁爽译,法律出版社 2016 年版,第 349 页。

③ [德]温德比西勒、[德]怀克:《德国公司法》,殷盛译,法律出版社 2010 年版,第 358 – 370 页。

核心原则和基石。[①]

从资本三原则的含义来看,我国学者所述的资本确定原则、日本学者所述的资本充实原则以及德国学者所述的资本真实缴付原则主要适用于公司资本形成制度,即出资过程;资本不变原则度主要适用于公司的增、减资制度;而资本维持原则主要适用于公司的分配制度。从上文对资本三原则的比较研究看,虽然我国、日本和德国对于资本三原则的具体构成理解不同,但其中都包含有资本维持原则。同时,鉴于本书的主题,本书着重阐述资本维持原则。

(二)资本维持原则

1. 资本维持的内涵与外延

美国没有"资本维持"这一概念。但资本维持(capital maintenance)在欧洲是一个被广泛应用的概念。在英国,关于资本维持的普通法理论确立已逾百年。但是,"资本维持"一词却鲜为英国立法者和判例法所引用,其内涵与外延也不甚明确。[②] 英国政府为其2006年公司法改革所成立的公司法改革指导小组在其1999年的一份咨询报告中将资本维持定义为:除非由于公司的日常经营或在保障公司债权人利益的前提下,公司不得将股东出资返还给股东。[③] 据此,公司资本维持仅规范公司向股东分配方面。但是,在该小组于2002年出具的最终报告中,其又将资本维持规则定义为:为了确保公司收到作为股本对价的全部出资,并将该等出资维持在公司而不被分配给股东。[④] 据此,资本维持原则不仅规范公司向股东分配,而且也规范股东的出资。英国学者的著作对资本维持规则的外延界定也不一致。英国著名公

---

① 白江:《论资本维持原则和公司资产的保护》,载《社会科学》2007年第12期。

② Petri Mantysaari, *The Law of Corporate Finance: General Principles and EU Law*, Volume Ⅲ: Funding, Exit, Takeovers, Springer, 2010, p. 98.

③ The Company Law Review Steering Group, *Modern Company Law for a Competitive Economy: the Strategic Framework* (October 1999), para. 3.1.

④ Available at http://webarchive.nationalarchives.gov.uk/20060215135507/http://www.dti.gov.uk/cld/final_report/ch_10.pdf.

司法学者 Eilis Ferran 的著作中将“资本维持与减资”作为一章(该章内容主要为减资),而将“股份回购与回赎”“向股东的分配”分别作为另外独立的两章。① 而同样为英国公司法领军学者的 Paul Davies 教授的公司法著作中,“资本维持”一章下的内容包含公司减资、股份回购和财务援助,同时把“股利与分配”作为单独的一章。② 但是,Paul Davies 教授在“资本维持”一章中指出,属于资本维持规则的股份回购与减资其实也是变相的公司分配形式。由此可见,尽管英国公司法理论中对“资本维持”的内涵与外延的理解不尽一致,但是将公司分配规则作为资本维持的一项主要内容应该是可以为大多数英国学者所接受的。与英国相比,“资本维持”在德国则有着较为清晰的内涵与外延,其基本内容包含分配与公司取得自己股份,而减资则通常不包含在内。③ 在日本,资本维持在公司法制度上的体现就是公司盈余的分配制度与股份回购制度。④

我国学者认为,资本维持原则适用于整个公司资本制度,其具体制度包括:(1)抽回出资的禁止;(2)公司不得以低于票面的价格发行股份;(3)适度限制非货币出资;(4)公司发起人的出资连带责任;(5)依照法律和章程提取和使用公积金;(6)仅在公司有盈余时才得分配;(7)限制公司回购股份;(8)公司不得接受本公司股份作为担保。⑤ 本书认为,以上第(2)、(3)、(4)项属于公司资本形成过程,应由我国公司法中的资本确定原则、日本公司法中的资本充实原则或德国公司法中的资本缴付原则来进行规范,而其余 5 项则均属于公司盈余分配和股份回购方面的内容,从而应由资本维持原则来进行规

---

① Eilis Ferran & Look Chan Ho, *Corporate Finance Law*, Second Edition, Oxford University Press, 2014.

② Paul L. Davies & Sarah Worthington, *Gower &Davies Principles of Modern Company Law*(Ninth Edition), Sweet & Maxwell, 2012.

③ Petri Mantysaari, *The Law of Corporate Finance: General Principles and EU Law*, Volume Ⅲ: Funding, Exit, Takeovers, Springer, 2010, p. 100.

④ [日]山本为三郎:《日本公司法精解》,朱大明等译,法律出版社 2015 年版,第 30 页。

⑤ 赵旭东主编:《公司法学》(第 4 版),高等教育出版社 2015 年版,第 165 页;柯芳枝:《公司法论》(上)(修订版),台北,三民书局 2009 年版,第 166 页。

范。如此一来,我国公司法中的资本维持原则所涵盖的内容便与日本和德国基本一致了。

由上文可知,虽然各国公司法上资本维持的具体制度体现有所不同,但资本维持的核心便涉及公司分配。关于资本维持原则,一个根本性的问题是:其维持的究竟是什么? 首先,从该原则直观上看,其维持的是公司的资本。但是,随着现代公司法的发展,最低法定资本额制度要么被摒弃,要么变得微不足道。如美国公司法上已经没有最低资本额的要求;在欧盟,公司法指令对闭锁公司的最低资本额没有要求,对公开公司资本额的要求也只有 25000 欧元。如果资本维持制度仅旨在维持公司的认缴资本,那么其显然无法实现其保护公司债权人的目的。公司的资本公积可以在一定程度上加强股东出资对债权人的保障作用,但资本公积的设立并无法律强制要求,因此其也不可以确保公司分配不会损害公司债权人利益。奉行资本维持原则的立法者显然也注意到了这一点——如果资本维持原则果真只维持资本,那么这一原则将形同虚设。为了保持这一制度的功能,公司资本维持原则的一个重要体现就是用资产负债表测试(balance sheet test)来限制公司向股东分配。资产负债表测试有不同的体现,[①]但其归根结底是以公司资产负债表中的资产与负债的账面价值为基础,试图保持一定数量的公司净资产。从这一点而言,资本维持原则其实已经突破了其原本之义,由强调"资本"转而强调"资产"。如德国学者就认为,德国股份法中的资本维护制度维持的不仅仅是公司资本,而是整个公司资产。[②]

2. 理论基础

一般来说,学者将资本维持原则的理论基础概括如下:

第一,有限责任是公司股东所享有的一项特权,该特权将公司经营的风险转嫁给债权人从而对债权人不利。因为在有限责任成为一项普遍原则之

① 关于资产负债表测试的不同表现形式,请参见本书第四章第三节。

② [德]托马斯·莱塞尔、[德]吕迪格·法伊尔:《德国资合公司法》,高旭军等译,法律出版社 2005 年版,第 304 页。

前，公司股东对公司债务承担无限连带责任，这构成对债权人的强有力的保护。而在有限责任成为一项普遍原则之后，之前债权人对股东的直索权受到有限责任特权的阻止。而法定资本制则是股东为了享有该特权所必须支付的代价。[①] 根据法定资本制，公司股东必须其将法定数量的出资缴付给公司，并且在公司经营过程中不抽回该出资。

第二，公司资本是公司债权人权益的保障基础，公司债权人是基于对公司资本所体现出来的公司信用的信赖才与公司发生交易。因而，为了保障公司债权人的这种信赖利益，公司必须维持其资本不被侵蚀。早在 1882 年英国法院便宣称："债权人将公司资本作为信用基础，他们愿意作为公司债权人的前提是他们相信公司资本仅被用于经营目的。因此债权人有权要求公司维持其公司资本而不将其返还给公司股东。"[②]

3. 对资本维持制度的反思

资本维持原则历来为欧洲各国公司法上的重要原则，这些原则经 1977 年欧盟公司法二号指令的确认更是成为欧盟各国普通接受的准则。由于欧盟公司法指令为欧盟各国多边协商的产物，因此资本维持原则一旦被欧盟公司法指令采纳便很难被修改。

但是，欧洲的资本维持原则也遭到学者的一致反思和批评。Enriques 和 Macey 两位教授认为：首先，资本维持原则以公司资本——这一固定的数额为核心，其并不能真正起到保护债权人的目的。[③] 其次，债权人可以通过谈判并以合同的形式为自己提供更好的保护，例如，公司债权人可以通过协议的方式来对债务人公司的利润分配作出限制。但是，并不是所有的债权人都有谈判能力，那么资本维持原则是否可以保护那些弱小的债权人呢？答案也是否定的。这是因为，资本维持原则下对公司分配采取的是所谓的"资

---

① Luca Enriques & Jonathan R. Macey, *Creditors Versus Capital Formation: the Case Against the European Legal Capital Rules*, 86 Cornell L. Rev. 1165, 1173 (2001).

② Flitcroft's Case, In re Exchange Banking Co. 1882 Ch D 519 CA, at 533 - 534.

③ Luca Enriques & Jonathan R. Macey, *Creditors Versus Capital Formation: the Case Against the European Legal Capital Rules*, 86 Cornell L. Rev. 1165, 1185 - 1188 (2001).

产负债表测试”,[①]其并不能反映公司的真实经济状况,因此并不能真正保护贸易债权人或雇员债权人的利益。[②] 再次,资本维持制度对股利分配和股份回购施加以诸多不必要限制,因而会增加公司不分配的概率、妨碍股利政策的信号效应以及降低股份的可变现性,这些都会导致公司成本的增加。[③] 最后,资本维持原则还会增加一部分债权人的成本。这是因为作为债务人的公司会将其所增加的成本转移给包括债权人在内的其他方身上。并且,资本维持原则也会损害希望债务人公司从事相对较高风险、从而获得较高收益的债权人的利益。[④]

2003 年,英国的会计准则理事会与英国国际法与比较法研究院的公司法研究中心共同发起成立了一个由会计师、商业界代表、经济学家和律师组成的跨学科团体,对英国以及欧盟的公司资本维持规则进行了深入、详细、全面的研究,并于 2004 年形成了最终报告提交英国政府和欧盟委员会。这份报告以其编辑者——乔纳森·瑞克福德(Jonathan Rickford)的名字命名,被称为“瑞克福德报告”(Rickford Report)。[⑤] 瑞克福德报告全面地检视了资本维持原则及其所体现的具体制度。报告认为,虽然资本维持的目标是为了保护公司债权人的利益,但是其却并不能达到这一目标。这是因为,债权人真正关心是的公司不能清偿的风险以及公司未来现金流的确定性,其并不关心公司是否维持一个固定数目的资本。[⑥]

2005 年,英国贸易与工业部向英国议会提交的《公司法改革白皮书》

---

① 关于资产负债表测试,请见本书第四章第三节的相关论述。

② Luca Enriques & Jonathan R. Macey, *Creditors Versus Capital Formation: the Case Against the European Legal Capital Rules*, 86 Cornell L. Rev. 1165, 1188 – 1194 (2001).

③ Luca Enriques & Jonathan R. Macey, *Creditors Versus Capital Formation: the Case Against the European Legal Capital Rules*, 86 Cornell L. Rev. 1165, 1195 – 1198 (2001).

④ Luca Enriques & Jonathan R. Macey, *Creditors Versus Capital Formation: the Case Against the European Legal Capital Rules*, 86 Cornell L. Rev. 1165, 1198 – 1199 (2001).

⑤ Jonathan Rickford, *Reforming Capital Report of the Interdisciplinary Group on Capital Maintenance*, 15 Eur. Bus. L. Rev. 919, 922 (2004).

⑥ Jonathan Rickford, *Reforming Capital Report of the Interdisciplinary Group on Capital Maintenance*, 15 Eur. Bus. L. Rev. 919, 932 (2004).

(以下简称DTI白皮书)认为,英国公司法[①]中关于资本维持的规定过于冗繁,有94条之多。这些规则可能妨碍公司从事对债权人有利或者是至少无害的交易,从而迫使公司浪费不成比例的时间和财力以使交易符合法律的规定。此外,DTI白皮书宣称"资本维持与绝大多数闭锁公司和其债权人保护基本无关"。[②]

2012年,由欧洲数名顶级公司法专家组成的欧洲公司法专家小组(European Company Law Experts)发表了报告,以回应欧洲理事会发出的题为《欧洲公司法未来》的公开咨询。[③] 该报告认为,一项行之有效的公司债权人保护制度必须能应对流动性风险,而公司资本维持制度显然无法满足这一需求。因此,这些专家建议对欧盟公司法指令进行全面的修改——修改内容之一就是将基于法定资本和各种公积金的债权人保护机制变为基于公司偿付能力的债权人保护机制。此外,财务会计规则的发展已可以提供充足的依据来确定公司的可分配利润,这也使公司法中对公司资本的种种限制显得多余。[④]

(三)资本维持原则与公司分配制度的关系

由上文所知,资本维持制度与公司分配制度有着非常密切的联系。在仍奉行资本维持制度的国家,公司分配制度是资本维持制度的一项重要内容,二者似乎是总集与子集的关系。从一般价值目标看,二者均以保护公司债权人为己任。

---

① 指2006年修改前的英国公司法。

② The Department of Trade and Industry (UK), Company Law Reform, Cm. 6456 (March 2005), p.41.

③ European Company Law Experts, Response to the European Commission's Consultation on the Future of European Company Law, available at: http://ec. europa. eu/internal_market/consultations/2012/company_law/additional - information/european - company - law - experts - ecle - additional - comments_en. pdf.

④ European Company Law Experts, Respond to the European Commission's Consultation on the Future of European Company Law 15 (2012).

但是二者之间也有着明显的差异。首先,从制度历史演变看,资本维持原则源始于严格的公司法定资本制,其强调公司法定资本——这一固定数额的维持。虽然在现代公司实践的推动下,资本维持已经从单纯的资本信用过渡到了兼顾资产信用,但这个资产仍指的是公司资产负债表中的抽象数字。公司分配制度本身并不依附于法定资本制,即使在资本维持制度产生前,公司分配制度就早已存在。这是因为,利润分配是公司作为一个营利商事组织的原有之义。只不过当资本维持被确立为一项基本原则后,公司分配制度受到这一原则的种种限制。需要指出的是,在没有资本维持制度的美国,公司分配制度就是一项独立的制度,而并非作为资本维持制度的子制度而存在。其次,即使在奉行资本三原则的国家,资本维持也并不能涵盖公司分配制度的全部。公司分配制度也涉及资本不变原则中的减资。比如,当公司以回购或回赎股份的方式进行分配时,就涉及公司的减资,此时要受资本不变原则的规范。

本书认为,股东出资制度与公司分配制度构成了公司资本制度。公司资本维持原则是公司分配制度的指导原则之一,而贯彻资本维持原则的公司具体分配制度有时也被称为资本维持制度,其实更准确的称法应为“体现资本维持原则的公司分配具体制度”。

四、资本不变原则与公司分配制度的关系

由上可见,在法定资本制下,公司分配制度是资本维持制度下的子制度,其主要规范公司向股东的财产转移。而资本不变原则则是指非经法定程序,公司不得减资。所以,当公司分配不涉及减资时,公司分配制度与资本不变原则没有关系,其只要遵循资本维持原则即可。例如,当公司以其可分配利润向股东分配股利时,由于该分配不会影响公司的资本,所以此时资本不变原则对该分配不适用。但是,在以下几种情形中,公司分配会导致减资,从而适用资本不变原则:(1)公司进行股份回购或回赎。当公司回购或回赎股份时,被回购或被回赎的股份有不同的处理。一种处理方式是将这些股份直接注销,这就必然引起公司减资;另一种处理方式是公司将这

些股份作为库藏股或者重新进行发行,这种情况下,公司股份还是存在的,因此并不存在减资的问题。(2)公司主动减少资本,并将被减少的部分作为可分配财产进行分配。[①] 这是因为,在公司分配以公司资本为尺度时,这一尺度的降低会释放出更多可分配财产。在实行法定资本制的国家,资本是公司分配的底线,不可突破。基于此,一种迂回的方式是先通过公司减资程序将公司的资本减少,由此释放出来的财产可用于向股东进行分配。

反过来说,公司减资并不总是构成公司分配。举例来说,甲公司成立时有资本 10000 元。但由于经营不善,一段时间过后,其公司资产仅剩 8000 元,从而产生了 2000 元的亏损。这时,公司可以进行减资,将公司法定资本从 10000 元减为 8000 元,从而使资本与其实际资产匹配。在上述甲公司的减资中,其并不涉及任何公司向股东的财产转移,因此并没有公司分配发生。但是,公司减资可以使公司在未来有更多可分配财产。还以上述甲公司为例,假设在甲公司将其法定资本从 10000 元减为 8000 元后的第二年,公司产生了利润 2000 元,其总财产规模达到 10000 元。这时就有 2000 元的利润可资分配。但是,假设公司不进行前述减资,该 2000 元只能用于弥补亏损,并不能用于分配。因此,甲公司的减资使甲公司在未来有更多的可分配利润。

当公司的分配直接涉及公司减资时,那么该分配不仅应适用公司分配的相关法律规则,也应该同时适用公司减资的相关法律规则。

第四节　公司分配制度的价值目标

法律是对权利义务的分配。在特定的法律关系中,不同主体的利益诉

---

① Jonathan Rickford, Reforming Capital Report of the Interdisciplinary Group on Capital Maintenance, 15 Eur. Bus. L. Rev. 919, 937(2004).

求是不同的,甚至是相互矛盾的。然而法律在调整这些不同主体的利益时不是盲目的,而是秉持着一定的价值。法的价值可以分为法的目的价值、内在价值与评价标准方面的价值。其中,法的目的价值是指法律在发挥其社会作用过程中能够保护和助长哪些东西。[①] 释言之,法律制度在充满矛盾的社会关系中以什么为准则进行权利义务的分配就是法律的价值目标。法律制度的价值目标决定了该制度更倾向于保护哪一类主体。法律制度的价值目标是法律在全面识别法律关系主体权利义务并在充分理解主体利益冲突的基础上,依据公平、正义、效率等基本法律准则和其他相关社会政策来决定的。因此,在讨论公司分配法律制度的价值目标时,首先有必要识别公司分配所涉及哪些利益主体,其次应分析这些主体之间存在哪些利益冲突,最后在此基础上确定公司分配法律制度的制度价值目标是什么。

一、公司分配所涉利益主体

(一)公司分配制度中的债权人利益

1. 谁是公司债权人

公司债权人分为向公司提供债权融资的财务债权人、与公司进行交易的交易债权人、公司员工以及公司对第三人侵权后产生的侵权债权人。财务债权人一般为金融机构,如银行或信托公司,其一般直接以提供贷款的形式而成为公司的债权人。交易债权人与公司进行偶发或长期的交易,如公司一次性偶发的设备采购或长期向上游厂家购买原材料等。这种交易很多时候并不采取即时清结的方式,而是采取按周期结算或分期付款的方式,这样便使公司的相对方成为公司的交易债权人。公司员工也是公司债权人的一类,因为员工在付出劳动后,公司要向其支付报酬,在报酬支付前员工对公司享有债权。与上述三者相比,侵权债权人比较特殊,因为其并非自愿成为公司的债权人,而是由于公司的侵权行为使其财产或人身受到侵害,从而导致公司对其产生了侵权行为之债。

---

① 张文显主编:《法理学》(第4版),高等教育出版社2017年版,第250页。

从对公司的影响力上看,财务债权人能力最强,这是因为:作为专业从事融出资金并从中获利的商人,银行等金融机构有着专业的知识和处于优势的、较强的谈判能力,能够通过与公司债务人签署的合同中的条款对公司活动进行限制,并且在签约后持续对公司进行监督。交易债权人中则有专业知识和谈判能力较强的主体,也有较弱的主体,较强的主体也可以通过合同和事后监督对公司施加一定的影响力。相较而言,公司员工债权人和侵权债权人则处于较弱的地位,尤其是侵权债权人,是被迫成为公司的债权人,无法通过合同的形式事先取得任何权利。但无论债权人对公司影响力如何,所有债权人的共性在于:其债权的实现有赖于公司财产的充足与否。

2. 公司分配与公司债权人利益

公司债权人(除侵权债权人)将其财产提供给公司的目的是从公司获得超额的回报,从这一点来说,公司的债权人与合伙企业或独资企业的债权人是毫无二致的。然而,公司债权人与合伙企业债权人以及独资企业债权人的根本区别在于:由于公司的独立法人格,除公司法人格被否认的例外情形下,公司债权人只能向公司主张其债权,而不能向公司股东主张。为了保证自己的债权能顺利得到清偿,公司债权人往往有如下诉求:第一,公司债权人希望在其向公司借贷时以及其后公司有可观的财产①;第二,在成为公司债权人后,其希望限制公司举借新债,因为在公司财产不足以清偿所有债务时,新的债权将会稀释旧债权人的请求权;第三,公司债权人希望公司财产上没有抵押等先于其债权的优先权利;第四,公司债权人希望公司时刻保留一定资产以备清偿债务,且在公司债务没有得以全部清偿前公司不要向股东进行分配。

然而,公司债权人的上述期望由于下列原因而可能落空:首先,公司财产会因其经营的固有商业风险而遭减损;其次,公司在清偿债务前需要向股东进行分配或举借新的债务。公司向其股东分配意味着公司财产的直接减

---

① Bayless Manning & James J. Hanks, JR., *Legal Capital*, Fourth Edition, Foundation Press, 2013, p. 17 - 18.

少(如在支付现金股利的情形下)或公司负债的增加(如采取向股东负债的公司分配形式时),从而有可能导致公司不能或不能完全清偿其债务。因此,公司分配制度的价值取向关系到债权人是否能得到清偿。

(二)公司分配制度中的股东利益

在经济学家那里,公司股东和债权人都是资金提供者、都自愿承担风险并均期待回报。但是一个投资者为什么选择成为股东,而非债权人呢?一个重要原因是公司股东对公司经营的预期与公司债权人不同。公司股东在投资时预期公司的经营会给其带来上不封顶的回报,而不像债权人一样,只能要求本金以及事先约定的固定的利息。正是基于此点考虑,公司股东甘愿其对公司的请求权居于债权人之下,即公司财产优先用于清偿债权人的债权,其次才向股东进行分配。但是,债权人的这种“优先性”并不意味着仅当公司的所有债权均得到清偿后,公司才可以向股东进行分配。如果是这样,股东很可能只能等到公司清算、偿还所有公司债务之后,才能得到分配。因为在公司经营过程中,公司可能总是存在或多或少的债务。公司股东所期望的是,在公司债务存续时期,其也能从公司时不时地得到分配。并且,因为公司经营固有商业风险的存在,股东有充分的动机尽早以公司分配的形式取回其在公司中的投资,而让公司债权人承担公司运营的商业风险。

股东除能从公司分配中得到直接的收益外,对上市公司股东来说,其还能获得因股票价格上涨的资本利得。这是因为,当上市公司宣派股利或进行股份回购时,市场往往将其解读为公司管理层对公司的发展前景乐观,从而该公司的股票价格会上涨。若公司股东在此时出售公司股票,其就能收获因股票价格上涨而产生的资本利得。

(三)公司分配制度中的公司利益及公司管理层利益

公司财产的多寡对公司股东和债权人利益有着重大的影响。除此之外,公司作为一个独立的法人,有着独立的财产权,公司财产决定着公司的持续发展。19 世纪初期,公司依特许状而设立,公司仅被允许一个较短的经营期限，如 10 年，在期满后则必须进行解散。[①] 而现代公司则不然，其理论上可以永远存续。[②] 因此，除非公司有在近期进行清算解散的确定意图，否则在公司分配中应把公司看作一个持续经营的实体（going concern）。既然公司要持续经营，则其发展必然需要资金的支持，这些资金部分可以通过向股东或债权人融得，部分则要靠公司的利润留存用于再投资。因此，公司是否进行分配，以及分配的多寡也决定着公司持续发展可资利用资源的多寡。特别是当公司拥有能产生更大利润的未来投资机会时，将往年利润用于再投资而非全部分配给股东，确实影响到公司的自身利益。

公司分配也影响着公司管理层的利益。在现代公开公司中，作为公司所有者的股东与作为公司管理者的管理层往往是分离的，公司管理层有着不同于公司股东的独立利益。[③] 公司管理层的这种独立利益也反映在公司分配中。当公司不向股东分配或只向股东分配较少的利润时，更多的利润便留存在公司之中。由于公司实际由管理层进行管理与运营，因此管理层便获得了对这些留存利润的支配权，即所谓的现金流权利（right of cash flow）。反之，当公司将利润全部或大部分分配给股东时，公司管理层的现金流权就随之减小。公司管理层可以利用其现金流量权将留存于公司的利润进行再投资，从而为公司创造更多的利润，也可以利用该权利为自己加薪，为自己提供豪华办公室或其他福利。

二、公司分配制度中所体现的利益冲突

（一）股东与债权人利益冲突

从上述对公司股东与公司债权人在公司分配中的不同利益诉求可以看出，二者在公司分配中有着根本的利益冲突。这些冲突表现为：（1）债权人

---

① James Willard Hurst, *The Legitimacy of the Business Corporation in the Law of the United States*,1780 – 1970, The University Press of Virginia, 1970, p. 17.

② Nicholas Bourne, Essential Company Law, 3rd Edition, Wuhan University Press, 2004, p. 3.

③ ［英］保罗·戴维斯：《英国公司法精要》，樊云慧译，法律出版社 2007 年版，第 125 – 126 页。

希望公司财产越多越好,并希望其他人请求权均劣后于其债权请求权。相反,股东希望其被"锁定"在公司中的财产越少越好。(2)债权人希望公司财产所一般担保的债权越少越好,以保障其债权得到完全清偿。相反,股东希望公司债权越多越好,从而放大公司资本的杠杆作用,并减少会与之分享利润的股东的数量。(3)债权人希望在其债权得到清偿前公司财产不被分配给股东,而股东却希望能尽快拿到回报。(4)债权人希望限制公司向股东的分配,尤其是意识到分配由董事会决定但董事会由股东选举这一事实后;相反,股东却希望拥有更大的分配自由。

除此之外,由于有限责任使公司风险外部化(externalization of risk),股东可能促使公司进行债权人认为风险过高的投资,①从而实质上把本应属于债权人的财产转移给股东。Enriques 教授和 Mecey 教授举了个例子来说明这个问题:②假设一个公司欠银行本金及利息共 80 美元并且一共发行在外 20 股。该公司有两个项目可供公司择一而投资。项目 A 有 100% 的可能获取 100 美元的收益,而项目 B 则有 50% 的可能获取 50 美元以及 50% 的可能获取 150 美元。那么这两个投资项目的价值是一样的,即项目 A 的预期收益 = 100% × $100 = $100;项目 B 的预期收益 = 50% × $50 + 50% × 150 = $100。如果投资于项目 A 则银行可以确保收回公司欠其的本金加利息共 80 美元,公司可以把剩余的 20 美元分配给股东。如果投资于项目 B,银行有 50% 的机会收回其本息 50 美元,有 50% 的机会收回 80 美元,因此该项目对银行的价值为 65 美元(50% × $50 + 50% × $80);股东则有 50% 的机会一无所获(因为所有收到的钱都要先偿还银行),有 50% 的机会分到 70 美元,因此项目 B 对股东的价值为 35 美元,显然超过了项目 A 对其的价值。在这种情况下,股东就会产生机会主义的想法,投资于对债权人风险较高的项目 B,从而把风险转移给债权人。

---

① Frank H. Easterbrook & Daniel R. Fischel, *The Economic Structure of Corporate Law*, Harvard University Press, 1996, p.50.

② Luca Enriques & Jonathan R. Macey, *Creditor Versus Capital Formation: The Case Against the European Legal Capital Rules*, 86 Cornell L. Rev. 1165, 1169 (2001).

(二)股东与股东利益冲突

1. 优先股股东与普通股股东的利益冲突

虽然股东作为一个整体与公司债权人作为另一个整体存在利益冲突，但这并不意味着所有股东在公司分配时的利益是一致的。由于公司融资或治理结构的需要，公司会发行不同类别的股份。这些不同类别股份的差异或者体现在投票权上，或者表现在分红请求权或清算时的财产请求权上。当存在拥有不同分红请求权或清算权的类别股时，这些请求权必须有一个优先次序之分。有些股份拥有优先的分红请求权或优先的清算权，而有些股份则仅拥有劣后的请求权。在公司法上，一般把拥有优先分红权或优先清算权的股份称为优先股，而把没有分红优先权或优先清算权的股份称为普通股。优先股一般意图在较长的一段时间内投资于公司，接受固定的回报或在公司清算时分得固定的财产，同时放弃其参与控制公司的权利。作为回报，其希望公司在存续期间能保证其定期的固定回报，且在公司清算的时候获得其优先清算权所代表的数额。[①] 当公司有充足的可分配财产时，公司的优先股股东和普通股东均可按公司章程的约定获得其相应的分配份额。但是，当公司的可分配财产不足以同时满足所有类别股东的应分份额时，优先股股东便有权先获得分配，而普通股股东则可能少分或不能获得分配。当然，优先股仅是相对于普通股的一个称谓，并不意味着所有优先股所承载的权利完全同质。在通称的优先股内部，也会存在权利更为优先的优先股和权利较为劣后的优先股，这些享有不同权利等级的优先股股东之间也会在公司分配时存在利益冲突。除优先分红权和优先清算权外，有些优先股股东还拥有股份的回赎请求权。

2. 大股东与小股东的利益冲突

即使公司仅存在单一的股份结构时，公司股东在公司分配时的利益也

---

① Richard O. Kummert, *State Statutory Restrictions on Financial Distribution by Corporations to Shareholders*, Part I, 55 Wash. L. Rev. 359, 373 (1980).

会因为其持有股份数额不同而异。这在闭锁公司中的表现更为突出。在一个闭锁公司中,公司的所有权与经营权分离并不明显。公司的大股东往往同时也是公司的管理者。虽然作为股东,无论其持股大小都有从公司获得分配的需求,但是与小股东相比,大股东更有动力将公司利润留存在公司中,而非分配给股东,这是因为:(1)作为公司的创立者,大股东是企业家,其希望留存更多的利润用于再投资以便最大限度发展公司业务,而小股东一般为财务投资者,其投资目的仅仅是尽早获得公司分配;(2)作为管理者,大股东可以通过其他途径来获取公司经营所带来的利益,如通过高额的工资、奖金或其他福利,而小股东则无此种机会。此外,大股东有更多机会从公司取得分配,而小股东却没有这种机会。比如,公司大股东可以促使公司以溢价的方式向其回购股份,却不给小股东以同样的机会,这样做的结果就是大股东以公司分配的方式直接侵害了小股东的利益。①

(三)股东与公司管理层利益冲突

在现代公司中,由于所有权与经营权的二权分离,股东享有公司股权却没有现金流量权。公司的现金流量权掌握在公司管理层手中。由于向公司分配会减少公司管理层的现金流量权,公司股东与公司管理层便会在公司分配问题上产生利益冲突。

如在本书第一章第二节"股利政策"中的论述:公司偏好一个"稳定"的股利政策。而这种股利政策可能导致代理问题的出现。根据公司融资理论,当公司内部回报率(internal rate of return)②小于公司股利资本化率(dividend capitalization rate)③时,公司就应该将公司利润尽可能多地分配给股东,而不是用作再投资。举例来说,假如A公司有可供分配的利润,但如果A公司的盈利能力不及同行业的其他公司,则A公司就应该将公司利润尽

① William W. Bratton, *Corporate Finance: Cases and Materials*, 7ed, Foundation Press, 2012 p. 826.

② 是指公司将利润用于投资项目而可以获取的利润率。

③ 是指股东在市场上进行投资可以获取的利润率。

可能多地分配给公司股东,这样股东就能将其所获得的分配投资于其他盈利能力更强的公司,从而获取更多收益。但是,如上文所述,公司管理层更看重维持一个“稳定”的股利政策,而非根据内部回报率高低进行分配。因此,公司管理层和公司股东在公司分配上便存在明显的利益冲突。①

三、公司分配制度的价值目标

(一)保护公司债权人利益

公司股东和公司债权人均为公司资金的提供者,二者在资金提供方面拥有同样的重要性。但是公司分配法律制度的首要价值目标是保护公司债权人。这是因为:

第一,债权人对公司的债权请求权从性质上来说就优先于股东对公司的分红请求权,因此该种权利必须得到优先保护。这种优先保护集中体现在:当公司没有足够财产同时满足债权人的债权和股东的分配需求时,应当先保护债权人的债权。

第二,由于股东的有限责任使公司债权人丧失了对公司股东的直接追索权,公司的独立财产是公司债权人债权得以清偿的唯一保障。如果对公司分配不加限制,则意味着公司股东在享有有限责任的同时还能随时减损公司财产,从而使公司债权人的债权落空。这样显然有悖公司法所追求的公平价值。因此,公司分配法律制度须对公司分配进行必要的限制,以实现公司股东与债权人利益的再平衡。

第三,公司股东在享有有限责任这一特权外,其还享有对公司的管理权,而公司债权人则对公司没有管理权。股东对公司的管理权,体现为股东对公司经营的直接管理或通过选举公司董事间接对公司经营进行管理。与公司债权人相比,公司股东属于公司的“内部人”,其掌握着公司债权人并不知悉的公司财务信息,并且对公司分配享有决定权或者可以对公司分配施

---

① William W. Bratton, *Corporate Finance*: *Cases and Materials*, 7ed, Foundation Press, 2012, p. 791.

加直接或间接的影响。由于公司股东的这种信息优势与控制权优势,若不加以限制,其可能将公司财产随意分配给自己,从而可能危及公司债权人的利益。这就是所谓的“外部性”问题。因此,公司分配制度必须对公司向股东分配施以强制性的限制,从而最大限度地消弭该种外部性。

由于公司债权人与公司股东在参与公司管理权利方面的不对等性,以及公司股东所享有的有限责任特权,公司分配制度的首要目标就是保护公司债权人的利益。保护公司债权人利益在公司分配制度中具体体现为对公司分配的一系列的限制,而这些限制也构成了各国公司分配法律制度的主要内容。

(二)保护公司自身利益

在保护公司债权人利益的基础上,公司分配也应保护公司自身利益。公司分配制度对公司自身利益保护的体现在于:当公司进行分配时,除应保障公司债权人受清偿外,也应保障公司作为一个持续经营实体所依赖的财产基础。虽然长期以来认为,公司经营与管理的唯一目的就是股东利益的最大化,但是随着现代公司发展规模和社会影响力的不断增强,越来越多的人意识到公司的存在具有社会目的,公司的存在是为社会创造财富。[①] 因此,在公司分配时,保障公司利益就具有社会化的价值。此外,在公司分配中保护公司自身利益的意义在于,由于公司具有独立法人格和独立财产,除非符合法律规定的分配限制和程序,股东不得从公司取走财产,公司董事会也不得允许该种行为的发生,否则就会构成违法分配。在违法分配的情况下,公司将享有向股东的返还请求权和向董事的损害赔偿请求权。[②]

(三)保护公司股东利益

保护股东利益包括保护股东的整体利益、保护优先股股东的利益与保

---

① [美]玛格丽特·M. 布莱尔:《所有权与控制:面向21世纪的公司治理探索》,中国社会科学出版社1999年版,第182页。

② 关于违法分配责任所产生的请求权的讨论,请见本书第五章第二节。

护小股东利益。其中,保护股东整体利益是与保护债权人利益相对的;保护优先股股东利益是与保护普通股股东利益相对的;保护小股东利益是与保护控股股东利益相对的。

1. 保护股东的整体利益

公司分配制度在保护债权人利益的同时,也不能矫枉过正,也需要兼顾公司股东的利益。强调公司分配制度保护公司股东利益的价值取向在历来将保护债权人作为公司资本制度唯一目标的大陆法系国家来说有着特殊的意义。大陆法系国家一直奉行所谓的法定资本制,将公司资本作为公司债权人利益的担保,并在此基础上构建了对股东较为严苛的出资制度与公司分配制度。殊不知,公司股东也是公司资金的主要提供者,如果公司资本制度一味只强调对公司债权人的保护,而罔顾公司股东利益的话,这必然会打击股东向公司投资的积极性,从而会造成公司股权融资的困难。如果公司股权融资困难,则会影响公司整体经营和财产状况,从而也会影响到公司债权人的利益。因此,保护股东利益并不意味着对公司债权人利益的不合理牺牲,而是指在保障公司债权人合理利益的前提下,公司分配制度应抛弃那些对公司分配不必要的限制,满足公司股东的分配需求。公司分配制度兼顾保护股东利益价值的一个很好的例证就是有些国家法律下所存在的"当期股利"(nimble dividend),即在满足一定条件时,即使公司存在亏损,也允许以当年利润为限向股东进行分配。①

2. 保护优先股股东优先权

一个投资人选择成为优先股股东而非普通股股东的主要原因就是为了获得优先分配权,包括优先分红权、优先清算权与一定条件下请求公司回赎其股份的权利。当然,优先股股东获得以上优先权也是有代价的:其一般没有参与公司管理的权利。② 与优先股股东相比,普通股股东虽然并不享有分

---

① 关于"当期股利"的讨论,请见本书第四章第三节相关论述。

② 陈景善:《资本制度现代化与理念的冲突——社会需求与公司法理念博弈》,中国政法大学出版社2014年版,第112页。

配优先权,但其却享有参与管理公司的权利,这使普通股股东在公司分配上拥有更大的话语权,这必然造成优先股股东与普通股股东在公司分配中的地位失衡。因此,公司分配法律制度应该强调保护优先股股东的利益,从而补偿优先股股东在参与公司管理中的弱势地位。

保护优先股股东利益对中小企业融资有着十分重要的意义。中小企业的发展迫切需要资金支持,但其却很难从银行获得贷款。此时,愿意向有发展前景的中小企业提供股权融资的风险基金或创业基金就成为这些企业的重要融资渠道。为了保障其投资的安全性,风险基金或创业基金一般会成为被投资公司的优先股股东并享有优先分配权。因此,公司分配制度保护优先股股东的优先权可以保障风险基金或创业基金的投资安全,从而鼓励其投资于中小企业。

具体来说,保护优先股股东的利益就是保护其对股利的优先分配请求权、优先清算权和优先股的回赎请求权。所谓优先分配请求权,是指当公司有可分配利润时,应按照公司章程或其他优先股发行认购文件约定的分配数额将利润分配给优先股股东,之后有剩余再分配给公司普通股股东。优先分配请求权有累积性的,也有非累积性的。累积性的优先分配请求权,是指当公司向优先股股东进行分配时,其金额应为当年应分配额加往年应分配但未分配的金额;非累积性的优先分配请求权,是指当公司宣布进行分配时,仅向优先股股东分配当年应分的金额,而不对以往应分但未分的金额进行补足。

3. 保护小股东利益

公司小股东不享有对公司的控制权,从而并不能对公司的分配政策施加影响。而大股东由于掌握公司控制权可以从公司获得相较于小股东不成比例的分配。若在公开公司中,如果小股东对公司的分配政策不满,其至少可以通过出售所持公司股票从而退出公司。但是,在非公开公司中,由于并不存在可以公开转让其股份的平台,小股东一般很难以股份转让的方式退出公司,其处境艰难。此时,公司法律以一定方式对小股东进行救济就显得尤为重要。

第五节　我国公司法上的公司分配

一、我国公司法中的公司分配

（一）股利分配

我国公司法中没有用独立的章节对公司分配作统一规范，也并没有专门对公司分配进行定义。我国公司法第八章“公司财务、会计”中的第 166 条规定：“公司弥补亏损和提取公积金后所余税后利润，有限责任公司依照本法第三十四条的规定分配；股份有限公司按照股东持有的股份比例分配，但股份有限公司章程规定不按持股比例分配的除外。”由此可见，我国公司法中的“分配”专指公司在有利润时，向股东的股利分配。

（二）股份回购、回赎、减资

虽然没有将股份回购和股份回赎作为公司分配的一种形式，但是我国公司法律也对公司回购和回赎进行了规定。

我国公司法在有限责任公司部分没有明确规定公司股权的回购，仅在第 75 条规定了异议股东强制股权回购请求权。应该理解为，我国有限责任公司原则上不得回购自身股权。我国《公司法》第 142 条原则上禁止股份公司回购自身股份，但规定了可以进行回购的几种例外情形：(1)减少公司注册资本；(2)与持有本公司股份的其他公司合并；(3)将股份用于员工持股计划或股权激励；(4)股东因对股东大会作出的公司合并、分立决议持异议，要求公司收购其股份的；(5)将股份用于转换上市公司发行的可转换为股票的公司债券；(6)上市公司为维护公司价值及股东权益所必需。此外，中国证监会的《上市公司回购社会公众股份管理办法（试行）》用于规范上市公司回购自身股份。中国证监会《优先股试点管理办法》第 13 条规定了优先股的回赎。

根据我国《公司法》第 177 条的规定，公司减资时应该公告，并赋予了公司债权人要求公司提前清偿或提供担保的权利。

(三)我国公司分配的整体特点

不难看出,我国公司法对公司分配采取的是极为狭窄的理解和界定。[①]从分配种类上看,我国公司法上的分配仅指股利的分配,并未将股份回购等形式作为分配的一种。可见与美、英、德等国对公司分配所采取的实质标准不同,我国采取的是以股利分配为单一类型的、形式主义的公司分配制度。即使是在单一的股利分配上,我国公司法也未明确股利的表现形态。没有明确股利是仅可以以现金的方式进行分配,还是可以采取财产分配(如实物与权利)或负债分配的形式。

二、公司分配概念缺失的弊端

如前文所述,无论具体样态如何,公司分配意味着公司财产向股东的无对价转移。在该统一界定下,股利、股份回购、回赎甚至减资其实有着相同的经济实质,其对公司债权人、股东和公司利益有着相同的影响,因此理应置于同一范畴下进行统一的法律规制。我国公司法对公司分配采取狭窄的形式主义界定方法,人为割裂了本属同质的交易行为,导致了对某些分配形式的无端禁止,同时也导致了对实质相同的交易适用不同法律规则的不公平结果。

(一)对股份回购的无端禁止

从我国公司法的规定看,其对公司股份回购采取原则禁止的态度。我国公司法这种对股份回购的恐慌态度大致源于法定资本制下对资本维持原则的坚持和对债权人保护的考虑。[②] 但是,股份回购是否必然损害债权人的

---

① 邓峰:《资本约束制度的进化和机制设计——以中美公司法的比较为核心》,载《中国法学》2009 年第 1 期。

② 施天涛:《公司法论》(第 3 版),法律出版社 2014 年版,第 283 页。

利益呢？如果公司用于回购的对价来源于其可分配利润，则不会对债权人利益造成损害。因为，可分配利润本来就可以依法被分配给股东，现在用来向股东回购股份对债权人的影响会有何不同呢？如果没有债权人保护之忧，那么对股份回购的禁止就成了一种教条的偏执。而将之应用于司法实践，就会产生极大的争议。近年来，理论和实务界广泛讨论的由海富投资诉甘肃世恒一案所反映出的PE与目标公司的对赌条款的效力问题，其实就是如何看待股权回购的问题。从一审、二审以及再审法院的判决可以看出，由于法律缺乏统一规范标准而使司法逻辑陷入混乱。为了避免这种无明确法律标准可依，又无法理可遵循的境地，必须建立统一的公司与股东资本性交易的规范规则。[①] 而统一的公司分配概念的确定无疑就是这种资本性交易规范的主要组成部分。

（二）对实质相同交易适用不同法律规范

缺乏统一的公司分配制度的另一弊端是对同质交易适用宽严不同的法律裁判规则，从而导致不公平。举两个例子来说明。

例一，对股利分配和股份回购适用不同的规定。我国《公司法》第166条明确规定，公司仅在弥补亏损和提取公积金后方可分配利润。然而，《公司法》第142条规定了股份公司可以回购自身股份的6种例外情形，但却未规定该等回购的财产来源。那么，当股份公司进行股份回购时可能存在以下疑问：用于股份回购的财产来源必须为公司利润，还是可以使用公积金，甚至注册资本？如财产来源必须为公司利润，那么，该等利润是否也必须依《公司法》第166条的规定先弥补亏损和提取公积金后才能用作资金来源呢？公司法对此没有明示，这就会导致实践中公司股利分配和股份回购适用包括财源限制在内的不同规则，从而可能导致不公平。

例二，我国公司法虽然没有系统规定公司分配，但《最高人民法院关于适用〈中华人民共和国公司法〉若干问题的规定（三）》（以下简称公司法司

---

① 刘燕：《重构“禁止抽逃出资”规则的公司法理基础》，载《中国法学》2015年第4期。

法解释三）却较为详细地对“抽逃出资”进行了规定。[①] 从公司法司法解释三对抽逃出资的描述看，其不过是公司财产向股东无偿转移的一种形式，完全属于公司分配的范畴。但我国法律却对抽逃出资青睐有加，设计了与公司利润分配完全不同的构成要件与法律责任。这样实质相同的交易行为却要适用不同的法律规则，不公平结果的产生在所难免。由于我国公司法上没有“分配”和“违法分配”的统一概念，现实中行政机关和司法机关潜意识里存在将抽逃出资规则扩大解释为违法分配规则的倾向，导致了抽逃出资规则的不当适用。[②]

由此可见，我国必须尽快从理论上和立法上建立重实质而轻形式的“公司分配”的统一概念和统一的规范标准。[③] 唯有如此，才能正本清源、拨乱反正，对实质相同的交易适用相同的法律规则，从而实现公司法律公平与效率的价值目标。

---

① 关于抽逃出资的详细讨论见本书第五章第四节。

② 刘燕：《重构“禁止抽逃出资”规则的公司法理基础》，载《中国法学》2015 年第 4 期。

③ 傅穹：《公司利润分配规则的比较分析》，载《法学论坛》2004 年第 3 期。

第二章

分配主体论(一):公司分配的决定权归属

第一节　公司分配决定权归属比较法考察

一、公司分配决定权归属的意义

在公司分配法律关系主体中,作出分配的主体是公司,而接受分配的是公司股东,公司债权人的利益因公司分配而受到影响。虽然公司分配影响着债权人的利益,但是基于公司治理的一般原则,公司债权人并不参与公司管理,因此公司分配不可能由债权人决定。公司分配是对公司作为独立企业法人财产的处分,因此必须是公司意志的体现。作为法人,公司的意志由其内部机关来形成。但问题是,公司内部存在多个可以形成公司意志的机关,如股东会、董事会和公司经理(在中国还有法定代表人),究竟由那一个机关来决定公司分配呢?

公司分配决定权归属的意义在于:

第一,可以明确公司内部哪个机关在公司分配问题上代表公司形成公司意志,这样就可以避免公司作出分配决定时不同公司机关的权力重叠与冲突,增进公司分配的效率。另外,公司分配决定权的归属也决定着公司分配这一决策是否由于公司不同机关的制衡而受到监督。例如,如果公司分配决定权归属于公司董事会,则其有可能受到公司股东会的制衡;但是,如果直接将公司分配决定权配置给公司股东会,则其就不受公司董事会的制约。

第二,由于不同的公司机关,如股东会、董事会有其固有的议事程序与方式,因此,公司分配决定权归属于某一个公司内部机关决定着公司分配的决定程序与方式。例如,如果公司分配权归属于公司股东会,则其受限于公司股东会召开的频次(一般为一年一次)、表决方式(如股东会的资本多数决)等因素的制约。

第三,不同公司机关可能在公司分配中有着不同的私利。在现代公司两权分离的情况下,公司的所有权与控制权往往不归属于同一主体,而不同主体有着不同的私利。具体来说,股东会是股东的集合,其从整体上代表着股东的利益,股东当然希望从公司分配到的财产越多越好;董事会和经理则属于公司管理层,其希望公司利润更多地留在公司,从而使其拥有更大的现金流权。可以想象,如果将公司分配决定权归属于公司某一机关,其必然会利用这一权力作出利己的决策。

第四,基于权力与责任相匹配的原则,确定公司分配决定权的归属也决定着违法分配责任的归属。根据法律规范所遵循的"主体—行为模式—责任"的逻辑,如果公司分配由某一公司机关决策,那么,如果该决定违反了法律或公司章程的规定,由此产生的法律责任理应主要由作出该决策的机关来承担。

二、美国公司法中的公司分配决定权

美国《示范商业公司法》第 6.40(a)条开宗明义地规定:公司董事会可以授权公司并且由公司向股东进行分配。[①] 可见美国示范商业公司法将公司分配的决定权赋予公司董事会,并且在董事会的授权下以公司的名义进行;美国《加利福尼亚州公司法》第 500 条规定,公司董事会要善意地根据法律规定的条件来决定是否分配;[②]《特拉华州公司法》第 170(a)条规定,公司

① §6.40, MBCA.

② §500, California Corporations Code.

董事有权根据法律的规定来宣派股利。[①]

在美国,由公司董事会来决定公司分配有以下原因:

第一,美国公司法中由公司董事来决定公司分配的规定是美国公司法中所奉行的董事会中心主义的体现。美国示范商业公司法第8.01条明确规定:"受限于公司章程的规定,所有的公司权力均由公司董事会来行使,公司业务和其他事项由董事会来管理,或者在董事会的指导下来被管理。"[②]美国的各州公司法也均有类似的规定。美国公司法所坚持的董事会中心主义理念的根据在于:其一,与股东相比,董事有着经营公司的专业知识,更能够适应公司经营和市场的变化,能快速反应并作出决策;其二,公司由董事来经营可以克服公司的"短期性"。[③] 如果公司由股东来经营,由于股东分配公司财产的动因,公司财产会很快被股东瓜分,从而不利于公司的长期发展。

第二,美国公司法分配制度的法律标准决定公司分配必须由公司董事会来决定。根据美国示范商业公司法,公司分配时奉行的最重要的标准是衡平偿付不能测试。[④] 美国示范商业公司法的官方注释评论道:衡平偿付不能测试并不是一个明确的标准,但在作出公司是否有偿付能力的判断时,应考虑以下因素:(1)基于目前和可预见的对公司产品或服务的需求,公司可以在一段时间内产生足够的资金来清偿其到期债务;和(2)公司近期到期的债务可以由举借新债来偿还,而且考虑到公司的财务状况和重新举债的难度,举借新债是可以完成的。对于公司的或有债务,在考虑公司保险可以涵盖的范围内,要判断或有债务的可能性、金额和发生时间。另外,也可以借助于公司一段时间内的现金流量分析,来判断公司在该等时间内偿还到期

---

① §170(a), Title 8 of Delaware Code.

② §8.01, MBCA.

③ Grant Hayden & Matthew T. Bodie, *Shareholder Democracy and The Curious Turn Toward Board Primacy*, 51 Wm. & Mary L. Rev. 2071 (2010).

④ §6.40(c), MBCA.

债务的可能性。在作出上述判断时,公司董事可以依赖专家所提供的意见。[①] 由此可见,根据衡平偿付不能测试,在作出公司分配决定时必须全面考虑公司的经营状况和财务状况。在公司中,特别是在公开公司中,显然公司董事比股东更能全面掌握公司的上述信息,并更有能力根据这些信息对公司未来的经营情况和财务情况作出预判。

三、欧盟公司法中的公司分配决定权

于 2012 年新颁布的关于公司资本的欧盟公司法指令中并没有规定公司分配由谁来决定。[②] 公司分配决定权是一个公司治理结构中的权力划分问题。在欧盟,经过调查后,欧盟议会和理事会认为并没有必要颁布一个欧盟统一的公司治理准则,因为各成员国的公司治理都是基于其本国的传统与文化而有所差别。[③]

但欧盟公司法指令却规定了作为一种分配方式的股份回购的决定权。该指令第 21 条第 1 款规定,公开公司的股份回购须由股东大会作出授权,并由股东大会决定回购条款和条件,包括:(1)回购的最多股份数;(2)授权的期限,具体由成员国法律规定但最长不得超过 5 年;(3)如果是有偿取得股份,则需决定回购的最高和最低对价。但第 21 条第 2 款规定,当公司回购股份是为了避免对公司迫在眉睫的重大危害时,则可以不按第 21 条第 1 款的规定,而由公司管理层作出决策。[④]

另外,根据《欧盟公司法指令》第 39 条的规定,如果成员国公司法允许在不减资的情况下进行公司股份回赎,则:(1)如果法律或公司章程规定了股份回赎,则回赎决定由股东大会依公司法所规定的通常法定人数和一般

---

① American Bar Association Business Law Section, *Model Business Corporation Act Annotated* (Fourth Edition), 2013, p. 6 – 228, 229.

② Article 17, Directive 2012/30/EU.

③ Communication from the Commission to the Council and the European Parliament, Modernizing Company Law and Enhancing Corporate Governance in the European Union-A Plan to Move Forward (21.05.2003).

④ Article 21, Directive 2012/30/EU.

多数进行表决;(2)如果法律或公司章程没有规定股份回赎,则回赎决定由股东会依 2/3 以上多数进行表决通过,但如果出席股东代表股份数超一半的,公司法可以规定简单多数即可通过。①

四、英国公司法中的公司分配决定权

根据英国《私人股份有限公司示范章程》(Model Articles for Private Companies Limited by Shares)第 30 条的规定,公司可经由股东会的一项一般决议来向股东分红,但分红的数额必须由董事会推荐且不得超过董事会所推荐的数额。② 同样,英国《公开公司示范章程》(Model Articles For Public Companies)第 70 条对于英国公开公司的公司利润分配决定也有与《私人股份有限公司示范章程》第 30 条相同的规定。③ 从该规定来看,在公司分配的决定权上,公司董事会和公司股东会具有双向否决权。④

在英国,由股东会和董事会的"双向否决权"模式来决定公司分配,是因为:

第一,英国公司法从根本上奉行的还是股东会中心主义。⑤ 英国 2006 年《公司法》第 40 条第 3 项规定,公司股东会决议可以限制公司董事会的权力。⑥ 可见英国公司法并未像美国公司法那样将经营管理公司的权力概括性地授予公司董事会。

第二,英国公司法中规定的关于分配的标准是累积利润测试和净资产测试,即公司只能在其累积利润的范围内进行分配,并且,在公司分配后,其公司净资产不得小于公司的认购资本。无论是累积利润、公司净资产或公

---

① Article 39, 44, Directive 2012/30/EU.

② Article 30, Model Articles for Private Companies Limited by Shares, U. K.

③ Article 70, Model Articles For Public Companies, U. K.

④ Paul L. Davies and Sarah Worthington, *Gower & Davies Principles of Modern Company Law* (Ninth Edition), Sweet & Maxwell, 2012, p. 298.

⑤ Shuangge Wen, *Shareholder Primacy and Corporate Governance: Legal Aspects*, Practices and Future Directions, Routledge, 2014, p. 35.

⑥ s. 40(3), Company Act 2006, U. K.

司认购资本,均为公司资产负债表上的几个数字而已,公司股东依赖于公司经审计的财务报表即可。与奉行衡平偿付不能测试的美国公司法不同,英国公司法所奉行的累积利润标准和认购资本标准并不需要全面考察公司的经营状况和财务状况并对其前景作出预期。

关于股份回购,英国公司法规定,如果该回购是市场回购之外的回购(off - market purchase),则必须由股东大会作出特别决议通过(3/4 以上多数);[①]如果是市场回购(market purchase),则须由股东大会以普通决议通过。[②]

五、德国公司法中的公司分配决定权

根据德国《有限责任公司法》,如果公司章程[③]没有特别规定,则由公司股东决定公司利润分配。[④] 值得注意的是,利润分配由股东决定并非德国法律的强制性规定,公司章程可以将这一职权授予公司的其他机关,如经理或监事会,这都是可以在章程中进行自治约定的。[⑤] 德国有限责任公司法没有明确规定公司股权回购的决定权限,但是,根据有限责任公司法以任意性规范为主的精神,其可以由公司章程规定由股东、经理或监事会来决定。根据德国《有限责任公司法》第 43 条规定,如果有限责任公司经理违反该法关于股权回购的规定,则其应承担赔偿责任。

德国股份法中关于公司分配决定权的规定则具有强制性。根据德国

---

① s. 694, Company Act 2006, U. K.

② s. 701, Company Act 2006, U. K.

③ 德国《有限责任公司法》中的表述翻译为中文为“公司合同”,与我们所说的公司章程实质一致,故本书中表述为公司章程。

④ 德国《有限责任公司法》第 45 条(2)、第 46 条(1),载《德国商事公司法》,胡晓静、杨代雄译,法律出版社 2014 年版,第 44 页。

⑤ [德]托马斯·莱塞尔、[德]吕迪格·法伊尔:《德国资合公司法》,高旭军等译,法律出版社 2005 年版,第 563 页。

《股份法》第 58 条第 3 款的规定，公司股东大会对公司利润分配具有决定权。[①] 但是，股份公司董事会与监事会可以决定将公司年终利润的最多一半划入盈余储备金，股东大会仅可在此基础上决定利润的分配。另外，股份公司章程不可剥夺董事会与监事会上述将利润的最多一半划入盈余储备金的权利，但是公司章程却可以规定公司有权将更多的利润划入盈余储备金或作为盈余结转到下一年或将之用于公益目的。[②] 德国立法者将以上分配规定形象地解释为“企业对股东而言是透明的但又是锁住的口袋”。[③] 即立法者用此规定来防止公司股东过高的分配要求，从而不合理地减少公司发展所依赖的物质基础。

虽然如此，德国股份法同时也为股东的分红请求权提供保障。根据德国《股份法》第 254 条的规定，即使股东大会就公司利润分配作出决议，然而在以下几种情形中，合计持有基本资本二十分之一或者持股金额达 50 万欧元的股东可以请求撤销股东会的决议：(1) 根据一个理性商人的判断，即使为了保障公司未来可预见期间的持续经营能力和抗风险能力，也没有必要将股东大会所决议的利润划入盈余储备金或转入下一年；且 (2) 给予股东的利润分配低于股东实缴资本的 4%。由此可见，德国公司法将公司分配的决定权在管理层和股东大会之间进行了划分配置，同时又赋予适格股东在一定条件下对利润分配决策的否决权，以期在管理层、股东大会和股东个人之间达至一种平衡。

在股份公司回购自身股份方面，与有限责任公司法原则允许回购的规定不同，德国股份法原则上禁止股份公司回购自身股份，这与欧盟公司法指令的规定是一致的。[④] 但是，德国《股份法》第 71 条规定了股份回购禁止的

---

① [德]托马斯·莱塞尔、[德]吕迪格·法伊尔：《德国资合公司法》，高旭军等译，法律出版社 2005 年版，第 299 页。

② [德]托马斯·莱塞尔、[德]吕迪格·法伊尔：《德国资合公司法》，高旭军等译，法律出版社 2005 年版，第 298 页。

③ [德]托马斯·莱塞尔、[德]吕迪格·法伊尔：《德国资合公司法》，高旭军等译，法律出版社 2005 年版，第 299 页。

④ [德]温德比西勒、[德]怀克：《德国公司法》，殷盛译，法律出版社 2010 年版，第 562 页。

8 种例外情形。第 71 条第 1 款第 8 项进一步规定:“基于股东大会至多五年的授权取得自己的股票,该股东大会决议确定了股票的最低购买价格和最高购买价格以及该股票在基本资本所占的不得超过百分之十的份额。”同时规定:“股东大会可以授权董事会,在没有其他股东大会决议的情况下回收自己的股票。”由此可见,在德国,股份公司若要以股份回购的方式进行公司分配,须以股东大会决议作出且有一定比例限制。但是股东大会可以对董事会进行一个最多为五年的授权,而无须就每次回购作出决议。此外,董事会还须向下一次股东大会报告回购股份的原因、目的、回购的数量等信息。①

六、日本公司法中的公司分配决定权

2005 年新修订的日本公司法废除了有限责任公司这一公司形式,而统一为股份公司,只不过将股份公司进一步分为股份转让受限的股份公司和股份转让不受限的股份公司。② 日本《公司法》第 454 条规定,公司盈余金的分配须以股东大会决议为之;股东大会有关盈余金的分配决议应包含以下内容:(1)分红财产的类别及账簿价额的总额;(2)关于对股东分红财产的分配事项;(3)该盈余金分红的生效日。③ 由此可见,原则上,日本股份公司分红的决定权归属于股东大会。日本学者认为法律这样规定的原因在于:公司经营的财产基础来源于股东的出资,因此公司盈余分配的决定权也理所当然地归属于公司股东大会。④

但是日本公司法也在公司分配上赋予了董事会相当大的决定权。首先,日本《公司法》第 454 条第 5 款规定,设置董事会的公司可以根据公司章

---

① [德]托马斯·莱塞尔、[德]吕迪格·法伊尔:《德国资合公司法》,高旭军等译,法律出版社 2005 年版,第 309 页。

② 王保树主编:《最新日本公司法》,于敏、杨东译,法律出版社 2006 年版,第 4 页。

③ 日本《公司法》第 454 条,载王保树主编:《最新日本公司法》,于敏、杨东译,法律出版社 2006 年版,第 258 页。

④ [日]山本为三郎:《日本公司法精解》,朱大明等译,法律出版社 2015 年版,第 244 页。

程的规定,经董事会决议进行一个营业年度的中期分红,但一年仅限一次。[①]其次,日本《公司法》第 459 条规定,在满足以下条件的前提下,公司章程可以规定董事会有权行使原本属于股东大会的分红决定权:(1)公司设置会计监查人;(2)设置董事会且董事任期的最后一日在其选任后一年内结束的营业年度中,且该期满日不为定期股东大会结束后的某日;(3)公司设监事会。之所以在一定条件下赋予公司董事会对分红的最终决定权是出于维持均衡的立法考量。因为会计监查人的监查、外部董事和监事的参与和董事的较短任期可以有效防止董事权力的滥用。[②]

关于股份公司的股份回购,2001 年之前的日本公司法采取"原则禁止、例外允许"的态度,但是 2001 年日本商法典修改改变了这一态度而改采原则上许可的立场。[③] 日本《公司法》第 156 条规定,股份公司根据与股东的合意取得自身股份,必须事先由股东大会就取得的股份数、取得的对价以及取得股份的期间作出决议。[④] 日本公司法之所以将股份回购的决定权归属于股东大会,是因为:[⑤](1)股份回购本质上属于公司利润的分配;(2)维护股东平等,以防止公司与部分股东交易而损害其他股东的利益;(3)防止公司管理层通过回购股份而维护其对公司的支配地位。股份回购的股东大会决议一般以普通决议的形式作出,但是,根据日本《公司法》第 160 条和第 309 条的规定,从特定股东处回购股份应以特别决议的形式作出,且该股东应回避表决。[⑥] 但是根据日本《公司法》第 165 条规定,如果公司通过市场交易的

---

① 日本《公司法》第 454 条,载王保树主编:《最新日本公司法》,于敏、杨东译,法律出版社 2006 年版,第 258 页。

② [日]山本为三郎:《日本公司法精解》,朱大明等译,法律出版社 2015 年版,第 246 - 247 页。

③ 王保树主编:《最新日本公司法》,于敏、杨东译,法律出版社 2006 年版,"代序"第 6 页。

④ 日本《公司法》第 156 条,载王保树主编:《最新日本公司法》,于敏、杨东译,法律出版社 2006 年版,第 119 页。

⑤ [日]山本为三郎:《日本公司法精解》,朱大明等译,法律出版社 2015 年版,第 110 页。

⑥ 日本《公司法》第 160 条、第 309 条,载王保树主编:《最新日本公司法》,于敏、杨东译,法律出版社 2006 年版。

方式取得自身股份,则可由公司董事会直接作出决议而无须股东大会的决议。[①] 这样规定是为了使公司更为灵活地取得自身的股份。

七、本节小结

本节对美、英、德、日这几个在公司立法方面有代表性的国家的公司分配决定权进行了比较法研究。在理解其基本制度的同时,对其法律制度背后蕴藏的原理进行了初步探索。如果从董事会在公司分配中享有的决定权强弱来看,美、英、德、日四个国家处于一个由强到弱的光谱之中。虽然各国公司法对于公司分配决定权的规定各有不同,但在所有国家的公司法中,公司董事会或概括性地单独决定公司分配(如美国),或与股东会在公司分配决定上进行分权(如英国与德国),或在特定情形下决定公司分配(如日本)。那么,究竟是什么导致了这些不同模式之间的差异?回答这个问题需要进一步探究公司治理中的基本问题以及对公司分配权的本质认识。

第二节　公司分配决定权归属的决定因素

从上节公司分配决定权归属的比较法研究可以看出,各国对公司分配决定权归属的法律规定是不尽一致的。那么,这是否意味着公司分配决定权归属的法律设计是无规律的和任意的?答案是否定的。本书认为有两个决定公司分配决定权归属的主要因素:其一为股东会与董事会之间的关系;其二为对公司分配权的本质认识。

一、股东会中心主义与董事会中心主义

综观各国公司法对公司分配权的规定,其根本分歧在于:究竟该权力应

---

① 参见日本《公司法》第 165 条,载王保树主编:《最新日本公司法》,于敏、杨东译,法律出版社 2006 年版。

归属于公司股东会或公司董事会,或在二者之间进行分权?对这一问题的回答必须基于一国公司法对股东会和董事会在公司治理中的定位。即公司治理应奉行股东会中心主义,抑或董事会中心主义?若公司治理奉行所谓的股东会中心主义,则公司各项决策权的分配必然向股东会倾斜;若公司治理奉行所谓的董事会中心主义,则公司各项决策权会更多地归属于公司董事会。

有学者认为,所谓的"股东会中心主义"和"董事会中心主义"其实是中国学者创造出的概念。[①] 经本书作者检索,在公司发源地的英国和公司法律制度高度发达的美国,并没有严格对应"股东会中心主义"和"董事会中心主义"的表述。与前者大致对应的表述有"股东民主"(shareholder democracy)、"股东至上主义"(shareholder primacy)等,而后者大致类似地表述为"董事会至上主义"(board primacy)。为了论述方便,本书标题仍沿用中国学者所惯用的表述,但在具体论述中会对中外的相关表述作出区分。

(一)股东会中心主义

1. 股东会中心主义的含义

股东会中心主义,是指"股东会为公司之最高意思机关,一切之事务,除股东之固有权外,凡不违背效力规定之强行法规及公序良俗与股份有限公司资本之范围外,公司的一切事务,股东会均得决议……"[②]在股东会中心主义下,股东会是公司最高权力机关,与公司经营管理有关的重大事项须由股东会进行决定。相比而言,公司董事会仅是股东会的附属机构,是具体执行股东会关于公司经营管理决定的执行机关。[③]

2. 历史形成

与合伙企业相比,公司这一商业组织形态出现时间要晚得多。在公司

---

① 邓峰:《代议制的公司》,北京大学出版社 2015 年版,第 50 页。

② 梁宇贤:《公司法论》,台北,三民书局 2015 年版,第 355 页。

③ 赵旭东主编:《公司法学》(第 4 版),高等教育出版社 2015 年版,第 291 页。

产生初期公司股东一般为进行投资的资本家。例如,在工业革命以前,美国公司一般都是由经济实力雄厚的数个人设立的,公司的主要经济来源是股东的投资,债权人在资金提供方面的作用并不重要。[①] 然而,并不是所有有经济实力的个人都可以设立公司——设立公司必须以特许状的形式进行。19 世纪早期的美国,这种特许状是由各个州的立法机关颁布的,被认为是立法机关的一项法案。[②] 是否能取得特许状取决于公司投资人与立法机关的反复谈判。因此,在早期的公司中,股东不仅是资金的提供者,而且也是公司形式得以采取的关键因素。不难理解,在早期的公司中,公司经营的决策权掌握在全体股东或一部分股东手中。[③] 这并不意味着在早期公司中公司所有的经营活动均由股东从事;相反,股东也常常将公司的经营委托给公司管理人员。但股东对公司的管理人员有着很强的控制。伯利和米恩斯这样来形容早期公司中的管理层:“实际上,他们处于一种类似于在大海上航行的轮船长和高级船员的地位;在领航方面,他们也许具有至高无上的权力,但对于航行方向、轮船的更换、货物的属性及利润分配与损失分摊,则早已被决定了,只有那些具有基本财产利益的人(指股东——作者注)才有权变更以上事项。”[④]因此,可以说,股东会中心主义是公司产生之初的天然形态。

另外,公司早期股东所承担的无限责任也促使公司股东对公司进行全面的控制。有限责任并不是随公司这一商业组织形式出现而出现的,有限责任的出现要大大晚于公司的出现。在英国,公司股东有限责任的普遍确立是源于《1855 年有限责任法》。[⑤] 而有限责任原则在美国的普通确立也要

① Bayless Manning & James J. Hanks, JR., Legal Capital, Fourth Edition, Foundation Press, 2013, p. 26.

② William T. Allen, Reinier Kraakman & Guhan Subramanian, *Commentaries and Cases on the Law of Business Organization*, Wolters Kluwer Law & Business, 2012, p. 90.

③ [美]阿道夫·A. 伯利、[美]加德纳·C. 米恩斯:《现代公司与私有财产》,甘华鸣等译,商务印书馆 2005 年版,第 144 页。

④ [美]阿道夫·A. 伯利、[美]加德纳·C. 米恩斯:《现代公司与私有财产》,甘华鸣等译,商务印书馆 2005 年版,第 146 - 147 页。

⑤ 虞政平:《股东有限责任——现代公司法律之基石》,法律出版社 2001 年版,第 108 页。

到1860年左右。[①] 当股东承担无限责任时,其任何一个哪怕是小的投资都有可能将其全部个人财产置于危险境地。为了减少风险,投资者采取的措施就是减少其所投资的公司数量并牢牢监督每一个公司。[②] 据此,在早期公司中,在股东承担无限责任的情形下,股东必然要牢牢掌握对公司的控制权,谨慎经营公司。在这种情形下,在公司治理中奉行股东会中心主义就是一种当然的选择。

3. 股东会中心主义的式微和"股东民主"的兴起

自从伯利与米恩斯发表其极具影响力的著作——《现代公司与私有财产》以来,股权分散就成为现代公司的一个标签。正如在下文所论述的,由于股东有限责任的普遍确立、股权的极度分散,股东没有动因,也没有能力去监督公司管理层的经营行为,公司的经营管理权由以董事会为代表的公司管理层来行使,这一切导致了曾经在早期公司中盛极一时的股东会中心主义的式微。

但是,现代公司股权的变化并未停留于伯利与米恩斯的时代。从20世纪后半叶开始,美国的机构投资者取代个人而逐渐成为资本市场的主要投资人。根据美国哥伦比亚大学的一份调查,截至1990年,美国所有公开公司50%的股权由机构投资者持有,其中最大的1000家公开公司中,有1/5的公司的机构投资人持股超过60%,该等比例在进入21世纪后仍保持稳定。[③] 与个人投资者相比,机构投资者有动因和能力去监督管理层,以发挥其作为股东的影响力。[④] 基于此,在美国公司法理论和实践中掀起了一场"股东民主"(shareholder democracy)的运动。"股东民主"旨在加强股东的选举权以

---

① 程文进:《美国公司法人地位及股东有限责任原则确立的历史考察》,载《济南大学学报》2000年第1期。

② [美]罗伯塔·罗曼诺编:《公司法基础》(影印本),法律出版社2005年版,第63页。

③ William T. Allen, Reinier Kraakman & Guhan Subramanian, *Commentaries and Cases on the Law of Business Organization*, Wolters Kluwer Law & Business, 2012, p. 109.

④ 赵渊:《"董事会中心说"与"股东中心说":现代美国公司治理学说之辨》,载《比较法研究》2009年第4期。

及其他权利,并加强对董事和管理层责任的追究。① 在“股东民主”的旗帜下,机构投资者展开了所谓的“股东权益运动”(shareholder activism)。“股东权益运动”是指:“在不取得公司控制权的情形下,为了推动公开公司的变化,股东或股东组合所采取的任何行动。”这些行动是为了影响公司的决策。② 在美国,“股东民主”或“股东权益运动”的具体表现形式由强到弱主要表现为以下4类:③(1)对冲基金股东运动。该种股东运动寻求公司显著的变化,如公司策略、财务结构、董事会或管理层的变化。(2)投反对票运动。指一个股东或股东联合通过各种方式号召其他股东对某些董事候选人投反对票。(3)股东建议运动。通过向公司提出正式的股东建议来试图影响公司的政策。这些股东建议通常包括:改变股东会的治理政策或操作、改变公司管理人员补偿计划、改变公司监督体系或改变公司作为一个“公民组织”的行为。(4)争取对管理层薪酬话语权运动。通过与公司的沟通来试图影响公司对管理层的薪酬。

4. 股东至上主义(shareholder primacy)

股东民主运动是与股东至上主义(shareholder primacy)联系在一起的,也是实现股东至上主义的手段。④ 股东至上主义是美国公司法长久以来所秉持的一项准则,其基本含义为:公司的管理人员应将为股东创造最大利润作为其首要目标。⑤ 虽然股东至上主义是当今公司法领域的主流观点,但另外一项与之相竞争的主张也获得了广泛的支持,那就是:公司管理层应为公司所有参与者的利益而经营管理公司。这些参与者不仅包含股东,还包含

---

① Lisa M. Fairfax, *The Future of Shareholder Democracy*, 84 Ind. L. J. 1259, 1260 (2009).

② Bernard S. Sharfman, A Theory of Shareholder Activism and Its Place in Corporate Law, 82 Tenn. L. Rev. 791, 804(2015).

③ 参见美国哈佛大学网站,https://corpgov. law. harvard. edu/2015/04/07/shareholder - activism - who - what - when - and - how/,最后访问时间:2020年1月31日。

④ Grant Hayden & Matthew T. Bodie, *Shareholder Democracy and the Curious Turn Toward Board Primacy*, 51 Wm. & Mary L. Rev. 2071, 2075 (2010).

⑤ Lisa M. Fairfax, *Making the Corporation Safe for Shareholder Democracy*, 69 Ohio St. L. J. 53, 97 (2008).

雇员、供应商、顾客和债权人,甚至包含社区或广义的社会。[①] 由此可见,所谓的“股东至上主义”并不是与下文所说的“董事会至上主义”构成严格意义上的反义词。在美国公司法的相关学术论著中常常将“股东民主”与“董事会至上主义”作为一对相互竞争的概念。

众多法学家和经济学家从经济学的角度对股东至上主义进行了解释,其中比较重要的两个理论为产权理论与代理成本理论。传统产权理论认为,公司股东是公司的所有者。诺贝尔经济学奖获得者米尔顿·弗里德曼(Milton Friedman)曾在其论文中指出:“在一个自由企业和私有财产制度中,公司管理层仅仅是公司所有者的雇员,对其雇主负有直接的责任。”[②]在这种理论下,以董事会为代表的公司管理层不过是替股东看管和运营属于股东的财产,关于公司经营与管理的事项必须听从股东的决定。与传统产权理论相比,代理成本理论不坚持股东对公司的所有权,而是从“剩余索取权”(residual claim)的角度对股东权利进行解释。代理成本理论作出以上解释时是与公司的契约理论结合在一起的。企业契约理论源于经济学家科斯的著作《企业的性质》。根据科斯的观点,在设立一个公司时,相关要素所有者达致一项长期契约。但是由于无法预测在合同签署后公司将发生的所有事情,相关要素所有者无法在合同中全面规定公司的经营与管理。[③]以此为基础,后来的经济学家发展出了不完全契约理论。不完全契约理论强调股东财产权利于公司的重要性,从而认为公司股东是剩余索取权和剩余分配权的所有者。[④] 企业契约的不完全性决定了在公司经营中,必须有主体最终监督其他主体,但其自身却不受进一步的监督。经济学家阿尔钦和登姆塞

---

① Grant Hayden & Matthew T. Bodie, *Shareholder Democracy and the Curious Turn Toward Board Primacy*, 51 Wm. & Mary L. Rev. 2071, 2078 (2010).

② Milton Friedman, *The Social Responsibility of Business Is To Increase Its Profits*, N. Y. Times, Sept. 13, 1970, p. 32.

③ R. H. Coase, *The Nature of the Firm*, 4 Economica 386, 391 (1937) (arguing that firms are a cost – saving substitute for market mechanisms).

④ Oliver Hart, *An Economist' s View of Fiduciary Duty*, University of Toronto Law Journal, Vol. 43, 1993, pp. 299 – 313.

茨提出了解决这一问题的方法,即由作为剩余索取权人的股东来担任这一角色。因为股东作为剩余索取权人有动力去进行此项监督。[①]

(二)董事会中心主义

1.董事会中心主义的含义

董事会中心主义,是指法律将经营公司的权力授予董事会的公司治理模式。在这种模式下,董事会拥有经营管理公司的广泛权力,是公司权力的中枢。在这种公司治理模式下,股东会不得剥夺属于董事会的法定权利。[②]董事会中心主义的典型立法就是美国公司法。在董事会中心主义下,股东会仅就极少数的、涉及股东基本权利或公司存续的重大事项作出表决,如选举董事、决定出售公司全部或几乎全部资产等。涉及公司经营和公司发展的事项则全部交由董事会作出决议。董事会中心主义下,董事会是公司治理的中心,如果法律或公司章程没有规定,所有的权力均由公司董事会享有。

相较于以契约或合伙形式开展商业活动,公司的突出特点之一就是财产的集中管理。在早期公司中,也有财产的集中管理,但这种管理权由股东会行使。但是随着股东有限责任原则的确立,以及以证券交易所为代表的资本市场的兴起和完善,公司的股权日益分散,公司的所有权与经营权开始分离——股东仍被视为公司的所有者,但是公司的经营权却归属于以董事会为代表的公司管理层。就股东而言,由于其可以以极小的代价完成投资的多元化(如可以通过购买股票指数型基金的投资方法),从而可以避免投资某一特定公司的风险。投资的多元化使投资者不再关心其中某一公司的经营,也没有动力去监督公司的管理层。即使是有监督意愿的股东,也会由于不具备专业能力、经济实力或由于“集体行动”的困境和“搭便车”的心理,客观上也无法监督公司的经营管理活动。

---

① Armen A. Alchian & Harold Demsetz, *Production, Information Cost and Economic Organization*, 62 Am. Econ. Rev. 777, 781 - 783 (1972).

② 赵旭东主编:《公司法学》(第4版),高等教育出版社2015年版,第291页。

如前文所述,自20世纪后半叶以来,“股东民主”的呼声日盛。但股东民主运动并非要将现代公司变为像早期公司那样的、由企业主直接所有和控制的公司,而仅仅是要求保障股东的选举权或要求公司倾听股东的意见。股东民主并不意味着股东要实际参与公司的经营活动。

2. 董事会至上主义(“board primacy” or “director primacy”)

“董事会至上主义”认为公司股东并没有直接或间接的决策权,公司的决策权属于公司董事会。董事会才是公司权力的中心,董事会的权力是“原始取得的、而非被(股东)授予的”。[①] 美国公司法是贯彻“董事会至上主义”的典型。在美国,公司法将公司的经营管理权赋予公司董事会,并将其视为公司经营管理权的最终核心。公司董事会并不被法律要求服从大多数股东的决定。在看待股东和董事之间的关系时,美国公司法并不完全将股东—董事关系视为被代理人—代理人之间的关系,而是将董事置于一种准被代理人的地位。[②] 例如,美国《特拉华州公司法》第141条就明确规定:公司的管理权属于公司董事会。[③]当然董事会的权力并不是无限的,它仍受限于公司章程的约定、公司法规定的股东基本权利以及董事的信义义务。但是,在现实中,很少有美国公开公司的章程会限制董事会的权力。并且,公司法所规定的股东的基本权利也非常有限。美国的克拉克教授仅简单地将公司股东的权利概括为选举权、诉权与信息权三种非常有限的权利。[④]公司的其他高级管理人员,如公司的CEO、财务负责人等,则属于公司的代理人,他们的权力来源于公司董事会的授权。

在美国“董事会至上主义”的极端表现为当公司面临敌意收购时目标公司董事会采取反收购措施的权利。在美国,公司董事会有权单独采取的“毒

---

① Stephen M. Bainbridge, *Director Primacy: The Means and Ends of Corporate Governance*, 97 Nw. U. L. Rev. 547, 560 (2003).

② William T. Allen, Reinier Kraakman & Guhan Subramanian, *Commentaries and Cases on the Law of Business Organization*, Wolters Kluwer Law & Business, 2012, p. 103 - 104.

③ § 141(a), Title 8 of Delaware Code.

④ Robert Charles Clark, *Corporate Law*, Little, Brown and Company, 1986, p. 93.

丸计划”(poison pills)和“分级董事会”(classified board)可以挫败几乎所有的敌意收购企图,从而在一定程度上剥夺了股东决定公司是否被收购的权利。需要指出的是,尽管在多起案件中公司董事会由于采取“毒丸计划”而被股东起诉,作为美国公司法普通法重要渊源的特拉华州最高法院却从未作出一项判决要求公司董事会取消其设置的“毒丸计划”。[①]

“董事会至上主义”将“合同束理论”(nexus of contracts)作为其重要理论依据。“公司是一束契约的联结”的概念是由詹森(Jensen)与梅克林(Meckling)提出来的。[②] 根据他们的见解,这“一束契约”包括企业与股东签订的契约,企业与供应商签订的供应契约,企业与职工签订的雇佣契约,企业与银行、债券持有人签订的契约,以及企业同产品买方签订的契约。由此可见,构成企业这个“结点”的契约的签订者并非仅有一类主体,而是包括股东、债权人、职工、供应商等多类主体。企业正是在与这些主体的关系中才存在。[③] 因此,根据“合同束理论”公司并非仅仅由股东所有,股东也并不当然享有优于其他参与者的权利。根据“合同束理论”,一部分法学家主张“利益相关者理论”。利益相关者理论认为,公司是由多种要素提供者所组成的系统,“雇员、贷款人、供应商或其他人都可以(并且经常如此)作出专业投资,这些投资与股东的投资一样面临着完全相同的风险。所有在企业从事业务活动中作出特殊投资的各方之所以作出投资,都事先假定并期望他们能从企业内部这些资产的联合运用所创造的利润中获得相应份额的收益,而其他参与者不会侵占本人的收益”。[④] 因此,把公司的有权归于股东是不

---

① Alicia J. Davis, *The Institutional Appetite for "Quack Corporate Governance"*, 2015 Colum. Bus. L. Rev. 1, 33 (2015).

② [美]迈克尔·詹森、[美]威廉·梅克林:《企业理论:管理行为、代理成本与所有权结构》,陈郁译,载陈郁编:《所有权、控制权与激励》,上海三联书店、上海人民出版社1998年版,第8页。

③ 要注意的是,在Jensen和Meckling眼中,由于企业只是一组契约关系,并不存在企业实体,因而企业仅是“一种法律虚构”。[美]迈克尔·詹森、[美]威廉·梅克林:《企业理论:管理行为、代理成本与所有权结构》,陈郁译,载陈郁编:《所有权、控制权与激励》,上海三联书店、上海人民出版社1998年版,第8页。

④ [美]玛格丽特·M. 布莱尔:《共同的“所有权”》,载《比较经济体制》1996年第3期。

合理的,公司的所有权应属于利益相关者共同享有。

“合同束理论”认为企业是一束契约的联结。Bainbridge 教授在此基础上又向前发展一步,认为董事会才是这些契约的联结。理由是:所有公司为一方的契约均是由董事会或由董事会授权的高级管理人员缔结的。因此,Bainbridge 教授认为:“公司董事会可以被看作一个‘伯拉图式的守护者’——一个充当构成公司的各种契约的联结的、独一无二的组织体,它的权力不是来源于股东,而是来源于构成公司的所有契约。”[①]根据 Bainbridge 教授的观点,与公司其他参与者不同,公司董事会在公司中处于一种超然的地位,是公司实体的人格化。[②]

“董事会至上主义”的另一有力支撑是所谓的“长期利益”理论。美国学者 Lawrence Mitchell 教授和著名律师 Martin Lipton 等认为,公司股东往往根据公司短期的表现来评判公司经营是否成功。如果给予公司股东过多的影响公司经营的权利,公司的董事和管理层就可能在这种压力之下追求公司经营的短期目标,即股票价格的最大化,从而牺牲公司的长远利益。基于此,以上人士主张建立“自我延续”的公司董事会或将董事会的选举周期改为每五年一次。只有这样,公司发展才能摆脱股东短视行为的影响,从而实现公司的长远利益。[③]

二、对公司分配权本质的认识

(一)分配决定权与股利分配请求权

公司法理论按股东权利行使的目的与内容将股东的权利大致分为共益权与自益权。共益权系指为了公司利益而行使的股东权利,而自益权则是

---

① Stephen M. Bainbridge, *Director Primacy: The Means and Ends of Corporate Governance*, 97 Nw. U. L. Rev. 547, 560 (2003).

② Stephen M. Bainbridge, *Director Primacy: The Means and Ends of Corporate Governance*, 97 Nw. U. L. Rev. 547, 560 (2003).

③ Grant Hayden & Matthew T. Bodie, *Shareholder Democracy and The Curious Turn Toward Board Primacy*, 51 Wm. & Mary L. Rev. 2071, 2092 - 2094 (2010).

股东为自身利益计而行使的权利。[①] 股利分配请求权属于股东的自益权,是股东权的核心。[②]

根据霍菲尔德(Wesley Newcomb Hohfeld)对权利(legal entitlements)的分类,权利可以分为 right、privilege、power 和 immunity。[③] 霍菲尔德没有直接对这4个概念进行明确的定义,但从他对于4种权利的描述与分析,股东分配请求权至少从表面上看应属于请求权的范畴,即霍氏所指的"right"。根据霍菲尔德的理论,与"right"相对的应该是义务,即"duty"。因此,如果股利分配请求权果真是一项"right"的话,其对应着公司的"duty",即当股东向公司提出请求时,公司有法律义务依股东的请求进行分配。如果是这样,公司分配决定权实际上是归公司各个股东所有,而非归作为公司机关的公司股东会或公司董事会所有。但这显然与各国的公司法实践不符。在实践中,如果公司没有可分配利润,股东的分配请求权无法实现。即使公司有可分配利润,若无特别法定或约定情形,股东的分红请求权并不必然使公司负有进行分配的义务。由此可见,公司分配虽然事关股东取得投资回报的根本利益,但是其绝非股东的一项固有权利。[④] 这是因为,公司分配实质上是对公司财产的处分。公司作为一个独立的法人,其拥有与股东完全独立的法人人格和法人财产,对法人财产的处分必须以公司法人的独立意思为依据,而形成这些独立意思的是公司的内部机关,如公司的股东会或董事会。单个的股东并不能将其进行公司分配的意思强加于公司法人。

德国学者认为,分红请求权是股权的基本组成部分,但该项权利可以分为两个阶段:第一阶段为公司股东会作出分红决定之前,此时,分红请求权只是一项数额不确定的、存在于未来的权利;第二阶段为公司股东会作出分红决定之后,分红请求权才成为一种数额确定的债权。但即使在第一阶段,

---

① 赵旭东主编:《公司法学》(第4版),高等教育出版社2015年版,第241页。

② 赵旭东主编:《公司法学》(第4版),高等教育出版社2015年版,第231页。

③ Wesley Newcomb Hohfeld, *Some Fundamental Legal Conceptions as Applied in Judicial Reasoning*, The Yale Law Journal, Vol. 23, No. 1, 30 (1913).

④ 赵旭东主编:《公司法学》(第4版),高等教育出版社2015年版,第241页。

分红请求权作为一项未来债权也是可以依法转让和设置担保的。当公司股东会作出分红决定后,股东分红请求权则成为股东的私人财产,除非其本人同意,公司其他股东不能通过重新决议的方式取消之前作出的分红决议。[①]关于股东就公司分配所享有的权利,有的德国学者将其区分为股息权(或盈利分配权)和股息支付请求权两种不同的权利。前者只是基于股东身份所享有的一项抽象的权利,而后者则是在股东会作出利润分配的决议之后才产生。[②] 本书同意德国学者的以上观点。

(二)分配决定权与公司经营权

公司分配涉及公司股东的股利分配请求权,而股利分配请求权的实现则会使股东财产增加。但是,公司本身就是一个可以拥有财产、具备独立人格的法人,公司分配会导致公司财产的减少。公司运营、发展都离不开财产的支持。尤其是现代公司越来越置身于一个全球化竞争的时代,如逆水行舟、不进则退。公司要参与全球化的竞争,在存续的同时必须发展壮大——扩大生产线、扩大客户基础,甚至通过进行并购的方式进行跨越式的发展。所有这些都意味着公司投入的不断加大,需要将公司取得的利润进行再投资。如果没有将这些利润用于再投资,公司的经营则会受到限制。在现代公开公司中,公司的经营权不可避免地向公司董事会和经理层集中,如果要求一个公司将其所有可分配利润分光,这会严重限制董事会和经理层经营公司的权利。因此,公司分配不仅关涉到股东根本利益,其还直接涉及公司的具体经营。当公司产生利润时,是将其全部或部分用于向股东分配、还是用于来年开发新的生产线或用于在未来以并购的方式扩展公司规模,这事实上影响到公司的业务经营和公司的长远发展。

是否把公司看作一个永续发展的实体影响到公司分配的政策。18 世纪

---

① [德]托马斯·莱塞尔、[美]吕迪格·法伊尔:《德国资合公司法》,高旭军等译,法律出版社 2005 年版,第 608 页。

② [德]温德比西勒、[德]怀克:《德国公司法》,殷盛译,法律出版社 2010 年版,第 570 页。

末19世纪初的美国,公司依立法机关所颁发的特许状而设立。这些特许状一般规定一个较短的公司经营期限(一般为10年),在到期之后公司必须进行解散清算。在这种特许状下,公司仅是短期经营的实体,并不涉及永续发展的问题,因此并没有将利润用于扩大再生产的需要。如1792年根据美国马萨诸塞州议会所颁布的特许状,在该州成立的联合银行(Union Bank)的经营期限为10年,公司董事不得留存利润,而是必须每半年把所有利润分配给股东。[①] 但是随着公司实践在美国的快速发展以及公司数量的增加,立法者很快意识到了公司利润对于公司持续发展的重要性。因此,在美国马萨诸塞州议会于1829年所颁的银行法(Banking Act)中,其改变了以往公司董事必须将全部利润用于分配的规定,转而允许董事在进行分配时将部分利润留在公司,从而在公司分配这一问题上赋予董事一定的自由裁量权。[②] 与早期公司不同,现代公司一般都以永续经营作为目标,因此公司的持续经营发展必须有留存利润作为支撑,在这种情况下,公司利润的留存便与公司的经营更加密切地联系到了一起。因此,公司分配决定权从本质上来说属于一项"商业判断"(business judgement),它应该属于公司经营权拥有者的公司董事会有权决定的范畴。

三、小结:公司分配决定权应归属于董事会

本节讨论了决定公司分配决定权归属的诸种因素。公司虽为独立之法人格,但其决策却是由组成公司的各机关所作出的。因此,公司分配权的归属首先取决于对公司内部各机关的定位和权力分配准则。股东会中心主义和董事会中心主义就是公司内部权力划分上的两种不同准则。然而,通过上述分析,即使"股东至上主义"的支持者也只是要求公司股东在董事选举和某些关系公司根本变化的事项上具有更多话语权,其不要求股东享有对

---

① Edwin Merrick Dodd, *American Business Corporations Until* 1860, Harvard University Press, 1954, p. 203.

② Edwin Merrick Dodd, *American Business Corporations Until* 1860, Harvard University Press, 1954, p. 212.

公司经营的具体决策权,因为这既不现实,也无益处。

股利分配请求权是股东权利的核心,这是否意味着股东有权决定分配呢？从本书的分析可以得出,股利分配请求权成为一项真正的、法律意义上的请求权是公司分配决定的后果,而并非其原因。此外,公司分配在影响股东财产权益的同时也影响到公司的存续和经营。现代公司总体上以永续发展为目标,因此将公司分配权赋予对公司业务具有经营权的董事会便是恰当的。

需要指出的是,根据本节的论述,本书主张公司董事会应享有公司分配决定权,但是:第一,这并不意味着公司董事会应当在任何情况下都享有排他的公司分配决定权,由于一国公司发展历史和公司法传统的不同,赋予公司股东会在公司分配上的部分决定权也是合理的;第二,董事会享有公司分配决定权的结论在闭锁公司的情形下并不必然适用。[①] 因为根据闭锁公司的一般原理,公司股东参与公司的管理,兼任公司的管理层,所有权与经营权分离的情形在闭锁公司中并不必然存在。因此,对闭锁公司的公司法规定应以任意性规范为主,允许闭锁公司的股东通过契约的方式对公司的治理以及权力分配进行自由的约定。例如,美国特拉华州的公司法就规定闭锁公司的股东可以决定不设董事会;德国有限责任公司法也允许有限责任公司选择不设董事会。

但是,使董事会享有公司分配决定权并非一项一劳永逸的安排。如在下文所论述的,董事会在公司分配上既存在私利,也存在董事利用公司分配决定权进行损人利己的可能性。因此,当现代公司的发展不可避免地将公司分配决定权赋予董事会时,公司法应解决的问题是:如何消除这其中存在的代理问题,从而确保公司分配法律制度的效率与公平——这正是本章第三节所要论述的。

---

① 关于闭锁公司中公司分配的特殊问题,请参见本书第三章。

第三节 公司分配决定权中的代理问题以及应对之策

从上文对世界主要国家公司分配决定权归属的比较法研究来看,董事会均起到了关键性的决定作用。但是,从本书第一章第四节的论述可知,公司分配与公司董事和管理层的现金流量权相关,影响到董事和管理层的私利。当董事和管理层存在私利时,其有可能仅从追求个人私利的角度出发来决定公司分配与否以及分配数额,而损害公司股东和公司债权人的利益。本节将首先揭示公司分配时由于董事与股东或债权人可能的利益背离而产生的代理问题,其次将分析董事对公司股东和公司债权人所负的信义义务对于解决这种代理问题的作用。

一、公司分配决定权中的代理问题

根据詹森和梅克林的经典论述,代理关系是指一种契约关系,在该种关系下,被代理人为了让代理人为其从事一定行为而对其进行授权。① 由于现代公司中所有权与经营权的分离,这种代理关系也不可避免地存在于现代公司中。这种代理关系的存在产生了所谓的“代理问题”(agency problem)。一般来说,公司中的代理问题包含三类:第一类为公司股东(作为被代理人)与公司管理层(作为代理人)之间的利益冲突;第二类为大股东(作为代理人)与小股东(作为被代理人)之间的利益冲突;第三类为公司(作为代理人)与其他公司参与者,如公司债权人、员工和客户(作为被代理人)之间的利益冲突。② 需要指出的是,以上第二种代理问题同样也可能发生在优先股股东

① Michael C. Jensen & William H. Meckling, *Theory of The Firm*: *Managerial Behavior*, Agency Costs and Ownership Structure, 3 J. Financial Econ. 305, 308 (1976).

② Reinier Kraakman at al., *The Anatomy of Corporate Law*: *A Comparative and Functional Approach*, Oxford University Press, 2009, p. 36.

与普通股股东之间，或者在公司破产的情况下发生于优先受偿债权人与劣后受偿债权人之间。[①] 代理问题会产生所谓的“代理成本”，是以下3种成本的和：(1)被代理人的监督成本(monitoring expenditures by the principal)；(2)代理人的约束成本(bonding expenditures by the agent)；(3)剩余损失(residual Loss)。[②] 监督成本是指被代理人限制代理人的越轨行为而对其进行激励和对其进行监督而支出的成本；约束成本则是指代理人为了向被代理人证明其不会损害被代理人利益所支出的成本，如公司聘请外部审计师对公司进行审计并向股东出具审计报告；而剩余损失是指如果代理人完全为被代理人利益最大化工作而为被代理人带来的福利与代理人实际行为之间的差别。可以看得出，剩余损失其实是一种机会成本。

公司管理层倾向于维持一个稳定的股利政策，为达到这样一个目的，公司的股利增长幅度会低于公司实际盈利幅度，从而导致更多的公司利润留存在公司之中。如果公司有更多的留存利润，公司管理层可以将其用于有利于自身而损害股东利益的目的。如公司管理层可以通过直接侵占公司财产、从公司获取超高薪水或与公司进行关联交易等多种方法将公司财产不当转移到自己手中。[③] 此外，公司管理层有进行“帝国扩张”(empire building)的倾向，会把这些留存的利润再投资于边际收益较小的项目，从而减少公司的价值。[④] 此外，公司管理层自信地认为，将公司利润留存在公司供其用于再投资所产生的收益会大于将这些利润分配给股东由股东投资所产生的收益，因此，管理层总是倾向于尽可能少地向股东分配股利。Michael Jensen教授也认为，将更多公司利润留存于公司会增加管理层将这些资金再投资于次优(suboptimal)项目的可能性。因此，增加公司向股东支付的股利

---

① John Armor, Henry Hansmann & Reinier Kraakman, *Agency Problems, Legal Strategies and Enforcement*, Discussion Paper No. 644, Harvard Law School, 2009.

② Michael C. Jensen & William H. Meckling, *Theory of The Firm: Managerial Behavior, Agency Costs and Ownership Structure*, 3 J. Financial Econ. 305, 308 (1976).

③ La Porta et al., *Agency Problems and Dividend Policies around the World*, 55 J. Fin. 1, 3 (2000).

④ William W. Bratton, *Corporate Finance: Cases and Materials*, Foundation Press, 2012, p. 791.

可以减少公司的这些次优投资行为,从而增加公司价值。① Easterbrook 法官认为,要解决上述代理问题,公司应该提高向股东的分配,而在再投资所需资金中增加公司债权融资的比例。公司债权人会更加有效地监督公司的再投资行为,从而促使公司管理层将再投资的资金用于最优的投资项目中去。② La Porta 教授等的一项实证研究也表明,如果公司有着良好的可以保护股东利益的公司治理结构,则该等公司倾向于向股东支付更多的股利。③

除公司股利政策中存在代理问题外,股份回购中也存在特殊的代理问题。如果回购是以与部分股东谈判的方式进行的,那么公司管理层有可能以高于市场的价格回购股份,从而损害其他股东的利益。但是,如果一个公开公司以公开市场方式进行收购,例如,以要约收购的方式回购自身股份,与个别谈判回购相比要透明得多,然而这其中也可能存在代理问题。比如,当公司面临敌意收购时,公司管理层为了避免公司被收购从而其被撤换的命运,可能以高于市场的价格从市场上收购公司的股票,从而提高敌意收购人的收购成本,迫使敌意收购人放弃对公司的收购企图。

总体来说,现代公司法有两个主要的社会目标:其一为促进协作的经济活动,该目标主要是通公司的组织结构来实现的,比如,公司董事会的设置;其二为有效减少代理成本。④ 如上文所述,公司分配决定权中存在代理问题,会产生代理成本。如何有效减少公司分配中的代理成本也是现代公司法必须解决的问题之一。

---

① Michael Jensen, *Agency Costs of Free Cash Flow*, Corporate Finance and Takeover, 76 Amer. Econ. Rev. 323 (1986).

② Frank H. Easterbrook, *Two Agency - Cost Explanations of Dividends*, 74 Amer. Econ. Rev. 650 (1984).

③ La Porta et al., *Agency Problems and Dividend Policies around the World*, 55 J. Fin. 1(2000).

④ William T. Allen, Reinier Kraakman & Guhan Subramanian, *Commentaries and Cases on the Law of Business Organization*, Wolters Kluwer Law & Business, 2012, p. 329.

二、解决公司分配决定权中的代理问题的方法一：股东保护

要解决公司分配中的代理问题，其中一个很显而易见的方法就是赋予股东权利，加强股东保护。La Porta 教授等学者通过对全世界 33 个国家的 4000 多个公司的实证研究表明，对股东权利的保护与股利分配的多寡存在正相关，即一般来讲，越是股东权利保护机制完善的国家，公司股利支付越多；而越是股东权利保护薄弱的国家，公司股利支付越少。[①]

但是 La Porta 教授等学者所说的"股东保护"并不是指直接赋予股东强制公司进行分配的权利，而是保护股东的董事选举权等基本权利。例如，在美国，作为克莱斯勒公司的一个股东，Kirk Kerkorian 通过董事选举将其推荐的候选人成功选举为克莱斯勒公司的董事，Kirk Kerkorian 所推荐的董事在克莱斯勒董事会审议公司分红事项时力主将公司的现金用于分红，最后克莱斯勒的董事会作出了分红的决议。[②]

股东保护对公司分配决定权中代理问题的解决不仅仅限于股东的选举权。股东的信息权、诉权也同样重要。只有股东有充分的信息权，股东才能掌握公司财务、公司治理等信息，这样才能密切监督公司管理层潜在的、挥霍财产的行为。如果发现公司管理层存在这些行为，股东可以行使其诉权来追究管理层的责任。这样一来，当公司管理层发现即使将利润更多地留存于公司中其也不能从中获利时，他们就有可能倾向于将更多的利润分配给股东。[③]

① La Porta et al., *Agency Problems and Dividend Policies around the World*, 55 J. Fin. 1, 27 (2000).

② La Porta et al., *Agency Problems and Dividend Policies around the World*, 55 J. Fin. 1, 6 (2000).

③ La Porta et al., *Agency Problems and Dividend Policies around the World*, 55 J. Fin. 1, 5 (2000).

三、解决公司分配决定权中的代理问题的方法二:董事对公司和股东的信义义务

(一)董事信义义务的一般理论

从上述关于公司分配决定权的比较法分析所知,尽管各国基于其法律传统对公司分配决定权有不同的设置,但公司董事会在公司分配决定中起着十分重要的作用。因此,欲消弭公司分配中的代理问题,对董事施加一定的义务是最为直接的方法。根据现代公司法的一般原则,董事对公司和股东负有信义义务(fiduciary duties),分别为勤勉义务(duty of care)与忠实义务(duty of loyalty)。董事的信义义务是英国普通法上发展起来的概念,它起源于1742年英国法官所审理的Charitable Corp. v. Sutton一案,该案判决被后来的法院不断引用并逐渐发展出勤勉义务与忠实义务的概念。[①] 勤勉义务是指董事在行事时须以一个普通、谨慎的人在类似职位和情形下的标准而为之。[②] 如勤勉义务的上述描述,勤勉义务是一个较为模糊的概念。而且,在美国,由于商业判断规则(business judgment rule)的保护,很少有董事因被诉违反勤勉义务而承担责任,仅在董事行为达到"重大过失"(gross negligence)的程度,董事才有可能被判定为违反了勤勉义务。与勤勉义务相比,忠实义务是董事义务的核心。忠实义务要求公司董事、管理层与控股股东在行使其享有的、有关公司的程序性和实体性权利时,应善意地行事,以求实现公司的最大利益。忠实义务通常适用于公司董事、管理层或控股股东与公司存在利益冲突的情形。

(二)股东至上与董事信义义务——Ford v. Dodge案

公司董事和管理层对公司负有信义义务,这要求董事在作出相关决定

---

① Randy J. Holland, *Delaware Directors' Fiduciary Duties: The Focus on Loyalty*, 11 U. Pa. J. Bus. L. 675, 678-679 (2009).

② ALI, Principles of Corporate Governance §4.01 (1994).

时应善意地以公司最大利益为目的。根据这一点,虽然董事对公司的信义义务并不要求董事必须向股东分配,但是如果公司作出不分配的决定不是出于善意或不是为了公司的最大利益,则该不分配的决定可能会受到股东的挑战。然而,什么是公司利益最大化?现代公司是由诸多机关和人组成的,这包括公司的股东、公司管理人员或公司员工。究竟谁的利益最大化才是公司利益最大化呢?1919 年美国密歇根州最高法院所审理的道奇兄弟诉福特公司案就这一问题作出了回答,该案所确立的股东至上的精神至今仍是美国公司法的一项基本原则。

福特公司是根据 1903 年美国密歇根州的第 232 号公众法(No. 232 of the Public Acts of 1903)成立的。起初其股本为 15 万美元,后于 1908 年增至 200 万美元。作为汽车行业的开创者,福特公司的利润十分可观,除了按每月 5% 向股东支付按季度发放的股利外,其还于 1911 年至 1916 年向股东派发了累计 4000 余万美元的特别股利。尽管公司的生意十分红火,其生产的福特牌小汽车常常供不应求,且生产汽车所需原料和人工成本上涨,但公司却不断主动降低小汽车的价格。起初,每辆小汽车的价格是 900 美元,但到 1916 年这一价格却降到了 360 美元。[①] 福特公司于 1916 年决定,除了维持其按月利 5% 计算的常规的季度股利外,其将不再向股东发放特别股利,原因是公司将留存更多的利润以用于兴建厂房并购买与生产经营相关的其他不动产或设备。福特公司当时的两名小股东道奇兄弟对此感到不满,他们向法院申请禁令,要求福特公司停止正在进行的兴建厂房等扩大再投资,而应将公司累积的留存利润中的大部分分配给股东。道奇兄弟的起诉理由包括:(1)公司的扩大计划并非为了公司的利益,而是为了雇用更多的工人以增加就业,同时生产更多低价的小汽车,从而使更多的民众能买到物美价廉的小汽车;(2)公司没有足够的现金来同时满足生产扩张和延续特别股利分配是由于公司对其产品非常武断的定价政策。一审法院准许了原告所申请的、要求福特公司停止扩大再投资的禁令,并且判令福特公司的董事在法院

---

① Dodge et al. v. Ford Motor Co. et al., 204 Mich. 459, 170 N. W. 668, 669 - 677 (1919).

作出判决之日起 30 日内向股东宣派其累积现金盈余的一半作为股利。福特公司和福特公司的董事不服,上诉至密歇根州最高法院。①

密歇根州最高法院于 1919 年审理了该案。该院重申了其法律规则:宣派股利以及股利的数额是公司董事会的排他权力。除非发生以下情形,法院不应干涉董事会关于股利分配的决定:(1)公司董事欺诈或侵吞公司财产;或(2)公司有利润盈余,该利润盈余分配给股东不会损害公司的经营,而且如果不分配该盈余会导致董事滥用裁量权的程度达到欺诈或违反其向公司股东所负有的善意义务。换句话说,除非董事出于恶意、故意玩忽职守或滥用其裁量权,董事会关于股利分配的决定权不应被法院干涉。② 通过对相关事实的认定,法院认为福特公司董事会并未将利润和股东利益最大化作为公司的目标,而是将福特公司作为一个类慈善机构。法院认为,商业公司的成立首先是为了股东利益最大化,公司董事应当以此为目的行使其权力;公司董事的裁量权也须以该目的为限,而不能改变该目的;如果公司的目标不是为了股东的利益,则法院就可以干涉公司和董事的行为。但是同时,法院认为福特公司的厂房扩张和再投资计划属于董事会的自由裁量权范围之内,不应受到法院的干涉。为此,密歇根州最高法院维持了下级法院关于判令福特公司董事会向股东宣派其累积现金的一半作为股利的判决,但是驳回了停止厂房扩建等再投资的禁令。③

由此可见,即使是在董事会中心主义色彩最为强烈和公司分配完全由董事会决定的美国,董事会对公司分配的决定权也并不是绝对的,它受到董事对公司和股东的信义义务的约束。如果公司董事会在作出公司分配决定时违反了其对公司和股东的信义义务,没有以公司和股东利益最大化为首要目的,则其决定就有可能受到股东的质疑和法院的干涉。

---

① Dodge et al. v. Ford Motor Co. et al., 204 Mich. 459, 170 N. W. 668, 677 (1919).

② Dodge et al. v. Ford Motor Co. et al., 204 Mich. 459, 170 N. W. 668, 682 (1919).

③ Dodge et al. v. Ford Motor Co. et al., 204 Mich. 459, 170 N. W. 668, 685 (1919).

四、解决公司分配决定权中代理问题的方法三:董事对公司债权人的信义义务

公司股东对公司享有丰富的自益权与共益权,为保障这些权利的实现,公司董事对股东负有一般的、持续的信义义务。与公司股东不同,公司债权人向公司借贷,只求获得本金以及固定的利息,其不对公司利润享有无限制的索取权,也不具有选举权等股东才享有的权利。与股东不同,债权人只关心公司保持清偿能力。只要公司有清偿能力,可以清偿债权人的到期债权,则债权人并无动因干涉公司的经营与管理。但是,当公司丧失清偿能力或即将丧失清偿能力时,股东事实上已经失去了其剩余追索权,而债权人则成为公司财产的实际追索权人。此时,要求董事对股东负有信义义务已经没有意义,因为股东在公司已无利益可言。董事在这种情形下对公司的管理行为最直接影响到的是公司债权人的利益。那么,此时法律是否可以要求董事对公司债权人负有信义义务呢?美国公司法上的相关判例对该问题的回答颇具参考价值。

(一)Credit Lyonnais Bank Nederland, N. V. v. Pathe Communications Corp. 案

美国普通法一直以来认为,公司董事和管理层仅对公司和股东负有信义义务。至于公司债权人,传统理论认为债权人仅依其与公司的契约关系或法律所规定的其他关系而享有权利——公司董事及管理层对公司债权人并不负有除契约和法律规定以外的其他义务。但是,自 20 世纪 90 年代以来,以上观点受到了法院判例的挑战,美国法院开始确认:在特定情况下,公司董事对债权人负有信义义务。1991 年美国特拉华州衡平法院(Court of Chancery of Delaware)所审理的 Credit Lyonnais Bank Nederland, N. V. v. Pathe Communications Corp. 一案(以下简称 Credit 一案)被认为是美国普通法中首次确立董事对债权人负有信义义务的判例。

Credit 一案的基本事实如下:[1]Credit Lyonnais Bank Nederland, N. V.(CLBN)在 Pathe Communications Co. 公司(PCC 公司)对 MGM 公司的杠杆并购(leveraged buyout)中提供了贷款。因此,CLBN 是 MGM 公司的债权人。但是,在杠杆并购后不久,MGM 公司的经营陷入困境,从而被公司的供货商向美国破产法院(United States Bankruptcy Court)提起了破产程序。为了使 MGM 能渡过难关,CLBN 又向 MGM 提供借款 1.45 亿美元,但同时 CLBN 与 MGM 公司以及 MGM 公司的控股股东 PCC 公司签署了公司治理协议。根据该公司治理协议,MGM 公司改组了公司董事会,增加了 CLBN 所同意的人士作为公司董事,并将 MGM 公司的经营决策权委任给 CLBN 所同意人士所组成的执行委员会。但是此后 CLBN 与 PCC 公司对 MGM 公司的管理产生了分歧。CLBN 因此诉 PCC 公司以及其实际控制人违反了公司治理协议,而 PCC 公司则反诉 MGM 公司中 CLBN 所同意的董事违反了其向 MGM 公司以及 MGM 股东 PCC 公司的信义义务。特拉华州衡平法院在审理 MGM 公司董事是否违反了其向股东的信义义务时认为:"至少当公司处于破产边缘时,公司董事并不仅仅是剩余风险承担人[2]的代理人,而是对公司组织体负有责任。"

紧接着,法院以注释的形式对上述观点进行了解释。法院认为,公司破产的可能性会改变公司相关当事人的动机,会使债权人承担公司内部机会主义行为产生的风险。该注释对此进行了举例说明。假设一个具有清偿能力的公司的唯一资产为其对另一有清偿能力债务人的数额为 5100 万美元的一审胜诉判决,而其唯一的债务为其向公司债券持有人承担的 1200 万美元债务。该判决正被债务人提起上诉,并有可能被改变判决金额或者判公司败诉。假设上诉判决结果的可能性如表 2-1 所示:

---

① Credit Lyonnais Bank Nederland, N. V., 17 Del. J. Corp. L. 1099, 1103-1138(1991).

② 此外的"风险承担人"系指公司股东。

表 2－1　假设上诉判决结果的可能性分析

上诉判决结果的可能性	预期可获支持金额
25%概率维持原判(5100 万美元)	1275 万美元
70%概率改判金额(400 万美元)	280 万美元
5%概率被判彻底败诉(0 美元)	0 美元
上诉判决预计可获支持金额	1555 万美元

根据以上假设,公司目前所有者权益为:1555 万美元－1200 万美元＝355 万美元。假设目前有一个结果为 1250 万美元或 1750 万美元的和解方案,那么公司是否应接受呢？如果站在公司债权人的角度,无论是 1250 万美元或 1750 万美元的和解方案都是可以接受的,因为两种方案都可以保证公司债务(仅有 1200 万美元)得以清偿,而且可以避免公司完全败诉而得不到任何清偿的情形。但对于股东来讲,首先其肯定会反对 1250 万美元的和解方案,因为在清偿债务后,留给股东的所剩无几。当然,股东也可能反对 1750 万美元的和解方案,因为如果公司不和解而坚持判决,其有 25%的概率可以得到 5100 万美元的判决。因此,坚持判决对其的价值为:(5100－1200)万美元×25%　＝975 万美元,要高于选择 1750 万美元和解对其所代表的价值(仅为 550 万美元)。

如果考虑到公司作为一个利益共同体,任何高于判决预期价值 1555 万美元的和解方案都是理性的和可以接受的。但是,如果公司董事只对公司股东负有信义义务,那么公司就不会接受上述理性的和解方案。但是,如果把公司看成一个利益共同体,公司董事就会作出理性的选择。因为,理性的董事会意识到:当公司处于濒于破产的状况时,公司利益与股东利益并不一致。

(二)公司董事对债权人信义义务在美国法上的进一步确认

Credit 一案虽然被视为美国确认公司董事对公司债权人信义义务的第一案,但是不可否认,法院并没有从字面上明确宣称董事对债权人负有信义义务,而是模糊地、以注释的形式委婉地表达了这一观点。但是,由于特拉华州法院在美国公司法普通法创立方面的引领作用,自 Credit 一案以后,特拉华州和美国其他州数个法院以判决的形式确认了当公司濒于丧失清偿能力时董事对公司债权人的信义义务。例如,1994 年美国特拉华州法院在 Official Comm. of Unsecured Creditors of Buckhead Am. Corp. v. Reliance Capital Grp., Inc. 一案中重申了董事的上述义务,并进一步将 Credit 一案判决注释 55 中所描述的董事义务解释成:当公司处于"无清偿能力地带"(vicinity of insolvency)时,董事对公司债权人负有单独的义务;[①]1992 年,特拉华州衡平法院在 Geyer v. Ingersoll Publ'ns Co. 一案判决指出:公司董事对债权人义务起始于当公司处于"事实无清偿能力"(insolvency in fact)的时候,而非始于公司依法律被提起破产程序时;[②]2004 年美国第五巡回法院在 Carrieri v. Jobs. com, Inc. 一案中认为:"当公司处于'无清偿能力地带'(zone of insolvency)时,如同事实无清偿能力一样,公司董事的信义义务扩展及于公司全体债权人,而不仅仅是股东;"[③]2007 年美国破产法院所判决的 Welt v. Jacobson 一案认为:"当公司无清偿能力或处于无清偿能力地带时,公司董事和高管的信义义务扩展及于公司的债权人。"[④]

但是,在特拉华州最高法院于 2007 年审理的 North American Catholic Educational Programming Foundation, Inc. v. Gheewalla 一案中,法院却判决认为,即使公司处于无清偿能力的边缘,债权人也不能提起关于董事或管理人员违反信义义务的直接诉讼。这是因为:"如果无清偿能力公司的董事对债权人负有信义义务的话,这会给董事履行义务造成不确定性。这是因为董事的信义义务要求他们为了无清偿能力公司的利益而行使商业判断……为了公司的利益,无清偿能力公司的董事必须保有与单个债权人进行积极、

---

① Official Comm. of Unsecured Creditors of Buckhead Am. Corp. v. Reliance Capital Grp., Inc., 178 B. R. 956, 968 (D. Del. 1994).

② Geyer v. Ingersoll Publications Co., 621 A. 2d 784, 788 (Del. Ch. 1992).

③ Carrieri v. Jobs. com, Inc., 393 F. 3d 508, 534 n. 24 (5th Cir. 2004).

④ Welt v. Jacobson (*In re* Aqua Clear Tech., Inc.), 361 BR. 567, 575 (Bankr. S. D. Fla. 2007).

善意谈判的自由。”[①]但是法院却并不禁止债权人代表无清偿能力的公司提起代表诉讼或其他非基于信义义务的直接诉讼。另外，North American Catholic 一案仅是否定了当公司还有清偿能力但处于临近无清偿能力时董事对债权人的信义义务，但却并没有否定当公司处于事实无清偿能力境地时公司董事对债权人的信义义务。因此，从 North American Catholic 一案并不能得出这样的结论：当公司处于财务困境中时，公司董事对债权人不负有任何信义义务。

（三）董事对债权人信义义务理论的评价

董事对债权人的信义义务是对传统董事信义义务普通法规范与理论的重大突破。根据传统的理论，即使当公司处于财务困境，如临近丧失清偿能力或事实没有清偿能力时，公司债权人仅可依其与公司的契约获得保护。传统理论的缺陷显而易见。首先，契约具有不完全性。债权人在与公司签订契约时不可能已预见到未来的所有情形，因此，当公司出现财务困难时，债权人可能因契约没有约定而无法得到保护；其次，即使契约对相关情形已有约定，但如果当公司处于财务困境时董事仅对公司股东负有信义义务，则董事可能选择违反与债权人的契约而作出仅有利于股东的决策。因此，美国普通法上发展起来的董事对债权人的信义义务绝不是空穴来风——对债权人的信义义务可以在一定程度上弥补传统理论所存在的缺陷。对债权人信义义务的最大价值在于，当公司处于财务困境时，它能为债权人提供高于契约约定的、更为直接的救济。然而，从上述美国关于对债权人信义义务的一系列判例可知，即使发明了这一理论的美国特拉华州法院也对它充满疑虑，甚至在 North American Catholic 一案中部分否定了该理论。如果近距离地观察该理论，我们也会发现这一理论确实存在诸多模糊之处，而难以为司法提供清晰的指导。例如，如何判断公司处于无清偿能力地带或事实无清

---

① North American Catholic Educational Programming Foundation, Inc. v. Gheewalla, 930 A. 2d 92, 103 (Del. 2007).

偿能力?对债权人的信义义务的具体内容究竟是什么?规定对债权人的信义义务会不会产生债权人的道德风险?① 但无论如何,对债权人的信义义务是公司法理论与实践的一个新的发展,是否将其从现有关于信义义务的理论体系中剔除,还是将其进一步发展成为成熟的理论,还有待于司法与实践的进一步发展。

最后,应该指出,董事对债权人的信义义务的出现是基于普通法董事信义义务理论的数百年的发展,以及普通法关于信托的深厚理论基础。目前,该理论虽然在具体规定上存在一定的模糊性,但普通法系的法官依然可以以个案衡平的方式对其在一定程度上加以应用。而我国长期以来坚持成文法传统,虽然我国公司法也规定了公司董事与高管对股东的信义义务,但不得不说,在我国,即使对股东的信义义务理论与司法实践也尚处于探索阶段,还很不成熟。在这种情况下,笔者认为暂不适宜将对债权人的信义义务理论引入我国的立法和司法实践中来。

第四节　我国公司法中的分配决定权

一、我国公司分配决定权的基本配置原则

(一)公司利润分配决定权

我国《公司法》第46条规定,由有限责任公司董事会“制订公司的利润分配方案和弥补亏损方案”,同时第37条规定,由有限公司股东会“审议批准公司的利润分配方案和弥补亏损方案”。股份公司准用有限责任公司的上述规定。因此,在我国,公司分配现金股利的决定权归属于公司股东会,董事会仅有权“制订公司的利润分配方案”。与公司法一致,中国证监会颁布的《上市公司章程指引》(2019年修订)第40条和第107条分别规定由公

① Anil Hargovan & Timothy M. Todd, Financial Twilight Re - Appraisal: Ending the Judiciary Created Quagmire of Fiduciary Duties to Creditors, 78 U. Pitt. L. Rev. 135, 154 - 162 (2016).

司董事会"制订公司的利润分配方案和弥补亏损方案"、由股东大会"审议批准公司的利润分配方案和弥补亏损方案"。①

将公司分配决定权赋予股东会从根本上说源于中国公司治理中的股东本位理念。② 我国公司法将股东会作为公司的最高权力机关,③而董事会和监事会则是股东会之下的平行隶属机关。④ 由于所有权与经营权的二权分离,以及股东会作为一个非常设机关的性质,现代公司仅将少数最重大的事项保留给股东会进行决定,而将其他事项决定权交由公司董事会或由董事会所授权的公司管理层。在美国,股东可以通过股东会决定的事项仅有章程修改、授权新的股份(一般很少用到,因为在公司成立之初公司便会授权足够多的股份供董事会在适当时候发行)、选举董事以及公司合并、分立、解散等少数几项重大事项。但是,我国公司法却授予了公司股东会十分广泛的权利。我国《公司法》第 37 条规定股东会行使以下职权:(1)决定公司的经营方针和投资计划;(2)选举和更换非由职工代表担任的董事、监事,决定有关董事、监事的报酬事项;(3)审议批准董事会的报告;(4)审议批准监事会或者监事的报告;(5)审议批准公司的年度财务预算方案、决算方案;(6)审议批准公司的利润分配方案和弥补亏损方案;(7)对公司增加或者减少注册资本作出决议;(8)对发行公司债券作出决议;(9)对公司合并、分立、解散、清算或者变更公司形式作出决议;(10)修改公司章程;(11)公司章程规定的其他职权。如果从美国公司法的角度看,我国公司法对股东会的以上职权列举,仅有第(2)项(董事、监事选举)、第(7)项(公司增、减资)、第(9)项(公司组织形式的根本变化)和第(10)项(修改公司章程)才属于美国公司法上所述的股东的"根本性权利"(fundamental rights)而需要保留给公司股东会。除以上 4 项外,我国公司法上所列举的其余几项股东会职权均

---

① 《上市公司章程指引》(2019 年修订)第 40 条、第 107 条。

② 关于中国公司法中所体现的股东本位请参见邓峰:《代议制的公司》,北京大学出版社 2015 年版,第 42 页以下。

③ 赵旭东主编:《公司法学》(第 4 版),高等教育出版社 2015 年版,第 382 页。

④ 施天涛:《公司法论》(第 3 版),法律出版社 2014 年版,第 320 页。

主要关涉公司的具体经营和管理,如果从美国公司法的角度看,该类权利应归属于董事会。

反观我国公司法中列举的董事会职权,可以看出其远远逊于股东会职权。我国公司法规定董事会享有以下职权:(1)召集股东会会议,并向股东会报告工作;(2)执行股东会的决议;(3)决定公司的经营计划和投资方案;(4)制订公司的年度财务预算方案、决算方案;(5)制订公司的利润分配方案和弥补亏损方案;(6)制订公司增加或者减少注册资本以及发行公司债券的方案;(7)制订公司合并、分立、解散或者变更公司形式的方案;(8)决定公司内部管理机构的设置;(9)决定聘任或者解聘公司经理及其报酬事项,并根据经理的提名决定聘任或者解聘公司副经理、财务负责人及其报酬事项;(10)制定公司的基本管理制度;(11)公司章程规定的其他职权。[①] 以上第(4)、(5)项属于公司非常重要的业务经营管理权限,但董事会却仅具有方案制订权,没有决定权。

(二)股份回购决定权

再看股份回购的决定权。首先,我国公司法并未原则允许公司回购自身股权,而是采取"原则禁止,例外许可"的政策。[②] 我国公司法在有限公司部分仅在第 74 条规定了异议股东的强制回购请求权,而并未规定有限公司可以主动回购股权。所以可以说在有限责任公司部分,我国公司法是禁止公司主动回购股权的。我国公司法在股份公司部分同样采取了"原则禁止"的政策,但同时也规定了若干种例外情形。2018 年,全国人大常委会通过了《全国人民代表大会常务委员会关于修改〈中华人民共和国公司法〉的决定》。本次修订仅针对《公司法》第 142 条。2018 年修订后的《公司法》第 142 条在坚持"公司不得收购本公司股份"一般原则的前提下,允许股份公司在以下情形回购自身股份:(1)减少公司注册资本;(2)与持有本公司股份的其

---

① 《公司法》(2018 年修订)第 46 条。

② 李建伟:《公司法学》(第 3 版),中国人民大学出版社 2014 年版,第 248 页。

他公司合并；(3)将股份用于员工持股计划或者股权激励；(4)股东因对股东大会作出的公司合并、分立决议持异议，要求公司收购其股份；(5)将股份用于转换上市公司发行的可转换为股票的公司债券；(6)上市公司为维护公司价值及股东权益所必需。除第(4)项是异议股东请求收购外，其余5项均属于公司主动回购。

值得关注的是，本次公司法修订对公司股份回购决定权作出了新的规定。2018年修订前的《公司法》第142条第2款规定，除异议股东请求回购股份外，因减少注册资本、与持有本公司股份的其他公司合并和将股份奖励给本公司职工3种情形下的股份回购均应当经股东大会决议。与之不同的是，根据2018年修订后《公司法》第142条第2款的规定，"公司因前款第(一)项、第(二)项规定的情形收购本公司股份的，应当经股东大会决议；公司因前款第(三)项、第(五)项、第(六)项规定的情形收购本公司股份的，可以依照公司章程的规定或者股东大会的授权，经三分之二以上董事出席的董事会会议决议"。由此可见，本次公司法修订赋予股份公司，尤其是上市公司董事会对于股份回购更大的决定权，肯定了董事会就特定情形的公司股份回购的决定权，在公司立法上是一个重要进步。本次我国公司法关于股份回购决定权的修订顺应了本章第一节比较法分析中所得出的国际趋势，也印证了本章第二节关于董事会应享有公司分配决定权的结论。

(三)公司分配决定权的任意性与强制性

我国公司法规定了利润分配方案由股东会进行批准。问题是：股东是否可以通过章程约定的方式将利润分配决定权赋予董事会呢？围绕以下案例，我国司法机关和学者就这一问题进行了讨论。

金穗公司是设立于2000年的有限责任公司，两名股东航天信息股份有限公司(航天公司)和石家庄晟宏科贸有限公司(晟宏公司)分别持有公司75%和25%的股权。金穗公司章程第16条规定由董事会制订公司利润分配方案。章程第28条规定公司可分配利润按股东持股比例进行分配，分配方案由董事会决定。2001年和2003年，金穗公司经董事会决议进行了利润分配,且并未经股东会审批。2004 年 4 月,金穗公司董事会作出决议同意向两名股东共分配股利人民币 500 万元。但公司却迟迟未执行该决议。晟宏公司遂以金穗公司和航天公司为被告向石家庄市长安区人民法院提起诉讼,请求公司按董事会决议分配利润。之后,金穗公司在晟宏公司未出席的情况下召开临时股东会,决议暂停进行 2003 年度的利润分配。原告晟宏公司诉称:(1)公司章程明确规定董事会有权分配利润,且未规定须经股东会批准;(2)2001 年和 2003 年公司进行股利分配时均仅由董事会批准,未由股东会批准;(3)金穗公司仅有两名股东,董事会与股东会参会人员相同,故董事会决议与股东会决议事实上是等同的。被告金穗公司辩称:(1)股东会与董事会法律地位不同,在利润分配上,董事会仅有权制订方案,而由股东会进行审批;(2)以往的"惯例"并不能作为之后股利分配方式的依据;(3)董事会与股东会是两个不同的公司机关,公司作出暂停利润分配的临时股东会决议是合法有效的。①

一审法院基本采纳了原告的诉讼主张,认为:金穗公司仅有两名股东,股东会与董事会组成基本一致,且之前两次股利分配仅有董事会决议。这种做法并不会损害其他股东的利益。另外,法院认为金穗公司在原告起诉后召开的暂停利润分配的股东会决议并无法律约束力。据此,一审法院判决金穗公司向原告支付其应分得股利 125 万元。被告不服,提起上诉,二审法院石家庄市中级人民法院经审理作出维持原判的判决。金穗公司就二审判决提起申诉。2005 年 10 月石家庄市中级人民法院受理了再审申请并于 2006 年 10 月作出再审判决,撤销了之前一审、二审的两份判决。再审法院认为,虽然章程未明确规定公司利润分配决定由股东会作出,但并不意味着股东会无此权限。

对于该案,学者持有不同观点。罗培新教授认为,公司法中的规范除信义性规范和旨在保护第三人的规范属于强制性规范外,其余规范均应属于

① 王保树:《章程的适用与章程的自治空间》,载渠涛主编:《中日民商法研究》(第 8 卷),法律出版社 2009 年版,第 266－267 页。

任意性规范。因此，公司法关于利润分配决定的规范应属任意性规范。既然属于任意性规范，公司章程就可以自由进行约定。据此，罗培新教授认为，尽管公司法规定公司利润分配由股东会决议，但金穗公司章程第28条将该权力赋予董事会，可以看作对董事会的一项授权，并未违反公司法的强制性规定，也未损害第三人利益，因此应认定为有效。但是，赵旭东教授和朱慈蕴教授均认为，公司法关于公司利润分配权的规范属于强制性规范，应属于公司股东会的职权，如果章程约定将利润分配决定权赋予董事会，则该章程约定因违反法律强制性规定而无效。[①] 王保树教授也认为，公司法关于股东会职权的列举属于强制性规定，因此，不能用章程约定进行变更。[②]

就金穗公司一案，本书观点与上述王保树、赵旭东、朱慈蕴三位教授的观点一致。因为《公司法》第37条明确将包括利润分配决定权在内的10项职权赋予股东会，仅在第11项规定"公司章程规定的其他职权"。因此，公司章程仅可以增加《公司法》第37条所列举的事项，并不可以减少或改变，公司法上述关于公司股东会和董事会在利润分配方面的职权规定属于法律的强制性的规定，公司章程不得予以变更。

二、公司股利分配提案权

(一)我国法律关于股利分配提案权的规定

我国学者通过对我国公司股东会和董事会权限的分析，得出我国公司治理中将公司权力上收至公司股东会的整体倾向。[③] 这一点也体现在公司分配决权在股东会与董事会之间的配置上。但是，如本章第一节中的比较法研究，赋予股东会在公司分配事项上的一定决定权并非我国的独特规定，同属大陆法系国家的德国、日本，甚至是属于英美法系国家的英国公司法均

---

① 赵旭东、甘培忠、朱慈蕴：《公司利润分配该由谁决定》，载《法制日报》2006年6月13日，第10版。

② 王保树：《章程的适用与章程的自治空间》，载渠涛主编：《中日民商法研究》(第8卷)，法律出版社2009年版，第266－267页。

③ 邓峰：《代议制的公司》，北京大学出版社2015年版，第45页。

赋予股东会在利润分配事项上的决定权。但是,在这些国家中,分配决定权并非由股东会独自享有的——董事会作为公司经营管理中枢机关也分享了利润分配的决定权。其中,在英国,董事会对分配决定权的分享是通过其提案权来实现的,即股东会所决定的最终分配数额不得超过董事会所提议的数额。那么在我国,公司董事会是否也可以通过其对利润分配的提案权来分享公司分配决定权呢?

我国《公司法》第46条所列举的董事会职权的第5项即为:"制订公司的利润分配方案。"仅从这一条看,我国董事会也有类似于英国公司法中所规定的利润分配提案权,进而与股东会分享公司利润分配的决定权。但在我国,利润分配的提案权是否仅属于公司董事会呢?我国《公司法》第102条规定:"单独或者合计持有公司百分之三以上股份的股东,可以在股东大会召开十日前提出临时提案并书面提交董事会;董事会应当在收到提案后二日内通知其他股东,并将该临时提案提交股东大会审议。临时提案的内容应当属于股东大会职权范围,并有明确议题和具体决议事项。"鉴于审议和批准公司分配事项为公司股东大会的职权范围,这是否意味着持有公司3%以上股份的股东可以提交公司分配利润的提案供股东会审议决定呢?如果可以,则说明董事会在公司分配提案方面并没有排他性的权力,其对公司分配的影响力低微;反之,则说明其虽然没有公司分配的最终决定权,但董事会对公司分配却有实质性的影响力。

进一步观察发现,我国公司法中并未明确有限责任公司股东的提案权,也未明确关于股东会的提案是否可以由章程进行约定。但是,根据有限责任公司法律规范以任意性为主的特点,以及公司法给予有限责任公司较大章程自治空间的精神,既然股份公司股东有提案权,那么也没有理由以法律强制的方式排除有限责任公司股东的股东会议提案权。因此可以推论,有限责任公司可以在章程中约定股东关于利润分配方面的提案权。至于,该提案权所要求的股东持股比例或其他条件则可以准用公司法股份有限公司部分的规定。以上推论也可以从《公司法》第39条的规定进行侧面印证。《公司法》第39条规定:"代表十分之一以上表决权的股东,三分之一以上的董事,监事会或者不设监事会的公司的监事提议召开临时会议的,应当召开临时会议。"既然赋予股东临时股东会的召开提议权,那么其中就隐含股东可以提出议案的权利,否则股东提议召开临时股东会就没有任何意义了。

值得关注的是,上市公司章程指引第 76 条规定由股东大会以普通决议通过"董事会拟定的利润分配方案和弥补亏损方案",①与公司法的规定相比,章程指引在"利润分配方案"前加了"董事会拟定的"这样的限定语。这是否意味着在上市公司中,只有公司董事会才有权提出利润分配方案呢?根据章程指引的字面意思似乎可以作这样的推断。但是仍然存在模糊的空间。另外,章程指引属于中国证监会颁布的指引性的文件,并不属于部门规章,其效力与适用范围均大大弱于公司法的规定。

(二)我国公司实践中的利润分配提案权

虽然我国法律上关于公司利润分配提案权的规定显得语焉不详,但实践中公司股东,尤其是上市公司股东向股东大会提案分配公司利润的情形却并不少见。

2011 年 3 月 25 日,A 股上市公司苏州胜利精密制造科技股份有限公司(胜利精密)发布第一届董事会决议公告表明公司董事会通过《2010 年度利润分配方案》(董事会分配方案),并同意将该方案提交将于 2011 年 4 月 29 日召开的股东大会审议。根据董事会分配方案,公司向全体股东每 10 股派送现金红利 0.75 元(含税)。② 2011 年 4 月 20 日,胜利精密发布《关于股东大会增加临时提案的公告》,公告称公司于 4 月 19 日收到股东徐家进先生递交的临时提案,提议将《2010 年度利润分配方案议案(二)》(股东提议分配方案)作为新增议案提交 2010 年度股东大会审议。③ 根据股东提议分配方案公告,公司向全体股东每 10 股派送现金红利 5 元(含税)。由于股东徐家

① 《上市公司章程指引》(2019 年修订)第 76 条。

② 公告见中国证监会指定信息披露网站——巨潮资讯网。

③ 公告见中国证监会指定信息披露网站——巨潮资讯网。

进持股占公司总股本 8.67%,符合《公司章程》和《股东大会议事规则》的有关规定,因此董事会同意将股东提议分配方案与董事会分配方案并列提交股东大会。2011 年 4 月 29 日,公司召开股东大会对包含股东提议分配方案和董事会分配方案在内的诸议案进行了表决,结果股东大会通过了董事会分配方案而否决了股东提议分配方案。①

上市公司股东向股东大会提出关于利润分配的临时提案并不罕见,仅 2012 年就有 7 家上市公司的股东向公司提出关于年度利润分配的临时提案。② 虽然上述胜利精密股东提议分配方案最终在股东大会上没有通过,但是实践中其他上市公司股东提议的分配方案并不总是失败。2013 年 3 月 25 日,A 股上市公司青海盐湖工业股份有限公司(盐湖股份)发布第五届董事会决议公告表明其通过 2012 年度利润分配方案(董事会分配方案)并将提交股东大会审议。根据董事会方案,公司将向股东每 10 股派送股利 1.59 元(含税)。③ 2013 年 4 月 16 日,盐湖股份发布《关于 2012 年度股东大会增加临时提案的补充通知》,公告称公司于 4 月 15 日收到股东中国信达资产管理股份有限公司(中国信达)递交的临时提案,建议公司 2012 年度利润分配在董事会提出的建议每 10 股派发现金红利人民币 1.59 元(含税)的基础上提高现金分红比例,即变更为每 10 股派发现金股利人民币 3.20 元(含税)。中国信达说明其提高现金分配金额的理由为:第一,公司自 1997 年在深圳证券交易所上市以来,每年都保持了较高的分红派息率;第二,公司于 2012 年实现了较高的净利润。基于这两点,中国信达认为应让股东分享公司成长的收益,从而建议提高分配比例。由于中国信达持有公司股份总数的 7.27%,且利润分配属于股东大会的职权范围,因此盐湖股份决定将中国信达的利润分配临时议案与董事会利润分配方案一并提交股东大会进行表决。2013 年 4 月 26 日,公司召开股东大会,结果董事会分配方案被股东大

① 公告见中国证监会指定信息披露网站——巨潮资讯网。

② 尧艳红:《股东大会上的利润分配之争》,载《证券市场周报》2013 年第 29 期。

③ 公告见中国证监会指定信息披露网站——巨潮资讯网。

会否决，而中国信达所提议的利润分配方案则以99.54%的赞成率通过。①

三、我国公司分配决定权总结、分析与建议

由上文论述可知，我国公司分配决定权有以下特点：(1)除《公司法》第142条所规定的将股份用于员工持股计划或者股权激励、转换上市公司可转债以及上市公司为维护公司价值及股东权益所必须3种情形可根据章程规定或股东大会授权由董事会决定外，公司分配决定权排他性地属于公司股东会，董事会仅有公司利润分配的提案权。以上安排为法律的强制性规定，公司章程不得进行变更。(2)即使是公司利润分配提案权也并不独属于公司董事会——适格的股东个人或股东联合也可以提出载有具体分配金额的利润分配提案并与董事会关于利润分配的提案一并付诸股东会进行表决。

基于与国际上主要国家的公司分配制度的比较以及本章的分析，本书认为，我国公司法关于公司分配决定权的配置规则尚存在以下待改进之处：

首先，我国公司法对于公司分配决定权规范的规定过于严格，留给公司自治空间不足。除2018年公司法修订对股份公司，尤其是上市公司的股份回购决定权作了少数不同规定外，总体上看，我国公司法未区分有限责任公司、非公开公司的股份公司和属于公开公司的股份有限公司，而是对所有公司在公司分配决定权方面适用相同的强制性规则。现代公司法的共识之一是公司法应以赋权性规范为主，公司法条款的主要作用之一是：如果当事人之间未就相关条件和条款进行谈判，则公司法就这些条件和条款提供缺省规则，以降低交易成本。公司法规范的任意性尤其体现在闭锁公司之中。按照艾森伯格的观点，在闭锁公司中仅有信义性规则为强制性规则，结构性规则和分配性规则均为任意性规则。② 利润分配决定权规范无疑属于分配性规则，因而应属于任意性规则。因此，在我国，至少属于闭锁公司范畴的有限责任公司、非公开公司的股份有限公司的分配决定权应由公司通过章

---

① 公告见中国证监会指定信息披露网站——巨潮资讯网。

② 赵旭东主编：《公司法学》(第4版)，高等教育出版社2015年版，第44页。

程的方式进行自由约定——可以将其分配给股东会,也可以将其分配给董事会,公司法对此应作赋权性的规定。

其次,从本书第二章第一节的比较法考察来看,我国公司法在公司股利分配方面赋予董事会的权力最小——仅仅是提案权。而且这一提案权还受到股东个人或股东联合提案权的威胁。如上文所举的我国上市公司股利分配提案的例证,董事会关于公司分配的提案权完全可能由于股东大会最终通过股东的利润分配议案而起不到任何作用。

最后,从公司内部机关权力配置原则来看,将利润分配请求权独占性地分配给股东会也是不合理的。我国有学者认为,应从股东会与董事会各自功能以及经济分析为出发点来对股东会和董事会的权力进行划分。按照这一标准,应将结构性战略事项以及事后监控权专属性地赋予股东会,而应将经营性战略决策权专属地赋予董事会。① 沿着一划分原则进行进一步细化,该学者认为利润分配权属于经营性战略决策权而应专属地分配给董事会。如此划分的理由是:(1)股东的股利分配请求权在性质上为期待权;(2)公司利润使用关系到公司经营的诸多方面和诸多当事人的利益,因此需由董事会综合考虑,以平衡公司的长期利益与短期利益;(3)由于董事对公司和全体股东负有的忠实义务,董事会决定公司利润分配有利于防止公司大股东专权。②

综上,本书认为,我国的有限责任公司和非公开公司的股份有限公司中的公司分配决定权归属应该由公司章程作出规定,由股东会或董事会享有,或在二者之间进行其他形式分权——这属于章程自治的空间,公司法不应进行干涉。而在上市公司中,公司分配决定权原则上应归属于公司股东大会。另外,公司法应取消适格股东关于利润分配的提案权,而将董事会作为利润分配提案的唯一机关。或者可以规定保留适格股东的利润分配提案权,但规定股东大会对股东利润分配议案的表决对公司不具有法律约束力,

---

① 许可:《股东会与董事会分权制度研究》,载《中国法学》2017 年第 2 期。

② 许可:《股东会与董事会分权制度研究》,载《中国法学》2017 年第 2 期。

仅表明股东的一种态度。[①]

四、我国公司法律中的股东利润分配请求权规定

(一)法律基本规定

利润分配请求权,也称为"盈余分配请求权"、"公司红利请求权"或"股利分配请求权",系股东的一项基本权利。我国《公司法》第4条规定,"公司股东依法享有资产收益、参与重大决策和选择管理者等权利"。其中,股东享有的"资产收益"权利即为股东的公司利润分配请求权。虽然我国公司法未具体规定公司利润分配请求权的行使方式,但一般认为,利润分配请求权为一项抽象性的权利,其性质上属于期待权,仅当公司有可分配利润且公司有权机关作出利润分配的决定时,利润分配请求权方转变为一项债权。《最高人民法院关于适用〈中华人民共和国公司法〉若干问题的规定(四)》(以下简称公司法司法解释四)确认了以上观点。公司法司法解释四第14条规定:"股东提交载明具体分配方案的股东会或者股东大会的有效决议,请求公司分配利润,公司拒绝分配利润且其关于无法执行决议的抗辩理由不成立的,人民法院应当判决公司按照决议载明的具体分配方案向股东分配利润。"第15条进一步规定,"股东未提交载明具体分配方案的股东会或者股东大会决议,请求公司分配利润的,人民法院应当驳回其诉讼请求"。可见,在我国,仅当股东会或股东大会作出利润分配的有效决议时,股东方得向公司进行请求分配,否则其利润分配请求得不到法院的支持。

(二)已作出的利润分配决议是否可以变更

根据我国法律和司法解释,分司分配固然以有效的股东会或股东大会决议为前提条件,但一个潜在的问题是:如果公司股东会已作出一个有效的利润分配决议,在实际向股东进行分配前,公司是否可以作出新的股东会决

---

① 在美国,股东会对股东议案(shareholder proposal)的表决权对公司有恳求性(precatory)意义而无法律约束力。

议来变更前一个利润分配决议呢?

2017 年 3 月 1 日,深交所上市公司美盛文化创意股份有限公司发布《关于 2016 年度利润分配预案的说明》的公告,表明公司董事东会通过了《2016 年度利润分配预案》,拟向全体股东每 10 股派发现金股利 1.5 元(含税),向全体股东以资本公积每 10 股转增 28 股。该预案将提交股东大会审议。2017 年 3 月 22 日,公司发布《2016 年度股东大会决议公告》,表明公司股东大会表决通过了该利润分配方案。不料,公司于 2017 年 4 月 13 日召开董事会,审议通过《取消原〈关于 2016 年度利润分配预案〉的议案》和《关于 2016 年度利润分配预案》。根据新的利润分配方案,2016 年度利润分配方案调整为:拟以截至 2016 年 12 月 31 日总股本为基数,向全体股东每 10 股派发现金股利 2.5 元(含税),向全体股东以资本公积金每 10 股转增 8 股。新的利润分配方案虽然提高了现金分红的比例,但却大大降低了资本公积转增股份的数量。2017 年 4 月 26 日,公司召开了临时股东大会,审议通过了《取消原〈关于 2016 年度利润分配预案〉的议案》和《关于 2016 年度利润分配预案》,尽管这两项决议遭到了出席股东大会绝大多数中小股东的反对。[①] 无独有偶,同年上市公司珈伟股份也上演了同样一出后召开股东大会决议推翻之前股东大会已通过利润分配决议的大戏。[②]

本书认为,当美盛公司作出关于利润分配的股东大会决议时,股东的利润分配请求权即由一项抽象的期待权而转变成为一项债权,任何股东有权向公司请求支付经决议的金额。任何后续的股东大会决议不得改变已通过的利润分配方案,从而剥夺股东的财产权。如在公司实际支付股利之前,公司欲改变具体支付的金额,则公司需征得所有股东的同意。即使股东同意具体支付金额或方式的变更也仅是构成债权的合意变更,并不是承认后一个决议可以否认前一个决议的效力。据此,美盛公司以上变更股东大会已

---

① 参见中国证监会指定信息披露网站——巨潮资讯网。

② 胡东辉:《评论:董事会推翻股东大会决议全世界都没有 是赤裸裸的违法》,载《证券市场红周刊》,http://finance.sina.com.cn/roll/2017-04-21/doc-ifyepsec0177068.shtml,最后访问时间:2017 年 4 月 21 日。

作出分配决议的做法于法无据，股东有权利依前一个股东大会决议而向公司请求支付或取得转增股份。令人意外的是，中国证监会和证券交易所却未对美盛公司和伽伟股份的做法发表意见。

在公司法司法解释四的初始版本中，第 14 条还曾有第 2 款："股东会、股东大会决议的分配方案合法有效，但公司主张目前不具备实施分配方案条件的，应当召开股东会或者股东大会重新决议。公司股东会或者股东大会重新决议不予以分配利润的，人民法院应当判决驳回原告股东的诉讼请求。"①但最后正式颁布的公司法司法解释四却删除了该款，最高人民法院对此的解释是："若允许公司在经营本身未发生重大变化的情况下重新作出不同的决议，并要求法院以此判决驳回原告股东的诉讼请求，将增加讼累，也损害司法程序的尊严。"②可见，最高人民法院并不支持以新决议的方式推翻之前已作出的公司利润分配决议。

（三）已作出的公司利润分配决议公司是否可以不执行

如前文所述，当公司有权机关作出分配利润的决议时，股东的利润分配请求权即由一项抽象的期待权转变成了一项具体的债权，股东得向公司请求实际履行，若遭到公司拒绝支付，则股东可以诉请人民法院强制执行。但是，即使公司有权机关已经作出分配利润的决议，股东请求公司强制执行也是有前提条件的。

首先，该利润分配的决议必须是有效的，不存在不成立、无效或可撤销的情形。我国《公司法》第 22 条规定："公司股东会或者股东大会、董事会的决议内容违反法律、行政法规的无效。股东会或者股东大会、董事会的会议召集程序、表决方式违反法律、行政法规或者公司章程，或者决议内容违反公司章程的，股东可以自决议作出之日起六十日内，请求人民法院撤销。"另

① 杜万华主编：《最高人民法院公司法司法解释（四）理解与适用》，人民法院出版社 2017 年版，第 307 页。

② 杜万华主编：《最高人民法院公司法司法解释（四）理解与适用》，人民法院出版社 2017 年版，第 322 页。

外,公司法司法解释四第5条规定:“股东会或者股东大会、董事会决议存在下列情形之一,当事人主张决议不成立的,人民法院应当予以支持:(一)公司未召开会议的,但依据公司法第三十七条第二款或者公司章程规定可以不召开股东会或者股东大会而直接作出决定,并由全体股东在决定文件上签名、盖章的除外;(二)会议未对决议事项进行表决的;(三)出席会议的人数或者股东所持表决权不符合公司法或者公司章程规定的;(四)会议的表决结果未达到公司法或者公司章程规定的通过比例的;(五)导致决议不成立的其他情形。”由此可见,如果公司分配利润的股东会决议按上述规定被认定为无效、被撤销或被认定为不成立,则股东便失去了请求法院强制执行的依据了。以上法规对决议可撤销和不成立的情况都有详细的列举。关于决议无效,其中一个典型就是公司违反《公司法》第166条的分配条件,如在未弥补损失和提取法定公积金的情形下作出利润分配决定,则分配决定就属于无效决议的范畴。

其次,股东会利润分配决议的内容必须具体,要载明具体的分配方案。虽然股东会通过利润分配决定,但决议内容却不具体,甚至是缺乏分配金额,则不可以作为请求公司进行分配的依据。在司法实践中,如根据案件的具体情形法院可以确定请求股东应分得的具体金额的,则应当认定存在具体的分配方案。[①] 另外,如股东会通过的利润分配决议仅缺乏具体的的分配时间,这并不影响该决议的有效性和可执行性。根据最高人民法院的司法解释,如果股东会或股东大会决议未载明具体分配时间的,应以公司章程规定为准;若决议和章程中均未规定时间或者时间超过一年的,公司应当自决议作出之日起1年内完成利润分配。如果决议中载明的分配完成时间长于公司章程规定的,股东可依《公司法》第22条请求人民法院撤销决议中关于该时间的规定。[②]

① 杜万华主编:《最高人民法院公司法司法解释(四)理解与适用》,人民法院出版社2017年版,第307页。

② 《最高人民法院关于适用〈中华人民共和国公司法〉若干问题的规定(五)》第4条。

最后,应不存在不执行利润分配决议的正当抗辩理由。如果在股东会作出利润分配的决议后,公司发生重大不利变化,以至于如果继续按决议内容支付股利会使公司不能清偿其到期债务,甚至使公司资不抵债而陷入破产境地,则公司可以不向股东支付。这也体现了对公司债权人的保护。

五、我国上市公司的现金分红法律问题

(一)我国上市公司现金分红状况

我国上市公司素来有分红低的特点。据统计,截至2010年年末,我国上市公司从资本市场的融资总额达4.3万亿元,然而现金分红总额累计却只有1.8万亿元;超过5年未现金分红的上市公司达到414家,超过10年未现金分红上市公司也近百家。[①] 长期不分红的公司被形象地称为"铁公鸡"。

与发达国家,甚至是经济发展水平相当的有些发展中国家相比,我国上市公司的现金股利也处于一个较低的水平。以2012年至2014年的数据为例,我国A股上市公司的平均股息率(等于每股现金分红金额除以每股股价)分别为0.2%、0.65%和0.47%,而同期同属新兴经济体的巴西上市公司的数据为1%、3.84%与4.83%,同期美国上市公司的相应数据为1.4%、2.06%和2.62%。[②]

(二)对上市公司分红的监管措施——半强制分红政策

针对中国股市长期以来低现金股利分配的痼疾,中国证监会在不同的时期出台了不同的监管措施。中国证监会早于2001年3月颁布的《上市公司新股发行管理办法》(以下简称《2001年发行办法》)中就要求担任主承销商的证券公司应当重点关注,并在尽职调查报告中予以说明以下事项:公司最近3年未有分红派息,董事会对于不分配的理由未作出合理解释。[③] 2004

---

① 张辉:《上市公司监管的经验与对策》,载《证券市场导报》2013年第5期。

② 陈健:《证监会敦促上市公司现金分红》,载《上海金融报》2017年4月11日,第B03版。

③ 中国证监会《上市公司新股发行管理办法》(2001年,已于2006年被废止)第8条。

年中国证监会发布了《关于加强社会公众股股东权益保护的若干规定》(以下简称《2004 年若干规定》),其中第 4 条明确规定,上市公司应实施积极的利润分配办法:(1)上市公司的利润分配应重视对投资者的合理投资回报。(2)上市公司应当将其利润分配办法载明于公司章程。(3)上市公司董事会未作出现金利润分配预案的,应当在定期报告中披露原因,独立董事应当对此发表独立意见;上市公司最近 3 年未进行现金利润分配的,不得向社会公众增发新股、发行可转换公司债券或向原有股东配售股份。(4)存在股东违规占用上市公司资金情况的,上市公司应当扣减该股东所分配的现金红利,以偿还其占用的资金。① 从《2001 年发行办法》和《2004 年若干规定》来看,监管机关已开始着手规制上市公司的分红问题,但是这两个办法仅是倡导性的,并无具体的分红金额指标,对上市公司也不具有强制性。

但是,从 2006 年开始中国证监会开始改变其对上市公司现金分红倡导性的、不具约束力的监管策略。2006 年,中国证监会颁布了《上市公司证券发行管理办法》(以下简称《2006 年发行办法》),规定上市公司发行股票、可转换债券等证券的前提条件之一是"最近三年以现金或股票方式累计分配的利润不少于最近三年实现的年均可分配利润的百分之二十"②。2008 年,中国证监会颁布的《关于修改上市公司现金分红若干规定的决定》(以下简称《分红决定》),对之前相关法规中关于上市公司分红的相关规定进行了调整,其中第 4 条将《2006 年发行办法》的上述规定修改为"最近三年以现金方式累计分配的利润不少于最近三年实现的年均可分配利润的百分之三十",同时《分红决定》第 5 条规定:"公司应当披露以前期间拟定、在报告期实施的利润分配方案、公积金转增股本方案或发行新股方案的执行情况。同时,披露现金分红政策的执行情况,并说明董事会是否制定现金分红预案。"从上述证监会 2006 年与 2008 年的两个规范性文件看:首先,证监会规定了具体的现金分红的下限标准,该标准在《2006 年发行办法》中为近 3 年实现的

---

① 中国证监会《关于加强社会公众股股东权益保护的若干规定》(2004 年)第 4 条。

② 中国证监会《上市公司证券发行管理办法》(2006 年)第 7 条。

年均可分配利润的20%，在《分红决定》中将该百分比提高到30%，并且在计算范围上由2006年的“现金和股票”变更为2008年的只包含现金；其次，证监会将上述具体分红比例作为上市公司发行证券的前提条件，如果申请新发证券的上市公司达不到上述比例的，则中国证监会不批准其新发证券的申请。由此可见，《2006年发行办法》和《分红决定》两个规范性文件具有一定强制性的特征，但是其仅针对计划新发证券的上市公司，且仅与证监会对新发证券的审批挂钩，所以该等规范的效力仅是“半强制”的，本书遵循经济类文献的提法，将其称为“半强制分红政策”。①

（三）半强制分红政策的评价

1. 半强制分红政策的实证效果分析

中国证监会所采取的半强制分红政策旨在引导或迫使上市公司增加现金分红，从而提高投资者的资本回报率，提振投资者信心。但是自《2006年发行办法》实施以来，其实际效果如何，是否达到了监管者所期望的上市公司现金分红的提高呢？经济学学者对此进行了一系列实证研究。

李常青等学者经对2008年《分红决定》颁布以前的市场进行实证研究显示，并没有足够证据证明投资者偏好半强制分红政策。② 李慧对2006年至2010年中国A股上市公司的股利分配进行了分析，结果显示，那些有再融资需求的上市公司在《分红决定》颁布后提高了现金分红水平以满足《分红决定》中关于现金分红的比例要求，而那些没有迫切再融资需求的上市公司却在同期降低了现金分红水平，据此，作者得出结论：“《决定》的颁布并不必然提高股票市场总体的现金分红水平，甚至在某种程度上存在监管悖论。”③魏志华等经过对1990年至2011年中国A股非银行上市公司分红数据分析，得出以下结论：（1）总体上讲中国证监会于2001年至2008年所颁

① 李常青等：《半强制分红政策的市场反应研究》，载《经济研究》2010年第3期。

② 李常青等：《半强制分红政策的市场反应研究》，载《经济研究》2010年第3期。

③ 李慧：《半强制分红政策对上市公司现金分红策略的影响研究》，载《上海经济研究》2013年第1期。

布的关于上市公司现金股利分配的规范性文件提高了中国上市公司的现金股利发放水平,但是具有一定强制性的《2006 年发行办法》和 2008 年的《分红决定》反而比《2001 年发行办法》和《2004 年若干规定》对上市公司现金分红的约束力弱;(2)半强制股利政策是柄“双刃剑”,其在提高总体分红水平的同时,也迫使哪些处于竞争性行业的高成长公司为了融资需求而提高了现金分红水平;(3)半强制分红政策并不能促使“铁公鸡”进行分红,也没有减少“铁公鸡”的数量;(4)半强制分红政策催生了“门槛股利”和“微股利”,产生了明显的“负面激励”效应。[①] 2015 年,根据针对 2014 年度实施分红的 1908 家 A 股上市公司的统计,仅有 31 家公司的股息率超过 3%,而剩下的 1877 家上市公司的股息率均低于 3%,与之相对,2014 年银行一年定期存款利率为 3%,也就是说,绝大多数上市公司的股息率低于同期银行一年期定期存款利率。[②]

由上可见,中国证监会所出台的半强制分红政策虽然从一定程度上提高了有融资需求的上市公司的现金股利水平,但是其却远未达到证监会所期望的中国上市公司现金股利水平的全面显著提高;相反,由于 30% 这一强制比例,该半强制分红政策反而催生“门槛股利”等负激励效应。

2. 半强制分红政策的法律分析与评价

证监会的半强制分红政策旨在保护投资者,特别是中小股东的资产收益权,从实施效果上看,其对计划再融资的上市公司的分红水平有立竿见影的效果。但是,毋庸讳言,除该政策实际市场效果不彰外,其也存在法律上的诸多瑕疵。

第一,该政策有违公平的原则。主要存在以下两个方面的不公平:(1)适用主体上不平等。即使要对中国上市公司的现金分红水平进行干预,也应该对所有主体一视同仁,施以相同的要求。但是,中国证监会的半强制

① 魏志华等:《半强制分红政策与中国上市公司分红行为》,载《经济研究》2014 年第 6 期。

② 夏芳:《七成上市公司慷慨分红　仅 31 家股息率跑赢银行一年期定存》,载《证券日报》2015 年 5 月 6 日,第 B03 版。

分红政策却仅针对那些计划通过发行证券再融资的上市公司，对于融资渠道多样化的上市公司，该政策则约束力不足。例如，除通过在证券市场上发行股票或可转债等方式外，上市公司也可以通过向银行举债或在银行间市场上发行票据的方式来进行筹资，而后两种筹资形式无须证监会审批，故而也无须遵守半强制分红政策。强制分红制度并非我国独有，一些发展中国家如巴西、乌拉圭、智利、哥伦比亚、希腊等均有关于强制股利分配的规定，但这些国家中的强制股利分配制度却适用于所有上市公司，并未与再融资等事项挂钩。[①] (2)没有公平保护上市公司债权人的利益。[②] 如前文所述，在公司分配问题上公司股东与债权人之间处于对立的两端，对股东的慷慨可能意味着对债权人权利的漠视。证监会的半强制分红政策没有考虑公司的资产负债情况，而"一刀切"式地以30%作为最低限，有可能损害公司债权人的利益。另外，如果公司债权人或债券持有人与公司所签署的债权契约中限制公司的利润分配，则该等限制可能与证监会的规定产生冲突。

第二，该政策有干涉公司自治之嫌疑。如前文所述，公司利润分配，涉及公司资产的运用，实际上属于公司的经营事项。公司利润的分配须由公司有权机关作出方案并进行决议方得进行。我国公司法虽然规定了股东资产受益的一般权利，但并未要求公司必须向股东进行利润分配，遑论规定具体的利润分配比例。从公司法司法解释四第14条以及最高人民法院所判决的案例中也可以看出，在一般情况下，仅在公司有权机关自主作出利润分配决议后，司法机关才予以执行。仅当存在股东权利滥用等不正义行为时，司法才介入公司利润分配，判令公司向股东进行股利支付。由此可见，司法在公司利润分配方面仍未突破公司自治的一般原则，仅在个案中根据股东权利受损的具体情况对其进行救济。中国证监会的半强制分红政策则对公司采取了"一刀切"的方式，用与公司再融资权利挂钩的形式强行要求公司分

---

① 李常青等：《半强制分红政策的市场反应研究》，载《经济研究》2010年第3期。

② 王佐发：《强制上市公司分红未必能保护投资者》，载《经济参考报》2017年5月16日，第008版。

配 3 年平均可分配利润的 30%,这突破了公司法和司法机关对公司利润分配的规定和态度,有干涉公司自治之嫌。

第三,半强制分红政策并不一定有利于保护投资者利益。与闭锁公司的股东不同,上市公司的股东可以自由转让股票。因此,股利与股票转让均是其实现资产收益的途径。从根本上讲,只要公司价值最大化,股东也能获得更大收益。尤其是对于处于激烈竞争行业、成长性好、项目多的公司,将公司利润用于再投资的成本远小于其他融资成本,进而能实现公司价值的最大化,从而也会增加股东价值。相反,强令公司将其利润分配给股东,使公司没有足够现金投资于具有盈利潜力的项目或使公司为外部融资耗费高额成本,则会减损公司价值,从而也会从总体上降低股东的价值,股东事实上会得不偿失。在美国,许多给投资者带来极为丰厚投资回报的公司鲜有分配股利。① 相反,在我国,过分分配利润可能被上市公司控股股东用作掏空公司的手段。②

第四,现金分红并非公司利润分配的唯一方式。从本书第一章第二节的论述看,股份回购也是公司分配现金的重要方式。如果股份回购是针对全体股东的,则经济实质上与支付股利无异。由于股份回购往往可以向市场释放管理层认为公司股价低估的信号,③在我国当前股市低迷的情况下,其对提振市场信心具有积极作用。事实上,从证监会、财政部、国资委和银监会于 2015 年颁布的《关于鼓励上市公司兼并重组、现金分红及回购股份的通知》来看,我国监管当局在现阶段是鼓励股份回购的。那么如果公司以股份回购的方式分配利润,是否可以算入证监会所要求的 30% 的比例呢?对此,《上海证券交易所上市公司现金分红指引》第 17 条明确规定:“本所鼓励上市公司,特别是每股市价低于每股净资产的公司、完成重大资产重组后

① 王佐发:《强制上市公司分红未必能保护投资者》,载《经济参考报》2017 年 5 月 16 日,第 008 版。

② 朱芸阳、王保树:《上市公司现金分红制度的自治与强制》,载《现代法学》2013 年第 2 期。

③ William W. Bratton, *Corporate Finance*: *Cases and Materials*, 7ed, Foundation Press 2012, p. 829.

仍存在未弥补亏损而无法进行现金分红的公司，通过现金回购股票的方式回报投资者。上市公司当年实施股票回购所支付的现金视同现金红利，在计算本指引第九条第三款、第十条、第十四条第二款及第十五条相关比例时与利润分配中的现金红利合并计算。在公司提出不超过回购比例的再融资申请时，本所将在所承担的职责范围内给予'绿色通道'待遇。”[①]由此看来，若符合相关条件，股份回购的金额被上交所视为现金红利。

（四）我国上市公司现金分红困境的解决途径

1.我国上市公司现金分红困境的根本原因分析

要找出解决我国上市公司分红水平低问题的途径，首先要探究这一问题的原因。Rafael La Porta 教授等学者于 2000 年发表的著名论文中提出两种理解股利与代理问题的模式：第一种模式将股利作为股东法律保护的结果。该模式认为，良好的股利支付正是法律有效保护公司股东，尤其是中小股东的结果。在对股东有效的法律保护制度下，股东可以通过其董事选举权、将股票出售给敌意收购人，以及行使诉权来起诉恣意浪费公司财产的公司控制人等方式来促使公司宣派股利。另外，在有效的股东保护法律体系下，处于公司控制地位的人（如公司控股股东、董事会或高级管理人员）会发现很难从公司留存利润中得到私利，因此而更倾向于将利润分配给股东。因此，对中小股东的法律保护越有效，中小股东就能得到越多的股利。[②] 第二种模式将股利作为对股东法律保护的替代。该模式认为，如果公司有在未来从资本市场上再融资的需求，则其必须树立一个不过分剥削股东的市场声誉，树立该声誉的最佳途径就是向股东发放股利。不过分剥削股东的良好声誉在股东法律保护薄弱的国家尤为重要，因为股东并没其他有效的法律手段可以依赖。依照这种模式进行推论可得出：在股东法律保护差的

---

① 上海证券交易所《上海证券交易所上市公司现金分红指引》（2013 年）第 17 条。

② La Porta et al. , *Agency Problems and Dividend Policies around the World*, 55 J. Fin. 1, 3 (2000).

国家的股利支付水平应该较股东法律保护强的国家的股利支付水平高。另外,在股东法律保护完善的国家,高成长的公司支付较少的股利,而在股东法律保护较差的国家,由于高成长公司再融资的必要性,其反而要支付较多股利。[①] 以上两种理解股利与代理问题的方法长久以来在经济学界拥有各自的拥护者。La Porta 教授通过对全世界 46 个国家、13698 个上市公司的数据的分析得出结论:在中小股东法律保护强的国家的股利支付水平高于法律保护弱的国家,因此从实证上支持将股利作为股东法律保护结果的解释模式。[②]

公司有利润而不进行分配无非有以下可能性:(1)公司处于发展期,急需将利润用于革新技术、加强管理,这属于有正当理由的不分配;(2)公司内部人(如控股股东、董事会或管理层)为了自身利益而欲将利润留存于公司,或供自己享受(高薪、豪华汽车与办公室等)或施惠于其关联方,却排除公司中小股东的分享。前一种不分配利润的原因不需要法律进行干涉,而后一种真正需要法律干涉的情况其实根源于公司的治理问题,尤其是上市公司中小股东的保护问题。我国上市公司现金股利分配水平低的根本原因是我国上市公司的治理问题,[③]是内部人尤其是控股股东侵害中小股东利益的结果。[④] 这也与上述 La Porta 教授的研究结果一致,即低股利是股东法律保护弱的结果。反观中国证监会的半强制分红政策,其出发点是将股利作为解决中小股东保护的手段,其多少有些因果倒置的意味,以至于其实践效果不佳也就不足为奇了。

2. 上市公司分红困境的解决途径

既然我国上市公司分红困境的根源在于上市公司的治理,那么解决这

---

① La Porta et al. , *Agency Problems and Dividend Policies around the World*, 55 J. Fin. 1, 7–8 (2000).

② La Porta et al. , *Agency Problems and Dividend Policies around the World*, 55 J. Fin. 1, 27 (2000).

③ 王佐发:《强制上市公司分红未必能保护投资者》,载《经济参考报》2017 年 5 月 16 日,第 008 版。

④ 朱芸阳、王保树:《上市公司现金分红制度的自治与强制》,载《现代法学》2013 年第 2 期。

一问题就应从公司治理入手。本书认为,可以采取以下途径:

首先,要强化董事会和控股股东对公司小股东的信义义务。我国《公司法》第147条明确了董事、监事以及高管对公司的信义义务,即"董事、监事、高级管理人员应当遵守法律、行政法规和公司章程,对公司负有忠实义务和勤勉义务"。本书认为,公司法不仅应强调董事对公司的信义义务,更应该强调董事对股东的信义义务,而且,对股东的信义义务并非只针对控股股东或投票选举其为董事的股东,而是包含小股东在内的全体股东。董事在履行职务时必须对全体股东一视同仁,如果其为了部分股东的利益而损害其他股东的利益,就违反了向受损股东的信义义务。我国《公司法》第20条和第21条规定了股东不得滥用权利损害公司或其他股东的利益,但并没有明示确立控股股东对小股东的信义义务。我国《上市公司治理准则》弥补了这一不足。根据《上市公司治理准则》的规定,控股股东对上市公司及其他股东负有诚信义务。控股股东对其所控股的上市公司应严格依法行使出资人的权利,控股股东不得利用资产重组等方式损害上市公司和其他股东的合法权益,不得利用其特殊地位谋取额外的利益。[①] 在信义义务来源的英美法系,在上市公司中,控股股东对其他股东并不承担信义义务。究其原因,是因为其上市公司股权的普通分散性、公司治理较完善以及资本市场信息披露的有效性,这使即使无须规定控股股东对其他股东的信义义务小股东利益也能得到很好的保护。但是我国资本市场建立时间不长,上市公司普遍股权集中度高,内部人控制现象严重,在这种情形下必须加强控股股东对其他股东的信义义务。控股股东信义义务在上市公司利润分配中的表现就是:控股股东在作出公司利润分配决定时,必须兼顾其他股东的利益,不得为了私利而排除或损害其他股东的利益。

其次,要加强对上市公司小股东的司法救济。董事和控股股东对中小股东的信义义务必须受到中小股东诉权的有效监督,否则便会沦为仅留于纸面上的、无意义的宣示。我国《公司法》第151条和第152条分别规定了

---

① 中国证券监督管理委员会、国家经济贸易委员会《上市公司治理准则》(2002年)第19条。

针对公司董事、高级管理人员的派生诉讼与直接诉讼。另外,小股东可以依《公司法》第20条对公司控股股东提起直接诉讼,也可以依第151条第3款向控股股东提起派生诉讼。然而,与闭锁公司小股东持有公司显著比例股权不同,上市公司单个小股东持有上市公司股份往往微不足道,即使公司不分配利润是由于控股股东或董事违反信义义务的行为所致,考虑到诉讼的成本与收益,小股东倾向于保持"理性冷漠"(reasonable apathy),这便是经济学家常说的集体行动问题。要解决这种股东诉讼的集体行动问题,法律上必须设计可行的集团诉讼机制,并给予集团诉讼的发起人以激励。对上市公司股东进行司法救济的另一个问题涉及股东强制利润分配请求权的问题。是否也应赋予上市公司股东以与闭锁公司股东一样的强制利润分配请求权呢?公司法司法解释四的征求意见稿第20条仅支持有限责任公司股东在无利润分配决议的情形下,且"有证据证明其他股东滥用股东权利或董事、高级管理人员存在欺诈行为导致公司不分配利润"的情况下提起利润分配之诉,而并没有将相同权利赋予股份有限公司的股东。[①] 2017年正式颁布的公司法司法解释四并没有区别有限责任公司和股份有限公司的股东,第15条规定:"股东未提交载明具体分配方案的股东会或者股东大会决议,请求公司分配利润的,人民法院应当驳回其诉讼请求,但违反法律规定滥用股东权利导致公司不分配利润,给其他股东造成损失的除外。"[②]可见根据公司法司法解释四的规定,如果上市公司的控股股东滥用其股东权利导致公司不分配利润的,即使上市公司股东大会尚未通过利润分配的决议,则小股东得向法院起诉请求公司分配利润。本书认为,判断控股股东是否滥用其权利的标准,在上市公司和非上市公司中是不一样的。由于非上市公司的闭

---

① 公司法司法解释四征求意见稿第20条规定:"股东提交载明具体分配方案的股东会或者股东大会有效决议,起诉请求公司分配利润的,应当判决公司在一定期限内根据决议确定的方案向股东支付红利。判决对未参加诉讼的有利润分配请求权的股东发生法律效力。股东起诉请求公司分配利润,未提交载明具体分配方案的股东会或者股东大会决议的,应当驳回诉讼请求,但有限责任公司的股东有证据证明其他股东滥用股东权利或董事、高级管理人员存在欺诈行为导致公司不分配利润的除外。"

② 公司法司法解释四第15条。

锁性和非上市公司股东的特有期待,法院对其采取的事实上是加强救济的原则。如果闭锁公司中的控股股东违反其信义义务,或通过欺压而挫败小股东的合理期待,或者甚至是长年有利润而不分红,就可以作为控股股东滥用股东权利的依据。但是,并不是上述所有理由都可以用于上市公司中。在上市公司中,仅当控股股东或董事违反其对公司和股东的勤勉义务与忠实义务,即在作出行为时其并没有善意地以公司和其他股东最大利益为目的,其他股东才得以根据公司法司法解释四第 15 条的规定提起利润分配的诉讼。

再次,应在上市公司章程等文件中明确利润分配的决策程序和机制,以使上市公司的分红切实做到有章可依。《上市公司章程指引》第 152 条规定:"公司应当在公司章程中明确现金分红相对于股票股利在利润分配方式中的优先顺序,并载明以下内容:(一)公司董事会、股东大会对利润分配尤其是现金分红事项的决策程序和机制,对既定利润分配政策尤其是现金分红政策作出调整的具体条件、决策程序和机制,以及为充分听取独立董事和中小股东意见所采取的措施。(二)公司的利润分配政策尤其是现金分红政策的具体内容,利润分配的形式,利润分配尤其是现金分红的期间间隔,现金分红的具体条件,发放股票股利的条件,各期现金分红最低金额或比例(如有)等。"2020 年 3 月 1 日起施行的新《证券法》以法律的形式确认了这一点。该法第 91 条规定:"上市公司应当在章程中明确分配现金股利的具体安排和决策程序,依法保障股东的资产收益权。上市公司当年税后利润,在弥补亏损及提取法定公积金后有盈余的,应当按照公司章程的规定分配现金股利。"

最后,要加强利润分配的中小股东参与度与信息披露。公司法和证券监管规范均有保护股东利益的功能,所不同的是公司法着眼于通过设置合理的公司治理和对股东赋权等方式对股东权益进行保护,而证券监管规范则主要是通过信息披露对股东进行保护。虽然现代证券监管规范有向公司治理渗透的倾向——这也引起很大的争论——公司法和证券监管在功能上的大致分野还是为立法者所遵守的。据此,证券监管规则不宜直接干涉公司利润分配这一公司具体经营事项,而应该着眼于对上市公司利润分配方面的信息披露。当然,证券监督管理部门也可以颁布非强制的、考虑公司所处行业和发展阶段的具有指引性的上市公司利润分配准则,以倡导上市公司重视现金分红。可喜的是,中国证券监管机关正朝这个方向努力。2012年,中国证监会颁布《关于进一步落实上市公司现金分红有关事项的通知》,对于上市公司现金分红政策形成程序和机制、具体执行方案的制订、现金分红政策的全面披露等进行了指引式的规定,特别指出,“对于最近3年现金分红水平较低的上市公司,发行人及保荐机构应结合不同行业和不同类型公司的特点和经营模式、公司所处发展阶段、盈利水平、资金需求等因素说明公司现金分红水平较低的原因,并对公司是否充分考虑了股东要求和意愿、是否给予了投资者合理回报以及公司的现金分红政策是否符合上市公司股东利益最大化原则发表明确意见”①。2013年,中国证监会颁布《上市公司监管指引第3号——上市公司现金分红》,在该指引中,证监会区分上市公司不同的发展阶段,给出了差异化的现金分红指引。该指引第5条规定:“上市公司董事会应当综合考虑所处行业特点、发展阶段、自身经营模式、盈利水平以及是否有重大资金支出安排等因素,区分下列情形,并按照公司章程规定的程序,提出差异化的现金分红政策:(1)公司发展阶段属成熟期且无重大资金支出安排的,进行利润分配时,现金分红在本次利润分配中所占比例最低应达到80%;(2)公司发展阶段属成熟期且有重大资金支出安排的,进行利润分配时,现金分红在本次利润分配中所占比例最低应达到40%;(3)公司发展阶段属成长期且有重大资金支出安排的,进行利润分配时,现金分红在本次利润分配中所占比例最低应达到20%;公司发展阶段不易区分但有重大资金支出安排的,可以按照前项规定处理。”2015年,中国证监会等四部委颁布《关于鼓励上市公司兼并重组、现金分红及回购股份的通知》,进一步就建立健全现金分红制度、增加现金分红比例、加强现金分红信息披露等方面作出原则性的规定。从证监会2012年以来关于上市公司利润

① 中国证监会《关于进一步落实上市公司现金分红有关事项的通知》(2012年)第7条。

分配的规范性文件看,证监会从原则上改变了以往"一刀切"的强制性规范,而是改为考虑上市公司实际情况的、指引性的非强制规范,而且强调加强上市公司利润分配事项的信息披露,这一切都值得肯定。但是,《2006 年发行办法》和 2008 年《分红决定》中关于上市公司的半强制分红政策并没有被废止。基于以上分析,本书认为中国证监会应废止半强制性的分红政策,而回归其信息披露的监管本位。

第三章

分配主体论(二):闭锁公司分配决定权的特殊问题

本书第二章讨论了关于公司分配决定权的基本理论。这些基本理论既适用于公开公司也适用于闭锁公司。但是,由于闭锁公司的特殊资本结构与治理结构,闭锁公司的公司分配决定权归属并不基于我们对现代公司两权分离的假设。在闭锁公司中,分配决定权事实上操控在大股东手中。由于普遍存在的大股东欺压小股东现象,以及考虑到闭锁公司股权的非流通性,小股东需要特殊的救济以对抗大股东专断的分配决定权。基于此,本书专辟一章对该特殊问题进行讨论。需要指出的是,本书第二章中所述的对股东分配请求权的救济措施也同样适用于闭锁公司。本章只是基于闭锁公司的特殊性,从而探讨对闭锁公司小股东进行保护的特别方式。

第一节　闭锁公司以及其分配的特殊问题

一、闭锁公司及其法律规范

闭锁公司(close corporation)是与公开公司(public corporation)相对的称谓。一般来讲,公开公司是指股份在公开交易场所中进行交易,或虽其股份没有在公开交易场所进行交易但由于法律的规定而成为公开公司的公司。前一种公开公司的典型就是在各种证券交易所上市的上市公司，而后一种公开公司则是由于股东人数众多而被法律要求履行信息披露义务的公司。与此相对，闭锁公司则可从以下三个方面来界定：[①](1)公司股东人数较少；(2)没有可供其股份转让的市场；(3)大多数股东参与公司的管理、决策与运营。与公开公司相比，闭锁公司的显著特点就是其人合性。就这一点而言，闭锁公司与合伙企业具有相通之处。

闭锁公司主要被用于美国公司法中的称谓。这种类型的公司在英国被称为私人公司(private company)。德国和我国公司法上的有限责任公司也属于闭锁公司的范畴。鉴于闭锁公司的特殊性，各国公司法对其进行了特别的规范。然而，对闭锁公司的规范在不同的国家采取了不同的立法模式。在美国，有些州的公司法中设专章对闭锁公司进行规范，如特拉华州公司法；而有的州对闭锁公司则不设专章进行规范，有关闭锁公司的法条零星地散见于整个公司法。[②] 另外，美国律师协会还曾专门公布了示范成文闭锁公司法补充(Model Statutory Close Corporation Supplement)，作为对美国示范商业公司法的补充。虽然在 2008 年美国律师协会公布的第 4 版示范商业公司法中不再将示范成文闭锁公司法作为其一部分，示范成文闭锁公司法仍对美国的立法具有较强的指导意义。在德国，有限责任公司法和股份公司法则是两部独立的法律，对有限责任公司的规范集中于有限责任公司法中。日本于 1938 年颁布了有限公司法，单独对有限责任公司进行规范，并独立于当时日本商法典所确定的无限公司、两合公司和股份公司三种形式。2005 年日本公司法修订时废除了有限责任公司这一公司形式，但在股份公司部分区分了股份转让受限公司与股份转让不受限公司。[③] 我国公司法设专章分别对有限责任公司和股份公司进行规范。除成文公司法规范外，普通法系国家还通过司法创制的普通法规则对闭锁公司中的特殊问题进行规范。

---

① Donahue v. Rodd Electrotype Co., 328 N. E. 2d 505 (Mass. 1975).

② George J. Siedel, Close Corporation Law: Michigan, Delaware and the Model Act, 11 Del. J. Corp. L. 383, 386 (1986).

③ 参见王保树主编：《最新日本公司法》，于敏、杨东译，法律出版社 2006 年版，第 4 页。

由于闭锁公司的人合性以及其非开公性,各国公司法律中对闭锁公司的规范以任意性规范为主。美国学者艾森伯格将公司法中的规范分为结构性规则、分配性规则和信义性规则三种。[①] 结构性规则是指规范公司内部组织设置、权力分配与行使条件的规则;分配性规则是对资产进行分配的规则;信义性规则要求公司控制者(如高管、控股股东)以公司和其他股东利益最大化为其行为准则。艾森伯格认为,在闭锁公司中仅有信义性规则为强制性规则,其他规则均为任意性规则;而在公开公司中,信义性规则与结构性规则均应为强制性规则。[②] 闭锁公司法律规则的以上特征决定了闭锁公司组织的契约性,即闭锁公司的组织和决策由公司的股东事先以契约的方式进行约定,而法律不加以干涉。例如,美国特拉华州公司法第 351 条明确规定:一个闭锁公司的章程可以规定公司业务由股东而非董事会来经营管理,如果一个闭锁公司的章程如此进行了约定,则公司股东无须选举董事会,而股东可以被视作公司董事。[③] 德国有限责任公司法也赋予了有限责任公司内部机关设置的较大自由,仅规定了公司应设股东会与经理,而监事会则为可以选择设立的机关。[④] 反观我国的公司立法,虽然经过 2005 年的公司法修改,有关有限责任公司部分的任意性规则增加,但是我国公司法仍强制要求有限责任公司设置股东会、董事会(或执行董事)以及监事会(或监事)。与其他主要国家关于闭锁公司的立法相比,我国公司法中关于有限责任公司内部机关设置的规范仍有生硬之嫌。

二、闭锁公司中的公司分配决定权

由上文可知,由于股东人数少以及其人合性的特点,法律对闭锁公司内部机关设置往往不加强制。因此,有的闭锁公司设有董事会,有的闭锁公司

---

① 赵旭东主编:《公司法学》(第 4 版),高等教育出版社 2015 年版,第 44 页。

② 赵旭东主编:《公司法学》(第 4 版),高等教育出版社 2015 年版,第 44 页。

③ §351, Title 8 of Delaware Code.

④ [德]托马斯·莱塞尔、[德]吕迪格·法伊尔:《德国资合公司法》,高旭军等译,法律出版社 2005 年版,第 524 页。

则由股东直接进行经营。即使在设董事会的闭锁公司中,由于股权的高度集中,董事要么由股东担任,要么由听命于股东的人来担任。因此,闭锁公司中的代理问题不体现为董事与股东之间的关系,而是体现在股东之间,即大股东和小股东之间的关系。自然,本书第二章所述的公司决定权应归于董事会的结论在闭锁公司中并不适用。事实上,在闭锁公司中,公司分配决定权归属并不具有讨论性,其确定性地归属于公司控股股东。在闭锁公司中真正需要讨论的问题是,在控股股东垄断分配决定权的情况下,如何对小股东进行救济。

三、股利分配在闭锁公司中的特殊性

股东投资公司是为了获取高于其投资成本的回报。这种回报一般可以通过以下方式来获得:第一,股东从公司获取股利或其他分配;第二,公司将股份出售给公司或第三人从而获得投资收益。对于公开公司的股东而言,通过以上任何一种方式获得投资回报并不存在很大区别。因为根据"M-M定律",公司是将利润分配给股东,还是留存于公司,对公司价值并无影响。根据"M-M定律",如果公司决定将利润留存于公司进行再投资而不分配给股东,诚然股东无法获得现金分配,但该无法获得的现金分配的价值被由利润留存而导致的股票价格上涨(或不下降)弥补。所以根据"M-M定律",公司股利政策与公司价值和股东利益不相关。但是,"M-M定律"并不适用于闭锁公司。因为,将股份出售对于闭锁公司股东来说却不是一件容易的事情:首先,闭锁公司章程可能对股份转让存在诸多限制以维护闭锁公司的人合性;其次,即使这样的转让限制不存在,闭锁公司股东也因缺乏股份转让的公开平台而很难将其股份转让,即使有人愿意受让,也很难确定一个公平的价格;最后,即使闭锁公司的股东可以以合理价格出让其股份,其也将永久退出公司,不能再享有公司持续发展所带来的利润(而公开公司的股东即使在股市上出售其股票,其也可以在一分钟后反悔并将其再重新买回来)。因此,股利分配对闭锁公司股东就显得尤为重要。

然而,在闭锁公司中控股股东与非控股股东对于股利分配的偏好是不

同的。由于控股股东掌握公司的控制权,他们可以通过股利以外的其他方式从公司获取回报,如以公司高管的身份从公司取得高额报酬。同时,由于控股股东的控制权和闭锁公司股份的非流动性,控股股东有机会采取各种压迫非控制股东的措施,这些措施在美国法上被称为"排挤措施"(freezeout)。排挤措施可能包括:拒绝宣布股利;以高薪方式从公司抽走利润;公司在与控制股东的关联交易中支付不正当高价;剥夺非控股股东在公司中的工作机会等。[①] 在美国,当投资者成为一个闭锁公司的股东时,其不仅仅是期望获取投资收益,一般情况下其还期望能以管理者或员工的身份参与公司的管理或经营。其实上,获得投资回报和参与公司经营两项期望在闭锁公司中是相互依存的。这是因为,闭锁公司的股东主要以薪酬、奖金和退休金的方式从公司获得投资回报。这样做的另一个好处是:这些支出可列为公司成本,可以在公司收入中进行抵扣,因此可以给公司带来税收优惠。但这样一来,如果闭锁公司的非控股股东被剥夺了在公司的任职机会,他们就很可能无法获得任何投资回报。

第二节　对闭锁公司分配司法审查的传统标准以及其局限

一、对闭锁公司分配司法审查的传统标准

(一)商业判断原则

即使是在公司立法和司法十分发达的美国,在20世纪60年代晚期之前公司立法和司法并没有认识到闭锁公司的特殊性而对其进行特别的规制。[②] 在上述时间之前,一项长久以来确立的法律规则是:宣布股利属于公司董事

---

① Donahue v. Rodd Electrotype Co., 328 N. E. 2d 505 (Mass. 1975).

② William T. Allen, Reinier Kraakman & Guhan Subramanian, *Commentaries and Cases on the Law of Business Organization*, Wolters Kluwer Law & Business, 2012, p. 316.

会的自由裁量权,从而受到商业判断规则的保护。根据美国法院的判决,商业判断规则是:"假设董事在作出一项商业决策时是知情的、善意的,并且诚实地认为该决策是为了公司的最佳利益。"[①]如果法院认为某项公司决策适用商业判断规则,则法院便不会事后判断其是否合理。但是,由于董事对公司和股东负有信义义务,如果董事违反了其信义义务,如欺诈或怀有恶意,则其就不能得到商业判断规则的保护。如本书所讨论的 Dodge v. Ford 一案,法院认为公司董事决定不进行分配股利的原因并不是出于善意,并非为了公司和股东的最佳利益行事,所以法院拒绝顺从董事会作出的不分配股利的决定,而直接判决公司董事会作出决议进行分配。

然而,正如美国学者所指出的,Dodge v. Ford 有着十分明显的特殊性。首先,这是一个年代久远的判例,如今,公司董事可以非常轻易地把留存利润进行再投资、增加职工工资和降低产品价格的行为正当化为是为了公司的长远利益而作出的行为,从而免受司法审查。其次,在这一判例中福特先生公开宣称其公司经营是为了非股东的利益——这是属于 Dodge v. Ford 一案的独特事实,[②]因此可以看出对闭锁公司分配进行司法审查的传统标准非常宽松,公司控股股东可以轻而易举地受到商业判断规则的庇护而使其不进行分配的决定免受司法的进一步审查。

(二)"本质公平"标准

商业判断原则对董事或控股股东的保护不是无条件的,其中条件之一就是董事或控股股东与公司不存在"自我交易"(self - dealing)。"自我交易"是指在一项交易中,公司董事或控股股东站在交易的两边。一旦出现自我交易,法院将抛弃商业判断原则这一假设,而判断涉诉交易是否"本质公平"(intrinsic fairness)。"本质公平"原则包含两项具体的标准,即程序公平

---

① Aronson v. Lewis, 473 A. 2d 805, 812 (1984).

② William T. Allen, Reinier Kraakman & Guhan Subramanian, *Commentaries and Cases on the Law of Business Organization*, Wolters Kluwer Law & Business, 2012, p. 272.

与价格公平。程序公平是指控股股东在与公司进行交易时应主动、及时地向公司董事会作出披露,并由公司中的非关联董事进行独立表决;价格公平是指控股股东与公司进行交易的对价是合理的。在特拉华州法院所判决的著名案例 Sinclair Oil Corp. v. Levien 一案中,少数股东就称公司控股股东的分配决定属于“自我交易”,从而不应受到商业判断规则的保护,而应由法院从“本质公平”的角度进行衡量。有趣的是 Sinclair Oil Corp. v. Levien 一案中的少数股东不是由于控股股东不宣派股利而起诉控股股东,其起诉理由是控股股东分配了过多的股利!

该案的基本事实为:Sinclair 石油公司持有 Sinven 公司 97% 的股权,另外 3% 由包括 Levien 在内的少数股东所持有。1960 年至 1966 年,Sinven 公司总计向股东支付了 1.08 亿美元的股利,比其在这一期间的利润多 3000 万美元。为此,Levien 起诉 Sinclair 石油公司,理由为:通过过度促使 Sinven 公司分配股利,Sinclair 公司剥夺了 Sinven 公司将利润再投资从而扩大规模的机会,损害了 Sinven 公司的利益,从而请求 Sinclair 石油公司对 Sinven 公司的少数股东承担赔偿责任。Levien 诉称 Sinclair 石油公司促使 Sinven 公司分配大量利润的行为属于“自我交易”(self - dealing),而根据美国普通法,在一个闭锁公司中,控股股东对中小股东负有信义义务,如果控股股东与公司之间的交易属于“自我交易”,则法院在判断该等交易的合法性时不再使用非常宽松的“商业判断原则”(business judgement rule),转而使用“本质公平”(intrinsic fairness)的司法审查标准。本质公平是一个非常严格的审查标准,它要求控股股东达到非常高的公平标准,并且将证明的责任转移到控股股东身上。

但是在 Sinclair 一案中,法院指出,自我交易是指:股东利用其控股地位从公司获了利益,同时将少数股东排除在该利益之外并对少数股东造成损害。从该案件的事实看,Sinven 公司在向其控股股东分配股利的同时也同比例地向少数股东分配了股利,所以并没有将少数股东排除在外从而损害了少数股东的利益,因此法院认为该案中被告的行为并不构成自我交易,因此不适用“本质公平”的司法审查标准,而应适用商业判断原则。[①]

在 Sinclair 一案中,特拉华州法院并没有提出在闭锁公司中控股股东对非控股股东的信义义务。实际上,在 1993 年特拉华州最高法院所审理的 Nixon v. Backwell 一案中,法院明确否认了在一个闭锁公司中控股股东对非控股股东的信义义务。[②] 特拉华州法院持有该种意见的依据是契约自由。以下是特拉华州最高法院在 Nixon v. Backwell 一案中给出的解释:“本案争议直指少数股东由于缺乏股份转让市场和股份市场价值而难以收到其股份合理价格的困境。概括讲,处于该种境地的股东令人心生同情。(但是)一个股东在经讨价还价并支付对价加入一个闭锁公司时,他可以作出是否加入和以什么条件加入的商业判断。他可以依据《特拉华州公司法》第 102 条、第 109 条、第 141(a)条进行讨论并将量身定做的详细条款写入公司章程或公司细则。另外,除了上述机制外,有意于成为特拉华州闭锁公司小股东的投资者还可以签署详细的股东协议,并在股东协议中约定经过深思熟虑的盈利测试、回购退出条款、选举信托或其他选举约定。好的公司实践工具是在少数股东加入公司前为其提供保护其利益的谈判机制。由法院创设一个专门规则,则会导致一个未由当事人合同约定而由法院主导的股东退出方案,这是有悖于一般公司实践和公司法的。”[③]可见在闭锁公司小股东保护问题上,特拉华州最高法院的态度是:每个小股东都应为自己的权利努力,通过契约来保护自身权益,法院不加干涉。

二、传统标准的局限

但是,闭锁公司毕竟有着与公开公司显著的差异。在一个公开公司中,如果董事会长期不宣派股息从而引起股东的不满,股东可以采取以下措施:首先,股东可以发起投票委托权征集,从而撤换决定不进行分配的董事会成

---

① Sinclair Oil Corp. v. Levien, 280 A.2d 717 (Del. 1971).

② Nixon v. Blackwell, 626 A.2d 1366 (Del. 1993).

③ Nixon v. Blackwell, 626 A.2d 1366, 1379 - 1380 (Del. 1993).

员。由于公开公司股权的分散性,这种投票委托权征集有着较大的成功机率;其次,股东可以选择在公开市场上出售其股票。第二种方法看似对公司董事会没有直接的影响,但是,当足够多的股东选择出售其股票时,这必须引起公司股票价格的下降。而股票价格的下跌一旦越过公司潜在收购者所认为的公司真实价值,则公司可能面临着被敌意收购的命运。因此,在一个公开公司中,即使法院不介入其分配决定,也有其他因素来对董事会的分配决定进行制约。这也可以解释,公开公司的管理层为何倾向于维持一个稳定的股利政策。

在一个闭锁公司中,以上制约因素并不存在。在一个闭锁公司中,“公司的股利政策往往仅反映控股股东个人的、特殊的财务需求。同时,并不存在对该股利政策表达不满的公开市场。而且,不宣派股利的政策有可能被控股股东用作强迫小股东以便宜价格出售股份的手段。因此,采取‘司法不干涉’的做法是不合理的”。①

此外,本书认为特拉华州法院将一切交给当事人契约约定而否认闭锁公司中控股股东对非控股股东义务的做法也是有待商榷的。

首先,由于人的有限理性,所有的契约都是不完全的。根据科斯的理论,在设立一个公司时,所有相关因素达成一项长期契约。②由于预见未来情况的困难,不可能事无巨细地约定契约当事人未来的行为。③ 即使能够全部预见,为一些有可能发生但不必然发生的事情而进行谈判也会极大增加交易成本。

其次,少数股东在加入公司时与控股股东的缔约地位并不必然平等。公司的设立必然由控股股东进行主导,并拟定公司章程的基本条款,因此少数股东可能会被迫接受对其不利的条款。即使缔约过程不存在胁迫,也可能由于控股股东与少数股东对企业设立、运营的经验与知识不同而导致事

---

① Henry G. Manne, *Our Two Corporation Systems*: *Law and Economics*, 53 Va. L. Rev. 259, 280 (1967).

② R. H. Coase, The Nature of the Firm, 4 Economica 386, 391 (1937).

③ R. H. Coase, The Nature of the Firm, 4 Economica 386, 391 – 392 (1937).

实上的不平等。

综上,考虑到闭锁公司的特殊性、当事人的有限理性以及契约的不完全性,法院有必要放弃对控股股东十分宽松的商业判断规则,通过创设专门适用于闭锁公司的特殊司法审查标准来对闭锁公司中的少数股东进行救济。

第三节 对闭锁公司分配司法审查的新标准

针对闭锁公司治理的特殊情况,以及传统立法和普通法不能对闭锁公司非控股股东进行有效救济的缺陷,美国立法和司法逐渐确立了对闭锁公司非控股股东进行救济的新的标准。

一、"股东欺压"与股东间的信义义务

首先,美国一些州立法修改了其关于公司解散的法律,将"股东欺压"(shareholder oppression)作为非自愿解散公司的依据之一。[①] 但是,由于公司解散意味着公司人格的消灭,是一种极端的司法救济措施,美国法院逐渐减少了非自愿解散这一救济措施,而将股东欺压作为授予其他救济措施的依据,如回购被欺压股东所持股份,以及其他一些救济措施。[②]

其次,美国一些州法院通过判例确立了闭锁公司中股东之间的信义义务,从而赋予被欺压股东提起违反这一义务的直接诉讼的权利。马萨诸塞州法院于 1975 年判决的 Donahue v. Rodd Electrotype Co. 一案被认为是司法确认闭锁公司股东之间信义义务的里程碑式的判例。

在 Donahue 一案中,Rodd Electrotype Co. 公司有 4 名股东,其中 3 名为 Harry C. Rodd 先生和他的两个儿子,另外 1 名为 Donahue 夫人。Rodd 家族

---

① Robert B. Thompson, *The Shareholder's Cause of Action for Oppression*, 48 Bus. Law. 699, 708 - 709 (1993).

② Douglas K. Moll, *Shareholder Oppression & Dividend Policy In The Close Corporation*, 60 Wash. & Lee L. Rev. 841, 850 - 851 (2003).

的3名成员占公司股份比例共计为80%,为控股股东,Rodd先生的两个儿子还占3人董事会中的两席(另1名为第三人)。由于Harry C. Rodd计划从公司退休,公司决定从其手中回购部分股份,然而却拒绝了Donahue夫人以相同条件要求回购的请求。因此Donahue夫人起诉了公司3名董事和公司控股股东Harry C. Rodd,要求Harry C. Rodd向公司返还股份回购款36000美元并加算利息。原告Donahue夫人声称被告促使公司回购Harry C. Rodd股份的行为违反了他们向作为少数股东的原告的信义义务。

在审理Donahue一案时,首先法院认识到在闭锁公司中少数股东可能受到各种欺压和排挤措施的威胁,但却不能像公开公司股东那样将股份在公开市场上卖掉,或者像合伙企业的合伙人那样可以比较容易地主张企业解散。因此,少数股东可能被迫以低于公允价值的价格向控股股东出售其股份——这正中控股股东下怀。据此,法院认为:"因为闭锁公司与合伙的相似性,信任和信心对该种企业的重要性,以及闭锁公司少数股东所面临的固有风险,我们主张闭锁公司的股东相互之间负有一种像合伙人之间一样的信义义务。在本院以前作出的判决中,我们将合伙人之间互负的义务标准定义为'最大善意与忠诚'……闭锁公司中的股东必须按这种严格的善意(strict good faith)来履行其管理和股东责任。"①法院认为,这种义务标准要严于一般公司中董事与股东在履行其义务时的信义义务标准。法院通过审理案件的事实认为,向控股股东回购股份事实上是对其进行了优待性的公司财产分配。该机会并没有以同等条件、成比例地提供给少数股东,因此控股股东违反了其向少数股东所负有的"最大善意与忠诚"的信义义务。因此,法院判决给出两种解决方法:其一,Harry Rodd向公司返还36000美元股份回购款并加算利息;其二,公司以36000美元的相同价格从原告处回购相同数量的股份。

在1976年马萨诸塞州最高法院判决的Wilkes v. Springside Nursing Home, Inc.一案中,法院解释了如何来衡量Donahue一案中所确立的股东之

---

① Donahue v. Rodd Electrotype co., 328 N. E. 2d 505 (Mass. 1975).

间的“严格的善意”的标准:(1)多数股东必须举证证明所争议的行为具有合理的商业目的;(2)如果多数股东能证明合理的商业目的,则举证责任转移到少数股东身上,少数股东须证明即使采取一项对少数股东损害更小的替代方法也可以达到该商业目的;(3)如果第(1)项和第(2)项都可以被证明,则由法院来衡量该商业目的的重要性与少数股东提出的替代方法的可行性。①

二、少数股东也可能向多数股东承担信义义务

需要指出的是,虽然在 Donahue 一案中控股股东违反其向少数股东的信义义务,但是在法院判决的注释 17 中法官特别指出,闭锁公司中的信义义务并不仅仅是指多数股东对少数股东的,还是股东相互相之间的。法院指出,在一个闭锁公司中,少数股东也可能通过“其肆无忌惮和不适当的‘极端交易’来损害无戒备心的多数股东的利益”。②

在 Donahue 一案的判决中马萨诸塞州法院并没有具体举例解释在何种情形下少数股东需要向多数股东承担信义义务。但是在 6 年后,即 1981 年,马萨诸塞州法院审理的 Smith v. Atlantic Properties, Inc. 一案就闭锁公司少数股东向多数股东承担信义义务的问题给出了具体而明确的答案。本案的基本事实如下:本案被告 Louis Wolfson 先生和本案原告 Smith 以及另外两名股东各持有 Atlantic Properties 公司 25% 的股份,且 4 人构成公司董事会的全体成员。公司的章程和公司细则均规定任何董事会决议均需由 80% 以上成员同意方能通过——这事实上给了每名董事对决策事项的否决权。后来,Louis Wolfson 反复否决其他 3 名董事宣派股息的议案,坚持公司利润应被用作公司不动产改良。由于公司持续不分派股息,美国税务局(Internal Revenue Service,IRS)连续 7 年对其进行了罚款。鉴于此,Smith 和其他两位董事向 Wolfson 提起诉讼,请求法院判令公司宣派股利、撤销 Wolfson 的董事职位并由 Wolfson 承担税务罚款。法院经审理认为,因为每名股东对公司

---

① Wilkes v. Springside Nursing Home, Inc., 353 N. E. 2d 657 (Mass. 1976).

② Donahue v. Rodd Electrotype co., 328 N. E. 2d 505 (Mass. 1975).

的决议都有否决权,因此每名股东均对公司有事实上的控股权。法院判决认为:一个拥有事实控制权的少数股东对多数股东承担信义义务。为此,法院判令公司董事会根据公司的具体财务状况作出分配股利的决议。[①]

三、如何衡量"股东欺压"—"合理期待"标准的提出

综上所述,在美国,如果闭锁公司中的股东,尤其是少数股东受到欺压时,股东可以依成文法规定(如该州有相关成文法规定)或依闭锁公司中股东之间互负的信义义务的违反来起诉施加欺压行为的股东。但是,当法院在审理此种案件时首先应判断的一个问题是:什么是股东欺压?美国法院发展出三种定义股东欺压的主要方法:[②]其一,有的州法院将股东欺压定义为有悖公平交易精神的苛刻、错误行为;其二,有些法院将欺压行为与违反闭锁公司股东信义义务的行为联系起来;其三,诸多州法院将股东欺压定义为挫败股东合理期待(defeat of the reasonable expectations)的行为。综观以上三种界定方法:第一种方法过于笼统,本质上是重申了衡平法所秉持的公平、正义的精神,并没有提供具体可行的标准。第二种方法则有点陷入了循环论证的怪圈:究竟是将股东欺压作为违反信义义务的原因,还是将违反信义义务作为股东欺压的原因?唯有第三种方法为判断是否构成股东欺压确立了有价值的指导。因此"合理期待"受到为数众多的法院和学者的青睐。而且,法院在司法实践中逐渐确立了"合理期待"的具体标准。

1983 年北卡莱罗纳州最高法院所审理的 Meiselman v. Meiselman 一案为什么构成闭锁公司股东的"合理期待"提供了指导。在该案中法院认为,闭锁公司股东在公司中的权利和利益包括其在公司中的合理期待。如果公司少数股东的合理期待被挫败的话,法院就可以判令公司将少数股东所持股份回购。法院从以下三个方面界定了少数股东的"合理期待":第一,从当

---

① Smith v. Atlantic Properties, Inc., 422 N.E.2d 798 (1981).

② Douglas K. Moll, *Shareholder Oppression & Dividend Policy In The Close Corporation*, 60 Wash. & Lee L. Rev. 841, 853 (2003).

时的实际情况判断，这个期待是合理的。这就必须检视整个股东关系的历史——包括股东加入公司伊始时的合理期待、公司发展过程中的合理期待等；第二，这些合理期待应为其他股东所知。仅反映在明示或暗示的股东合意中的期待才能被法院所承认；第三，这些期待必须是实质性的和重要的，是股东加入公司时的重要依据。①

一般来讲，一个投资人加入闭锁公司无非期望获取投资收益，另外有部分投资人也希望能在公司中作为员工或管理人员进行工作。鉴于股东在公司工作所获取的工资或奖金也是其投资收益的重要组成部分，且闭锁公司在实践中多通过这种具有节税功能的方式进行分配，因此，股东在公司中所得的工资或资金收入也可以看作实际上的股利。综上，对于任何股东来讲，在加入闭锁公司时，对于股利的期待必然是"实质性的和重要的"，所以符合 Meiselman v. Meiselman 一案中所确认的关于"合理期待"的第三个标准。接下来要考察这种期待是否为其他股东所知，即上述 Meiselman 案中第二个标准。如果一个少数股东在加入闭锁公司之初与其他股东签署了股东协议或含有股利分配、工作报酬取得的其他协议，则该等协议当然会构成股东之间关于该期待的明示的合意。但是，如果没有上述协议的存在，则需由法官根据公司成立和后来的实际情况来判断当事人之间是否存在暗示的合意。当判断是否存在暗示的合意时，法官可以依据一个理性人在加入相同公司时对股利所持有的期待。如果法官认定一个理性人在相同情况下持有相同的期待，则法官可以认定股东之间关于该期待存在暗示的合意。至于期待是否是合理的，则要根据个案的事实进行逐个判断，例如，如果公司属于初创期，业务发展需要将利润用于再投资，且其他股东也并未从公司分取利润，则少数股东要求公司向其进行分配的诉求就很难得到法院的支持。②

---

① Meiselman v. Meiselman, 309 N. C. 279 (1983).

② Douglas K. Moll, Shareholder Oppression & Dividend Policy In The Close Corporation, 60 Wash. & Lee L. Rev. 841, 874 (2003).

四、对"股东欺压"的救济措施

(一)救济措施种类

针对闭锁公司在司法实践中出现的新问题,1982 年,美国律师协会(American Bar Association, ABA)通过了示范法定闭锁公司法补充(The Model Statutory Close Corporation Supplement)作为对示范商业公司法的补充。示范法定闭锁公司法补充旨在专门解决闭锁公司中存在的、独特的法律问题。示范法定闭锁公司法补充的"介绍评论"部分开宗明义地表明该示范法的目的之一就是对股东欺压进行救济。[①] 为此示范法定闭锁公司法补充第 40 条规定,如果有以下情形之一,股东可以向法院起诉寻求救济:(1)公司控股股东已发生、正发生或将发生的行为非法、有欺压性、欺诈或不公平;(2)公司发生僵局,无法正常经营;(3)根据示范商业公司法存在司法解散公司的原因。[②]

《示范法定闭锁公司法补充》提供了以下救济方式:

救济种类	内 容
一般救济 (ordinary relief)(§41)	法院可以判令以下一种或多种救济: (1)责令公司或其股东、董事、管理人员实际履行、禁止行为、变更行为或撤销行为; (2)撤销或变更公司章程或公司细则; (3)将董事或管理人员撤职; (4)任命公司董事或管理人员; (5)对争议事项进行解释; (6)任何接管人来管理公司业务; (7)任命临时董事按法院决定的条件和期限履职; (8)支付股利; (9)对受害方进行赔偿

① The Model Statutory Close Corporation Supplement, Introductory Comment.

② §40(a), The Model Statutory Close Corporation Supplement.

续表

救济种类	内　容
特别救济:买出 (buyout)(§42)	如果法院认为以上所述的一般救济对受害人保护不充分,则法院可以要求公司或其他股东以法院所认定的公平价格和条件购买受害股东的全部股份
特别救济:公司解散 (dissolution)(§43)	如果存在示范商业公司法司法解散公司的原因,或者以上一般救济和股份回购均无法解决涉诉分歧,则法院可以判令公司解散。在决定是否解散公司时,法院应该考虑公司的财务状况,但法院不能仅因为公司有利润而拒绝解散公司

示范法定闭锁公司法补充是对美国各州司法实践的总结,同时也对美国各州的立法和司法判例有很强的指导作用。美国各州针对闭锁公司的成文公司法或普通法司法实践中对股东欺压所提供的救济也大致分为以上几类。尽管各州成文法或普通法所提供的具体救济手段不同,但各州法院对股东欺压有着广泛的裁量权,可以采取示范法定闭锁公司法补充所列举的一种或多种救济措施。①

(二)买出

买出是法院要求公司或其他股东将异议股东股份全部收买的一种救济方法。根据美国阿拉斯加州于 1980 年审理的 Alaska Plastics, Inc. v. Coppock 一案的判决,在四种情形下法院可以将买出作为一种对股东的救济方式:(1)股东之间有关于买出的合同约定;(2)当董事的行为涉及非法、欺诈、欺压或构成公司财产浪费时,法院可以以买出的方式来取代司法解散;(3)由于公司发生根本变化,异议股东享有法定估价权;或(4)作为违反信义义务的

---

① George J. Siedel, *Close Corporation Law*: *Michigan*, Delaware and the Model Act, Delaware Journal of Corporation Law, Vol. 11, 426 - 428(1986).

一种公平救济。[1]

(三)司法判令公司支付股利

在美国,一般来说,在以下两种情形下,法院更愿意选择判令公司宣派股利的方式对股东进行救济:(1)公司累积大量现金,但却无商业目的。一方面,有大量现金而不分配挫败了股东的合理期待;另一方面,如果出现这种情形,公司董事是否履行了其勤勉义务就值得怀疑。(2)公司向部分股东分配,却排除了其他股东。公司向部分股东分配也可能采取薪酬或资金的方式。[2]

(四)对各种救济措施的评价

在上述的一般救济措施与两种特别救济措施,公司解散意味着公司人格和股东身份的消灭,在各种救济措施中最为极端,对公司、股东、员工,甚至是社会损害最大,所以当公司处于较好的经济状况时,解散公司的司法措施应该慎用——这也是美国法院所遵循的原则。股份回购可以避免公司的解散,如果回购的价格合理,也可以保障少数股东的财产权益。避免公司因股东重大分歧而解散也是我国公司法司法实践的重要规定。根据最高人民法院的司法解释,人民法院审理涉及有限责任公司股东重大分歧案件时,应注重调解,人民法院支持当事人在协商一致的情况下采取包括公司回购部分股东股份、其他股东受让部分股东股份、第三人受让部分股东股份、公司减资、公司分立等能够解决分歧,恢复公司正常经营,避免公司解散的方式。[3]

但是,回购全部股份意味着少数股东彻底退出公司,不能再享受公司持续经营所带来的好处。尤其是在少数股东不想退出公司的情形下,法院判

---

① Alaska Plastics, Inc. v. Coppock , 621 P.2d 270, 274 (Alaska S. Ct. , 1980).

② Richard A. Booth, Financing the Corporation, §5:18, Westlaw.

③ 《最高人民法院关于适用〈中华人民共和国公司法〉若干问题的规定(五)》第5条。

令公司或控股股东回购其全部股份并非对少数股东最好的救济方式。相比以上两种特殊救济措施，一般救济措施则既可以对少数股东的受损权益进行救济，又可以持续保持少数股东的股东身份。因此在当少数股东愿意留在公司中的情况下，一般救济是对其最好的救济方式。特别是，一般救济方式中包含要求公司作出分配股利决议的救济措施，这是对少数股东权益的强有力的保护。但是，一般救济方式要求司法干预具体的公司治理和管理，要用法官的判断来代替公司董事和管理人员的判断，因此其分寸较难以拿捏。但是，商业判断原则的前提是公司控股股东善意地履行了其对公司和其他股东的信义义务。如果，控股股东欺压其他少数股东，挫败其在公司中的合理期待，违背了其对少数股东的信义义务，则法院就完全有正当理由介入公司事务。当然，法院在采取一般救济措施时也应尽可能尊重公司的财务和管理现状。如上文中所提到的 Smith v. Atlantic Properties, Inc. 一案中，法院虽然作出要求公司进行宣派股息的判决，但却没有武断地决定分配的数额，而是要求公司根据近几年的财务报表和商业计划妥善决定公司利润中应该用于分配的比例。

除以上救济措施外，美国法院还通过承认闭锁公司股东协议执行力的方式来对股东的利润分配请求权进行救济。例如，股东协议可以约定在符合法律规定的情形下公司董事会应宣派股利。如果是一个公开公司的股东订有这样的约定，则该等约定是无效的，因为该约定会被认为是限制了董事会的法定权力。但是在闭锁公司中，美国法院却承认该等约定的效力。①

第四节　我国公司法上的股东强制利润分配请求权

如果公司已作出利润分配的有效决议，则股东享有对公司的债权，得以向法院请求强制执行。那么，在我国，如果公司并未作出利润分配的决议，

---

① Richard A. Booth, Financing the Corporation, §5:19, Westlaw.

股东是否可以起诉公司要求分配利润呢?我国公司法并未回答这一问题,但司法实践中该类诉讼却屡见不鲜。长期以来,我国理论与司法实践对这一问题也莫衷一是,争论纷纷。

一、司法介入股东利润分配请求权的争论

(一)否定说

司法实践中,有观点认为,在我国,利润分配属于股东会的决议事项,属于公司自治的范围。当股东会未作出分配利润的决议时,法院不得支持股东要求公司分配利润的诉求。[①] 不赞成法院干预的观点还认为,利润分配涉及公司的商业决策,法院不宜代公司作出此决策;另外,请求公司分配利润并非对股东的唯一救济途径,如果股东不满,其可以通过股权转让或股权回购的方式来退出公司。[②] 由最高人民法院所审理的河南思维自动化设备有限公司与胡某盈余分配纠纷案便反映了这种不干预的观点。

河南思维自动化设备有限公司设立于 1998 年,其注册资本为人民币 300 万元,共有包括胡某在内的 4 名股东,各持股比例为 25%。公司关于利润分配的决策机制与公司法规定一致。公司经营非常成功,截至 2004 年年底,公司有超过人民币 1 亿元的未分配利润,资本公积金为 3480 万元,盈余公积金为 6335 万元。2005 年,股东胡某以公司长期不分红、损害股东利益为由诉至河南省高级人民法院,请求公司向其分配利润 4000 万元。河南省最高人民法院经审理认为公司长期不分配利润损害了股东的利益,故判令公司以 2004 年年底累积利润额以及胡某的持股比例为依据向胡某分配利润。公司不服一审判决,上诉至最高人民法院。最高人民法院经审理认为,公司利润分配方案应由董事会制订并由股东会批准后股东方能请求分配。利润分配属于公司相关机关的决策权限范围之内,法院不干预。据此,最高人民法院推翻了一审法院的判决。

---

① 李溪洪、陈秀环:《司法不应干涉公司的股利分配自治权》,载《人民司法》2012 年第 12 期。

② 陈颖:《股东利润分配请求权纠纷之司法裁判困境与出路》,载《人民司法》2009 年第 1 期。

（二）肯定说

坚持公司自治固然有其道理，但是，我国公司实践中，由于大股东欺压、排斥小股东从而导致长期不向小股东分配利润的现象层出不穷，这已非公司自治可以解决。赞成司法干预的观点认为：(1)放任小股东利润分配请求权得不到救济的所谓“公司自治”有违公司正义原则；(2)我国《公司法》第74条所提供的股东回购请求权并不能作为强制利润分配请求权的替代救济手段。①

二、司法介入股东利润分配请求权的依据

本书支持对股东利润分配请求权的司法救济。原因如下：

首先，所谓公司自治是法律允许公司自行就其事务作出安排，以实现公司和股东利益的最大化。但是，法律对公司自治的尊重是有限度的，如果所谓的公司自治只是给予大股东滥用权利损害小股东利益的借口，那么这种公司自治就与其目的背道而驰，这时司法介入就不仅正当，而且必要。我国《公司法》第20条就明确规定：“公司股东应当遵守法律、行政法规和公司章程，依法行使股东权利，不得滥用股东权利损害公司或者其他股东的利益；……公司股东滥用股东权利给公司或者其他股东造成损失的，应当依法承担赔偿责任。”当公司自治沦为大股东滥用权利，侵害其他股东合理利益的工具时，司法就必须介入，以实现矫正正义。

其次，有限责任公司股东依法所享有的股权回购请求权并不能替代强制利润分配请求权的司法救济。我国《公司法》第74条规定了有限责任公司股东的股权回购请求权，其中第1项规定：如果公司连续5年盈利并符合公司法规定的分配条件，但不向股东分配利润时，股东可以要求公司回购其股权。本书认为股东的该股权回购请求权并不能对股东的利润分配请求权提供充足的救济，原因在于：(1)公司连续5年盈利的要求过于严苛。首先，

---

① 梁上上：《论股东强制盈余分配请求权》，载《现代法学》2015年第2期。

公司的盈利水平受到行业、市场、经济周期、公司经营,甚至是天灾人祸的影响,因此保持5年盈利实属不易。很可能出现这样的情况:公司第1-4年盈利,但第5年却没有盈利,如果这样,股东须再等另外5年才能确定是否能行使股权回购请求权。其次,公司盈利受到公司经营政策的影响,如公司在某一年进行只有远期收益的大规模投资,公司在当年也很难盈利。最后,公司财务由大股东控制,大股东很可能通过财务舞弊的方式,造成虚假亏损,从而使公司没有利润。即使大股东不舞弊,由于会计在确认成本和收入方面的主观性,也很可能出现某一年公司客观上盈利但账面却显示亏损的状况。长此以往,公司股东可能长期既无法分得利润,也不能请求股权回购,陷入进退两难的境地。(2)根据5年连续盈利的事实就赋予股东回购请求权的标准可能过于僵硬。例如,公司股东可能通过章程或股东协议约定的方式一致同意:为了公司的长远发展,在5年或更长的时间内公司将全部利润投入扩大再生产,以在市场中占得先机,从而实现股东和公司长远利益的最大化。在这种情况下,如果个别股东反悔,要求公司在5年内分配利润或满5年时行使股权回购请求权,则与公司章程或股东合意不符。如果法律支持这种反悔行为,则有干涉公司和股东自治之虞。(3)通过请求回购而退出公司可能并非股东所愿。[①] 与投资于上市公司股票不同,小股东投资于有限责任公司这种闭锁公司一般来说有着做长期投资的意愿,以享受公司持续盈利所带来的利益。当公司持续盈利时,股东所期望的是从公司分得产生的部分利润,并能够分享未来公司发展所产生的利润。但如果法律仅提供股东通过请求回购退出公司的途径,则法律可能实际上挫败了股东分享公司长期发展利润的期望,并不算对股东权益的有效救济。(4)股权回购程序复杂,隐含较高的成本。首先,欲请求回购的股东必须在股东会上对利润分配决议投反对票。问题是,如果大股东控制公司董事会,不将利润分配方案作为股东会表决事项,则小股东连投反对票的机会都没有。其次,假使完成符合《公司法》第74条第1款规定的程序,异议股东也需要自股东会决议通过

① 梁上上:《论股东强制盈余分配请求权》,载《现代法学》2015年第2期。

之日起 60 日内与公司达成股权收购的协议。如不能达成协议,才可以向法院起诉。而在法院诉讼中,也存在如何确定股权回购公允价格的问题。如此来看,即使股东在得不到利润分配,根据《公司法》第 74 条含泪退出公司时,其也必须历经艰难险阻,承担极高的成本。而这种高成本极可能吓阻小股东行使回购请求权,选择继续成为沉默的羔羊。

最后,通过公司僵局解散公司也非对股东利润分配请求权的适当救济。如本书讨论的在美国司法解散公司也是对闭锁公司中股东欺压的救济手段之一。根据美国示范法定闭锁公司法补充,当法院判令的具体履行措施和股份回购不足以对股东进行救济时,法院可以判令解散公司。现实中确实存在这种情形,即由于股东之间的分歧,公司长期无过通过分配利润的股东会决议,在这种情况下是否允许股东请求法院司法解散公司,从而使股东分得公司剩余财产呢? 我国《公司法》第 182 条规定:“公司经营管理发生严重困难,继续存续会使股东利益受到重大损失,通过其他途径不能解决的,持有公司全部股东表决权百分之十以上的股东,可以请求人民法院解散公司。”由此可见,我国公司法规定的司法解散公司的前提是公司“经营管理发生严重困难”。《最高人民法院关于适用〈中华人民共和国公司法〉若干问题的规定(二)》第 1 条第 2 款规定:“股东以知情权、利润分配请求权等权益受到损害,或者公司亏损、财产不足以偿还全部债务,以及公司被吊销企业法人营业执照未进行清算等为由,提起解散公司诉讼的,人民法院不予受理。”由此可见,如果股东仅以利润分配请求权受损请求法院解散公司的,人民法院不予受理。

三、股东利润分配请求权司法救济在我国的确认

随着对股东利润分配请求权司法救济必要性认识的加深,我国司法机关开始认可股东利润分配请求权的司法救济,并付诸具体的司法审判实践中。

2017 年 8 月公布的公司法司法解释四第 15 条虽然将股东会生效决议作为股东利润分配请求权的一般前提,但是同时也规定了例外,即“但违反

法律规定滥用股东权利导致公司不分配利润,给其他股东造成损失的除外。”也就是说,若存在滥用股东权利给其他股东存在损失的情形,即使没有股东会关于利润分配的生效决议,法院也可以对股东的利润分配请求权进行救济。

此外,最高人民法院也改变了其在河南思维自动化设备有限公司与胡某盈余分配纠纷一案中的不干预立场。最高人民法院在 2017 年 12 月 28 日作出的庆阳太一热力有限公司(以下简称太一热力公司或公司)、李某与甘肃居立门业有限责任公司(以下简称居立门业公司)盈余分配纠纷一案的判决表明了法院对于无决议的利润分配请求权予以司法救济的态度。太一热力公司成立于 2006 年,注册资本为 1000 万元。截至本案,公司两名股东为太一工贸公司和居立门业公司,二者分别持股 60% 和 40% 。自然人李某为大股东太一工贸公司的法定代表人,同时为太一热力公司的执行董事和法定代表人。2009 年太一热力公司与庆阳市西峰区人民政府签署合同,将公司主要资产转让给政府,之后公司除拥有一块土地外,并无其他营业。公司于 2010 年 7 月收到政府的资产转让对价后,并没有将其分配给股东,而是被执行董事李某转入其控制的另一家公司之中。截至 2014 年 10 月 30 日,公司已有未分配利润 7597 万元。太一热力公司的章程约定利润分配由公司股东会作出决议,并按股东持股比例进行分配。但太一热力公司及其股东太一工贸公司、居立门业公司之间又因土地分割、公司股东出资、公司解散等事宜发生诉讼,公司股东未能召开股东会,无法就公司盈余分配形成决议。为此,小股东居立门业公司以太一热力公司和李某为被告向甘肃省高级人民法院提起诉讼,请求:(1)判令公司按居立门业公司的持股比例向其分配公司盈余;(2)判令李某对第(1)项诉讼请求承担连带责任。一审法院经审理认为:根据《公司法》规定及太一热力公司章程,居立门业公司享有按照其在太一热力公司的出资比例分取红利的权利。太一热力公司应当依法向股东居立门业公司分配利润。太一热力公司存在可供分配的利润,但长期不向股东分配,严重损害股东合法权益。李某利用其太一热力公司法定代表人身份和控制地位,滥用职权,不但拒绝利润分配,而且挪用公司资金,不断严重损害公司和股东利益，应当对太一热力公司向居立门业公司分配的利润承担连带清偿责任。故一审法院判决：(1)公司于判决生效后向居立门业公司支付盈余分配款20466276.4元；(2)太一热力公司按中国人民银行同期贷款利率向居立门业公司支付20466276.4元自2010年7月11日起至实际付清之日的利息；(3)如太一热力公司到期不能履行上述第(1)、(2)项给付，由李某承担赔偿责任。

太一热力公司、李某不服一审判决，上诉至最高人民法院。最高人民法院就本案中的争议焦点发表以下观点：

第一，太一热力公司是否应向居立门业公司进行盈余分配。法院认为，公司有可分配税后利润时，可以进行分配，也可以不分配而用于公司经营之用。原则上，这属于公司自治范畴，也不会对主张分配利润的股东利益造成根本损害。但是，"当部分股东变相分配利润、隐瞒或转移公司利润时，则会损害其他股东的实体利益，已非公司自治所能解决，此时若司法不加以适度干预则不能制止权利滥用，亦有违司法正义。虽目前有股权回购、公司解散、代位诉讼等法定救济路径，但不同的救济路径对股东的权利保护有实质区别……"①结合本案事实：(1)公司主要资产被收购后已无其他经营活动，但公司却拥有巨额可分配利润；(2)公司大股东转移公司利润，给公司造成损失，属滥用股东权利；(3)股东盈余分配的救济权利，无须以采取股权回购、公司解散、代位诉讼等其他救济措施为前置程序。

第二，太一热力公司是否应向居立门业公司支付盈余分配款的利息。对此法院认为，在公司股东会作出利润分配决议或法院判决公司向股东支付盈余分配前，公司对股东并不负有法定给付义务。如果没有法定给付义务，则请求公司向股东支付未分配利润的利息就没有根据。故法院不支持。

第三，李昕军是否应对太一热力公司的盈余分配给付不能承担赔偿责任。李某是大股东太一工贸公司的法定代表人，也是公司的董事，具有双重身份。关于控股股东的责任，根据《公司法》第20条第2款的规定，公司股

---

① (2016)最高法民终528号。

东滥用股东权利给公司或其他股东造成损失,应当承担赔偿责任。关于董事的责任,《公司法》第 149 条规定,董事执行公司职务时违反法律、行政法规或公司章程的规定给公司造成损失的,应该承担赔偿责任。此外,根据《公司法》第 152 条的规定,董事违反法律、行政法规或公司章程的规定,损害股东利益的,股东可以向人民法院提起诉讼。向股东分配利润是公司的义务,但若由于董事或控股股东滥用权力,以至于妨害其他股东的利润分配请求权的实现时,董事或控股股东应在公司不能向股东支付利润的范围内向股东承担补偿赔偿责任。

太一热力公司、李某与居立门业公司盈余分配纠纷案是公司法司法解释四正式颁布后最高人民法院所审理的最新的关于公司盈余分配纠纷的案例。从该案例可以看出,最高人民法院改变了其在河南思维自动化设备有限公司与胡某盈余分配纠纷一案中所持的对无决议股东利润分配请求权的不干涉态度。本书认为,最高人民法院的这一判决正确认识到闭锁公司中非控股股东所处境困,故而果断摒弃抽象的司法不干涉主义,从个案入手,充分地实现了公司正义的原则。

四、无决议股东利润分配请求权司法干预的要件

公司法司法解释四第 15 条将司法救济的前提归纳为“违反法律规定滥用股东权利导致公司不分配利润,给其他股东造成损失”。如何理解以上规定呢?

第一,须违反法律规定。该法律规定应包括《公司法》第 20 条、第 21 条、第 149 条等。本书认为,公司法司法解释四的相关表述应改为“违反法律、公司章程或股东间的相关约定”。因为,不仅违反法律需要得到司法机关的救济,违反章程或公司股东之间关于利润分配的其他约定也同样需要得到司法机关的救济。例如,在设立公司之初,公司大股东与小股东通过章程或股东协议的形式对公司利润分配作详细规定。当公司大股东事后违反章程或股东协议拒绝向小股东分配利润时,也要赋予小股东向司法机关寻求救济的权利。

第二,存在滥用股东权利的行为。然而什么是滥用行为呢?在太一热力公司、李某与居立门业公司盈余分配纠纷案中,最高人民法院将大股东的以下行为认定为滥用权利的行为:(1)公司已无经营活动,但却保留巨额未分配利润;(2)大股东将公司财产挪用到其关联公司。结合太一热力公司、李某与居立门业公司盈余分配纠纷案中最高人民法院的观点,以及美国法上的相关案例,本书认为以下两种情形构成控股股东权利滥用:(1)大股东通过工资、资金等形式从公司获取不合理报酬,或通过关联交易等形式从公司获得不正当利益,或购买与公司经营无关的资产或服务供大股东个人之用,或隐瞒或转移公司利润,[①]却不向小股东分配利润。在这种情况下,大股东从工资、资金和关联交易中获取的不正当利益应视为实际上的利润分配,公司应该向小股东按比例进行分配。(2)虽然大股东未通过以上方式获得不正当的事实股利,但公司拥有可供分配的高额现金且无正当商业目的。在这种情况下,从表面上看大股东没有过错,但是在没有正当商业目的的情形下留存高额现金,本来就很难证明其正当性,这也挫败了小股东的合理期待。在发生要求司法救济的股东利润分配请求权案例中,一般情况下都是公司多年不分配利润,因此,不分配利润持续时间是法院的考量因素,但并不是决定因素。[②] 本书认为,在判定是否存在股东权利滥用时,可以借鉴美国普通法中的"合理期待"标准。只要能证明大股东挫败了小股东的合理期待,就可以推论出存在股东欺压,从而也就存在公司大股东的权利滥用。

第三,给其他股东造成损失。公司小股东得不到利润分配很难说其既得权益受到了损害,因为,在公司未宣派股利或法院未判令公司支付股利之前,股东的利润分配请求权仅为期待权,并非既有权利,所以谈不上既有权益的损失。所以,本书认为,只有符合以上第一、第二两个构成要件,即可认定股东利益受到了损害,而无须股东另行举证其既有权益遭受损失。

---

① 杜万华主编:《最高人民法院公司法司法解释(四)理解与适用》,人民法院出版社 2017 年版,第 307 页。

② 郝磊:《公司股东股利分配请求权的司法救济》,载《人民司法》2011 年第 1 期。

五、司法救济的诉讼形式与具体救济方式

股东利润分配请求权诉讼是股东要求对自身所受损害进行直接救济，因此，属于股东诉讼中的直接诉讼。因为公司是支付股利的主体，所以在诉讼中应以公司作为被告，这也是公司法司法解释四第 13 条所规定的。同时，存在权利滥用行为的股东或董事也应作为共同被告。[①] 将其列为共同被告的原因是，根据我国《公司法》第 20 条第 2 款和第 152 条的规定，利益受侵害股东得以向滥用权利股东或董事提起直接诉讼。但是，将控股股东和董事两个主体与公司一并列为共同被告并非要使股东或董事对公司的股利支付责任承担连带责任，而是要求其在公司不能支付判令股利的情况下承担补充赔偿责任。

对无决议股东利润分配请求权的具体救济方式上，有不同的主张。有学者主张，具体利润分配数额属商业判断，应由公司股东会作出，法院不能越俎代庖，因此如公司未对利润分配作出决议，法院仅能判令公司在一定期限内召开股东会并对利润分配作出决议；[②]有学者主张法院不宜直接判决具体的分配金额与方式，而应判令公司在一定期间内召开股东会作出利润分配的决议，而法院判决可以就利润分配的比例、范围等作出底线规定；[③]也有学者主张，法院可以直接判决具体的利润分配金额。[④] 本书认为，如果法院仅判决公司在一定期限内作出决议，则受大股东控制的公司很可能作出不分配利润的股东会决议，这样小股东利益得不到保障，仍需再次起诉，枉费司法资源；如果法院仅作底线安排，如利润分配数额的上限与下限，然后留给公司股东会作出载有具体金额的决议，则受大股东控制的公司有很大可能仅依下限进行分配，这样不仅小股东权益不能得到完全保证，且事实上法

---

① 梁上上:《论股东强制盈余分配请求权》，载《现代法学》2015 年第 2 期。

② 王欣新:《论法院对股东股利分配请求权的保护》，载《人民法院报》2007 年 1 月 17 日，第 005 版。

③ 李建伟、茅院生:《有限公司强制分配股利之诉的法理基础》，载《现代法学》2010 年第 2 期。

④ 梁上上:《论股东强制盈余分配请求权》，载《现代法学》2015 年第 2 期。

院相当于作出一个规定具体分配金额的判决(法院规定的下限),同时,还增加了召开一次股东会的成本。

综上所述,本书认为针对无决议的股东利润分配请求权,法院完全可以作出一个有具体利润分配金额的判决。因为:首先,虽然司法不干涉公司的商业判断,但是,如果已经证明公司不进行利润分配的决定是由于股东权利滥用而非商业判断,则法院完全可以以救济小股东目的而代公司作出该决策;其次,法院在作出关于分配金额的决定时可以依赖会计师、审计师或公司财务专家的意见,以使其作出的关于具体分配金额的决定符合公司的具体财务状况。虽然法院有权力直接就具体利润分配金额作出判决,但是该司法权力应该慎用,要兼顾多方利益,在保护小股东利益的同时,也要保护公司的利益。[①] 在一般情况下,应该把公司看作一个持续经营的实体(going concern),而不是一个停止营业、即将清算的实体。公司分配不仅要考虑股东对分配的需求,而且也要考虑公司发展的需要。[②]

① 李建伟、茅院生:《有限公司强制分配股利之诉的法理基础》,载《现代法学》2010 年第 2 期。

② 梁上上:《论股东强制盈余分配请求权》,载《现代法学》2015 年第 2 期。

第四章

分配行为论:公司分配的法律限制

第一节　公司分配限制一般理论

本书第二章和第三章论述了公司分配决定权,讨论了股东个人、股东会、董事会以及法院对于公司分配决定的影响。然而,有权决定公司分配的主体在作出分配决定时是否要接受一定的限制,尤其是数额方面的限制呢?如果是,该等限制要遵循什么样的标准呢?本书第四章将就此进行阐述。需要指出的是,对公司分配的法律限制主要分为两大类:程序限制以及金额限制。由于程序限制涉及公司分配的决定,是本书前两章的内容。本章将主要着重论述公司分配的金额限制,但是在必要时,在与金额限制相关的地方,也会提及程序限制。与股利、股份回购、股份回赎相比较,公司减资并不必然产生分配(如减资仅是为了核销损失),但是由于在很多国家公司分配的底线之一就是公司资本,减资可以在未来使更多的公司资产释放出来以供分配。而且,减资在很多情形下也意味着公司将资产返还给股东,属于分配的范畴。基于此,本章中也将述及减资的相关限制。

一、谁希望限制公司分配

当公司作出分配决定时,究竟哪些相关主体希望限制公司分配呢?首先,公司债权人从整体上希望限制公司分配。当债权人向公司借贷后,公司的财产就成为其债权的一般担保,而分配则会直接减少充当债权一般担保的财产的数额。所以债权人首先不希望公司进行任何分配;其次,公司优先股股东希望限制公司在对其分配之前对普通股股东进行分配。优先股股东一般享有数额固定的利润分配请求权,但却要求在向普通股股东分配前先向其进行分配;再次,公司董事可能希望限制公司分配。公司董事出于对公司现金流量权进行掌控的欲望,希望将更多现金留在公司中供其支配;最后,公司普通股股东也可能要求对公司分配进行限制。如前文所述的 Sinclair Oil Corp. v. Levien 一案,Sinclair Oil 公司的股东就希望公司不进行利润分配。公司董事和公司普通股股东所希望的对公司分配的限制属于公司内部治理问题,并且,公司董事和股东在公司分配作出上都有一定的权力,因此,公司董事和股东所希望的对公司分配的限制主要通过公司治理结构的合理安排来解决,本章将不进行赘述。本章仅从保护公司债权人和优先股股东的角度出发来论述对公司分配的法律限制。

二、如何限制公司分配

(一)契约限制

1. 公司债权人的契约

公司的交易债权人和金融债权人在与公司形成债权债务关系时往往会签署非常详细的债务合同。这些债务合同会包括很多条款,如利息条款、税务条款、信息提供条款等。但其中借贷双方最为关心的条款之一就是对公司活动的限制。总的来说,这些限制分为两大类:对公司后续举债的限制,以及对公司处分其财产的限制。对后续举债的限制主要是通过限制公司的具体财务比率(如资产负债率)以及限制公司后续举债的优先性(如禁止后续发行有担保的、优先受偿的债券等)这两种方法来实现的。对公司处分财产的限制通常包括限制公司出售其主要资产以及限制公司向股东进行分配。与下文所述的法律限制相比,通过契约的形式对公司分配进行限制有以下优点:[①](1)债权人可以根据举

① Louise Gullifer & Jennifer Payne, *Corporate Finance Law Principles and Policy*, Hart Publishing, 2011, p. 158.

债金额的大小以及债务人的财务状况等因素来设计个性化的公司分配限制条款;(2)债权人可以通过在契约中约定债务人公司的分配条款来弥补法律限制的不足,比如,法律限制主要是基于公司资产负债表的历史记录,契约限制则可以采取现金流的标准;(3)契约可以约定违反分配限制条款将导致契约终止和债务加速到期,而法律限制所提供的违法分配责任对债权人的保护有限。[①] 有美国学者统计了美国自"二战"以来关于公司违法分配所产生的关于董事责任的诉讼,发现这些诉讼的数量非常之少。美国学者认为其中最重要的原因在于大债权人或长期债权人广泛利用合同采取了比法律规定的对分配更为严格的限制。[②]

2. 优先股股东的契约

公司章程是公司的自治宪章,其对公司、股东以及公司管理人员产生效力。只要不违反公司法的强制性规定,章程的约定就是有效的。基于此,公司章程完全可以约定:在满足公司法所规定的关于公司分配的法定条件后,公司必须向公司股东进行分配。该约定不违反公司法的强制性规定,因此是有强制执行力的。因此,当公司章程对公司分配的条件与金额有具体规定时,只要不违反法律强制性规定,公司就必须按照章程的规定进行分配。

优先分红权、优先清算权和股份回赎请求权是优先股股东的常见权利。这些权利或记载于公司章程或约定于股东协议中。记载于公司章程自不必说,即使没有记载于公司章程,优先股股东一般也会在股东协议中约定。如果公司满足向优先股股东进行分配的条件而不进行分配,则优先股股东可能依章程或股东协议获得相应的救济。例如,章程或股东协议可以规定,如果在有可分配利润的前提下公司连续两年未宣派优先股股利,则优先股股东有权选举 1/3 的董事会席位,如果更长时间未宣派优先股股利,则优先股

① 关于违法分配的法律责任,详见本书第五章。

② Richard O. Kummert, *State Statutory Restrictions on Financial Distribution by Corporations to Shareholders*, Part I, 55 Wash. L. Rev. 359, 395 (1980).

股东有权选举大多数董事会席位。[①]由于公司也一般会成为股东协议的签约方,因此股东协议也能对公司产生法律约束力。如果公司满足股东协议约定的条件而不向优先股股东进行分配,则公司要依股东协议向优先股股东承担法律责任。

回赎请求权(redemption rights)也是优先股股东的一项重要权利。优先股股东一般为财务投资人,其一般不参与公司的管理,而更为注重投资回报以及投资的退出,如果不能满足优先股股东的这些要求,作为财务投资人的优先股股东就会由于畏惧风险而不进行投资,从而大大不利于公司融资,特别是处于初创阶段的公司的融资。优先股股东一般会在股东协议中约定,当公司不能在特定期间达到特定的财务目标或者当公司不能在约定的时间内实现 IPO 时,公司优先股股东有权要求公司以约定的价格(通常为原投资额并加算一定的利息)向优先股股东回购其股份。

(二)法律限制

契约限制固然可取,但其有自身局限性。首先,不是每一个债权人都具有强势的谈判能力、经验与知识;其次,契约永远是不完全的。由于人的有限理性与减少谈判成本的愿望,契约不可能事无巨细地约定所有对债务人公司的分配限制。基于以上两点,法律需要对公司分配限制提供缺省规范以减少债权人与债务人公司的交易成本。不仅如此,公司分配看似一个公司内部决策,但其却影响到公司债权人等外部人的利益,具有外部性的特征。因此,公司分配不仅仅属于公司的自治范围,当公司分配行为达到公司内部人与公司债权人利益平衡的临界点时,法律就必须以强制性规范的形式介入,从而达到利益的再平衡。同理,优先股股东虽属于公司"内部人",但是由于一般情况下其不享有董事选举权等普通股东所享有的权利,所以,其在地位上与公司债权人接近,也需要通过限制公司对普通股股东的分配来保护其利益。

---

① Bayless Manning & James J. Hanks, JR., *Legal Capital*, Fourth Edition, Foundation Press, 2013, p.68.

第二节　公司分配法律限制的比较法考察

一、欧盟公司法指令对公司分配的限制

欧盟公司法指令(Directive 2012/30/EU)对公司股利分配、股份回购和回赎,以及公司减资等限制作了全面的规定。这些限制仅适用于成员国的公开公司,各成员国对其闭锁公司的分配问题有权自主作出规定。

(一)对股利分配的限制

欧盟公司法指令为公司分配设立了两项测试:(1)第17(1)条规定:除在减资的情形下,如果上一个财年最后一日公司年度财务报表上记载的净资产低于被认缴的资本和不得被分配的公积金之和,或者在分配后会导致此结果,则公司不得进行分配。① 如果被认缴但未实缴的资本没有记为公司资产,那么其也不应被记为被认缴的资本。② (2)公司分配的数额不应超过公司当年以及以往的积累利润和为分配目的而提取的公积金之和,减去累积损失和依法对公积金的减项。③ 公司分配必须同时满足以上两项要求。

另外,欧盟公司法指令第17(5)条规定,如果成员国允许发放中期股利,则应满足以下条件:(1)中期账目显示有充足现金可供分配;(2)分配的金额不得超过年度财务报表所显示的截至上一财务年度末的总利润加上前期累积利润和可分配公积金之和,减去累积损失以及根据法律留存的公积金。

关于公司利润和损失的确认,欧盟关于公司财务的2013/34/EU号指令给出了指导性的规定。该指令第7条规定,成员国法律可以允许对固定资产

---

① Art. 17(1),Directive 2012/30/EU.

② Art. 17(2),Directive 2012/30/EU.

③ Art. 17(3),Directive 2012/30/EU.

进行重新估值。当进行重新估值时,由此产生的购买价或生产成本价与重估价格之间的差别金额将计入财产负债表的"资本和公积金"项下的重估公积金中。重估资本金可以在任何时候被资本化。但是仅当重估公积金实际上变成损失或利润时(作为成本被记录在利润和损失账户,或作为增加的利润),它才可实际上被确认为利润或损失。并且,重估公积金转换为实际的利润之前,其不得直接或间接地被用于分配。①

(二)对股份回购和股份回赎的限制

欧盟《公司法指令》第 21 条规定,在保护股东平等对待的原则下,成员国可以允许公司回购自身股份,但受限于以下条件:(1)股东会的批准;(2)公司回购不会使公司净资产低于第 17(1)条、第 17(2)条所规定的净资产额,即被认缴的资本与不得被分配的公积金之和;(3)仅实缴的股份才能被回购。除此之外,成员国还可以选择限制回购股份的比例、回购股份数、期间和对价、回购报告和通知要求、回购公积金的设立以及回购不得影响债权人债权的实现。与 1977 年欧盟二号公司法指令相比,2006 年修改后的欧盟公司法指令大大放宽了公司股份回购方面的规定。例如,欧盟二号公司法指令曾规定公司回购的股份数不得超过公司认缴出资额的 10%,在 2006 年修改后的公司资本指令中删除了该限制。另外,与欧盟公司法指令所规定的关于股利分配的限制相比,股份回购只需满足净资产不低于认缴资本标准,而无须满足第 17(3)条所要求的累积利润标准。

对于股份回赎,欧盟《公司法指令》第 39 条规定,用于股份回赎的金额必须受限于第 17(1)-17(4)条所规定的条件,②这表明在资金来源方面,股份回赎与股利分配受相同的限制。

---

① Art. 7, Directive 2013/34/EU of the European Parliament and of the Council of 26 June 2013 on the annual financial statements, consolidated financial statements and related reports of certain types of undertakings, amending Directive 2006/43/EC of the European Parliament and of the Council and repealing Council Directives 78/660/EEC and 83/349/EEC Text with EEA relevance.

② Art. 39, Directive 2012/30/EU.

(三)对于减资的限制

欧盟《公司法指令》第 36 条规定,在公司减资时,公司债权人有权要求公司提供担保。成员国不得排除债权人的该权利,除非债权人有足够的保护,或者,基于公司的资产状况债权人的这种权利是不必要的。① 但是根据该指令第 41(2)条,如果公司减资时,被公司回购的股份无对价或其资金来源符合指令第 17(1) - 17(4)条所规定的条件,则公司债权人无权要求公司提供担保。② 另外,根据第 37 条的规定,如果减资仅仅是为了核销公司损失,则第 36 条对公司债权人所提供的保护并不适用。③

二、英国公司法对公司分配的限制

(一)对股利分配的限制

英国 2006 年《公司法》第 830 条规定了关于公司利润分配的一般规则,该规则既适用于公开公司,也适用于闭锁公司(在英国称为"private company")。根据第 830 条的规定,公司仅能以其可分配利润为限进行分配。可分配利润是指:公司积累的、已实现的,并且以往未使用或被资本化的利润,减去其累积的、已实际的损失(只要该等损失未被资本重组或减资核销掉)。④ 根据该规定,只要公司在分配时有往年所累积的利润,哪怕分配的前一年有损失,只要该损失小于所累积的利润,则公司也可以进行分配。同理,公司往年未弥补的损失也会影响当年的利润分配。另外,此处所指的利润和损失均为已实现的利润与损失,通过固定资产价值重估实现的资产增值不得用于计算利润。但是,根据英国《公司法》第 846 条的规定,当公司以非现金的形式向股东进行分配时,如果该非现金资产代表未实现利润,则为了决定该分配

---

① Art. 36, Directive 2012/30/EU.

② Art. 42, Directive 2012/30/EU.

③ Art. 37, Directive 2012/30/EU.

④ s. 830, Company Act 2006, U. K.

合法性的目的,可将该非现金资产所代表的利润视为已实现利润。[①] 从英国公司法第 830 条的内容来看,其基本上相当于欧盟公司法指令第 17(3)条所规定的累积利润标准。

对于英国的闭锁公司而言,其分配金额限制仅适用第 830 条。但是,受制于规范欧盟公开公司的欧盟公司法指令第 17 条的规定,英国公开公司分配还必须另外遵守英国《公司法》第 831 条。根据第 831 条的规定,仅当公司净资产大于其实缴资本与不可分配公积金之和,且分配结果不会导致公司净资产小于其实缴资本与不可分配公积金之和时,公开公司才能进行分配。[②] 根据第 831 条的规定,净资产是指公司总资产减去总负债。根据同条的规定,公司不可分配公积金是指:(1)资本公积金;(2)资本回赎公积金;(3)累积的、未实现利润减去累积的、未实现的损失的差;(4)法律或公司章程规定的其他不可分的公积金。[③]

表面来看,英国《公司法》第 830 条强调公司的累积利润和累积损失——这代表公司一段时间的经营成果;而《公司法》第 831 条则仅强调公司在某一时点的资产状况,两者好像没有关系。但是,如果公司有累积利润,其必然会以资产的形式反映在公司的资产负债表中,同时在所有者权益部分也会有相应的会计科目反映。所以,尽管常常将第 830 条所反映的标准称为累积利润标准而将第 831 条所反映的标准称为资产负债表标准,二者其实都是资产负债表标准。[④]

但二者的差别也是显著的,具体的区别之一就是第 830 条不考虑公司的未实现损失,而根据第 831 条计算公司可分配金额时却要考虑未实现损失。因此,依据第 830 条计算可分配的金额,可能依据第 831 条就不能进行分配。例如,甲公司有 300 万股本,600 万元的资本公积金,200 万元的未实现损失

① s. 846, Company Act 2006, U. K.

② s. 831, Company Act 2006, U. K.

③ s. 831(4), Company Act 2006, U. K.

④ Paul L. Davies and Sarah Worthington, *Gower & Davies Principles of Modern Company Law* (Ninth Edition), Sweet & Maxwell, 2012, p. 301.

以及300 万元的可分配利润。如果甲公司是一个英国闭锁公司,其只适用第830 条的规定,则其可分配的金额为 300 万元。但如果甲公司是一个英国公开公司,则其可分配金额仅为 100 万元,因为如果分更多,公司净资产就会小于公司的股本加资本公积金的和。①

(二)股份回购与回赎的限制

关于对股份回购和股份回赎的限制,英国公司法有两套规则,其中一套涵盖公开公司与闭锁公司,另一套只针对闭锁公司。

根据针对公开公司与闭锁公司的一般规定,公司用于股份回购或回赎的资金必须来源于公司的可分配利润或者为该回购或回赎新发股份而取得的收入。② 根据英国《公司法》第 687(4)条和第 692(3)条的规定,任何回购股份的溢价也必须从公司可分配利润中进行支付。但是,如果被回购或回赎的股份在发行当时就是以溢价进行发行的,则该等股份回购或回赎时的溢价应从为该回购或回赎而新发股份而取得的收入中进行支付,其数额应为以下两者孰少:(1)被回购或回赎的股份在发行时公司收到的溢价;或(2)公司当时资本公积金总额。③ 如果按上述第 687(4)条和第 692(3)条支付了回赎或回购溢价,则应从公司的资本公积金中减去该金额。当公司股份回赎后,相应股份视作被核销,并且公司股本按被回赎股份的面值相应减少。④ 但当公司股份回购后,公司可以选择将其核销,也可以选择将其作为库藏股。

英国公司法对闭锁公司的股份回购与回赎采取了较为宽松的态度。英国《公司法》第 709 条规定闭锁公司可以用其股本来进行股份回购或回赎。这是因为,相对于公开公司有着最低出资额的限制以及上市对资本额的要

---

① Eilis Ferran & Look Chan Ho, *Corporate Finance Law*, Second Edition, Oxford University Press, 2014, p. 216.

② ss. 687(2) and 692(2), Company Act 2006, U. K.

③ s. 692(3), Company Act 2006, U. K.

④ s. 688, Company Act 2006, U. K.

求,英国法律对闭锁公司的最低资本没有限制,[1]因此一般认为英国闭锁公司的资本对公司债权人本来就没有什么保障作用。另外,允许闭锁公司以其股本回购或回赎股份,也可以方便欲退休的股东退出公司,因为闭锁公司可能并无足够的可分配利润来进行回购或回赎,并且这些股份也不容易转让出去。[2] 但是,英国闭锁公司回购或回赎股份受限于以下条件:根据第710条的规定,只有在将公司的可用利润或新发行股份所得收入用于回购或回赎股份后,才可以使用股本进行回购或回赎;[3]此处的"可用利润"与股利分配所适用的第830条所指的可分配利润的范围是一致的。[4] 虽然英国公司法允许闭锁公司用公司股本进行股份回购或回赎,但其同时也规定了对债权人的保护措施,这一措施便是要求公司董事会出具"董事声明"(director statement)。董事声明必须载明用于回购或回赎的资本额,并且声明董事在对公司事务进行全面调查后持以下观点:(1)在公司使用股本支付股份回购或回赎款后,并没有证据显示公司将不能偿付其所负到期债务;(2)在用股本进行支付起1年内,根据他们在该年内进行公司运营的意图以及公司在该年可资利用的财务来源的金额和性质,公司能够在该年内持续进行经营。[5] 换言之,法律虽然允许闭锁公司利用其资本金进行股份回购或回赎,但该行为不能损害债权人的利益也不得影响公司的持续经营。如果董事无合理依据而作出以上声明,则有过错的董事可能会面临监禁或罚款。[6]

(三)减资的限制

根据英国公司法,英国公司(无论公开公司或闭锁公司)的减资程序均

---

① Paul L. Davies and Sarah Worthington, *Gower & Davies Principles of Modern Company Law* (Ninth Edition), Sweet & Maxwell, 2012, p. 280.

② Paul L. Davies and Sarah Worthington, *Gower & Davies Principles of Modern Company Law* (Ninth Edition), Sweet & Maxwell, 2012, p. 333.

③ s. 710, Company Act 2006, U. K.

④ s. 711(1), Company Act 2006, U. K.

⑤ s. 714(3), Company Act 2006, U. K.

⑥ s. 715, Company Act 2006, U. K.

为公司股东会的特别决议以及法院的确认。[①] 法院确认是为了债权人的保护。当减资包含以下情形时，债权人可能拥有反对权：(1)减少股东实际已认缴股份的股款；或(2)向股东返还已实缴的股款。[②] 如果公司减资仅仅是为了核销损失，则债权人并不拥有反对权。即使在上述两种情形下也不是所有的债权人都拥有反对权，要享有反对权，债权人须满足以下条件：(1)假使公司在法院确定的用于确认债权的日期清算，债权人有证据证明其债权的；且(2)债权人要证明如果公司减资其债权到期时有得不到清偿的真实可能性。[③] 换句话说，只要公司减资对债权人的债权没有损害，债权人便没有反对减资从而要求公司清偿或提供担保的权利。

为了减少闭锁公司减资的成本，在股东会通过减资的特别决议后，除经法院确认这一种途径外，英国公司法赋予闭锁公司另一种选择，即由董事发表清偿能力声明(solvency statement)来替代法院的确认。[④] 根据英国《公司法》第643条的规定，董事的清偿能力声明中，董事应发表以下观点：(1)在发表清偿能力声明时，没有依据表明公司不能清偿其债务；(2)如果公司计划在12个月之内开始清算程序，则公司能够在清算开始后12个月清偿其债务；(3)在除(2)之外的情形下，公司在清偿能力声明发表之日起1年内可以清偿其到期债务。如果董事在没有合理依据的情况下发表以上清偿能力声明，并将其提交给公司登记机关，则有过错的董事可能面临监禁或罚款。

(四)英国公司分配限制的评价

从英国公司法所规定的对公司分配、股份回购和股份回赎以及减资的限制可以看出，其有以下几个特点：第一，对公开公司与闭锁公司的区别对待。总体来看，其对公开公司实行了较为严格的标准，而对闭锁公司的规定则较为宽松。第二，尽管在公司股利分配部分其坚持特定的资产负债表标

---

① s. 641, Company Act 2006, U. K.

② s. 645(2), Company Act 2006, U. K.

③ s. 646, Company Act 2006, U. K.

④ s. 641(1), Company Act 2006, U. K.

准，但是在闭锁公司的股份回购与回赎，以及闭锁公司的减资方面则抛弃了抽象的会计标准，转而实行由董事声明所支持的偿付能力标准。

三、德国公司法对公司分配的限制

（一）对股利分配的限制

根据德国《股份法》第57条的规定，出资不得返还给股东，且仅可以将结算盈余分配给股东。[①] 德国公司法没有明确规定欧盟《公司法指令》第17(1)条所规定的净资产标准，但是该要求却是暗含于其法律规定之中的，[②]主要体现为：在德国，法定公积金不得用于分配。德国《股份法》第150(2)条规定，应提取弥补上一年亏损后的年度盈余的5%作为法定公积金，直到法定公积金与德国《商法典》第272条所规定的资本公积金合计达到基本资本的10%或公司章程所规定的较高比例。若未达到以上比例，则以上公积金可能用于：(1)弥补年度亏损，如果上一年度的盈余和公司盈余公积金不能弥补该亏损；(2)弥补上一年结转的亏损，只要其不能通过年度盈余弥补且不能通过其他盈余公积金弥补。[③] 即使达到上述比例后的超出部分，以上公积金也只能用于弥补亏损和依法进行增资。

与德国股份法中的相应规定相比，德国《有限责任公司法》中对于分配的规定则显得非常简单。《有限责任公司法》第30(1)条规定，为维持公司基本资本所必要的公司财产不得支付给股东。[④] 由此来看，在德国，股份公司仅能分配其结算盈余，其余资产则置于法律保护之下，而有限责任公司

---

① 德国《股份法》第57条，载《德国商事公司法》，胡晓静、杨代雄译，法律出版社2014年版，第88页。

② Jonathan Rickford, *Reforming Capital Report of the Interdisciplinary Group on Capital Maintenance*, 15 Eur. Bus. L. Rev. 919, 1008 (2004).

③ 德国《股份法》第150条，载《德国商事公司法》，胡晓静、杨代雄译，法律出版社2014年版，第37页。

④ 德国《有限责任公司法》第30条，载《德国商事公司法》，胡晓静、杨代雄译，法律出版社2014年版，第145页。

中,法律所禁止分配的仅是与公司股本等额的公司资产。[①] 德国学者认为,如果根据资产负债表所计算出的公司净资产少于公司股本,则此时向股东分配是违法的。[②] 由此可见,德国《有限责任公司法》第 30 条中与公司股本相当的资产应当是指公司的净资产。另外,德国学者认为,在股东遵守上述第 30 条规定的基础上,考虑到公司、小股东以及公司债权人的利益,公司向股东支付财产的行为也不能危及公司生存基础。[③] 也就是说,虽然德国有限责任公司法的规定较为简单,但是,如果公司经理向股东交付了财物,尽管该行为没有违反上述第 30 条的规定,但却危及公司的生存时,该交付行为也是不被允许的。

(二)对股份回购的限制

德国股份法原则上禁止公司取得自身股份,但同时规定了若干种例外情形。根据德国《股份法》第 71(2)条的规定,公司取得自身股份必须是股款已实缴的股份,且累计不得超过基本资本的 10%;而且必须提取与股份回购对价等额的公积金,且不得由于股份回购而导致公司基本资本的减少或者按照法律或规章规定不得向股东支付的公积金的减少。[④]

根据德国《有限责任公司法》第 33 条的规定,公司仅能回购已实际缴付的营业份额。在回购时,公司必须提取与回购对价相等的公积金,并且不会造成将公司基本资本或者公司章程规定应提取的、不得向股东支付的公积金的减少。[⑤]

---

① [德]托马斯·莱塞尔、[德]吕迪格·法伊尔:《德国资合公司法》,高旭军等译,法律出版社 2005 年版,第 614 页。

② [德]温德比西勒、[德]怀克:《德国公司法》,殷盛译,法律出版社 2010 年版,第 367 页。

③ [德]托马斯·莱塞尔、[德]吕迪格·法伊尔:《德国资合公司法》,高旭军等译,法律出版社 2005 年版,第 615 页。

④ 德国《股份法》第 71 条,载《德国商事公司法》,胡晓静、杨代雄译,法律出版社 2014 年版,第 95 页。

⑤ 德国《有限责任公司法》第 33 条,载《德国商事公司法》,胡晓静、杨代雄译,法律出版社 2014 年版,第 38 – 39 页。

(三)对减资的限制

德国法上的减资分为两种目的:其一为向股东分配不需要的公司资本,可称为“有效减资”;其二为核销已产生的亏损。[①] 第一种目的的减资意味着公司资产的实际减少,而第二种目的的减资则不会影响公司的资产。

德国股份法规定了三种减资形式:普通减资、简易减资与回收减资。普通减资可以通过四种方式进行:(1)当股份有面值时,减少每股面值;(2)当股份无面值时,减少基本资本金额;(3)当减资会导致每股面值降到低于1欧元时,采取股份合并的方法;(4)收回股份。[②] 普通减资需要由代表公司基本资本3/4以上的多数通过。[③] 经公司公告后,公司债权人可以要求清偿或要求公司提供担保。[④] 简易减资一般用于公司重整,即用于弥补价值减少、补偿其他亏损或提取公积金。[⑤] 在简易减资的情形下,公司债权人没有权利要求公司清偿或提供担保。但为了保护债权人,法律禁止由于解除资本公积、盈余公积金以及基本资本而释放出来的资金向股东进行分配。[⑥] 并且,在简易减资后,在资本公积金和法定公积金达到基本资本的10%之前,公司不得向股东分配盈余。并且,仅在公司减资决议公告之日起两年开始的营业年度,公司才被允许支付超过4%的股息,除非公司已经清偿决议公告日

---

① [德]温德比西勒、[德]怀克:《德国公司法》,殷盛译,法律出版社2010年版,第634页。

② [德]托马斯·莱塞尔、[德]吕迪格·法伊尔:《德国资合公司法》,高旭军等译,法律出版社2005年版,第337页。

③ 德国《股份法》第222条,载《德国商事公司法》,胡晓静、杨代雄译,法律出版社2014年版,第170页。

④ 德国《股份法》第225条,载《德国商事公司法》,胡晓静、杨代雄译,法律出版社2014年版,第171页。

⑤ 德国《股份法》第229条,载《德国商事公司法》,胡晓静、杨代雄译,法律出版社2014年版,第173页。

⑥ 德国《股份法》第230条,载《德国商事公司法》,胡晓静、杨代雄译,法律出版社2014年版,第173页。

前已产生的债权或已为其提供担保。[①] 回收减资适用于当公司强制回收或通过购买收回自身股份。[②] 原则上讲，回收减资适用普通减资的相关程序，即由股东会作出特别决议并公告，公司债权人有权要求公司进行清偿或提供担保。但是，根据德国《股份法》第237(3)条的规定，以下情形无须遵循普通减资程序：(1)公司无偿取得自身股份；(2)如果公司回收的是股款已全部实缴的股份，且资金来源为公司决算盈余或可为此目的使用的盈余公积金。在以上两种情形中，公司还须将金额相当于由于回收股份而减少的基本资本的资金作为资本公积金。

德国有限责任公司法所规定的减资程序与德国股份法所规定的减资普通程序基本一致，即必须由股东会作出减资的决议并公告，公司债权人有权要求清偿或者提供担保。[③] 但是，如果公司减资是以弥补价值减少或核销损失为目的的，则德国有限责任公司法允许公司使用简易减资程序。在该程序下，公司债权人没有权利要求公司清偿债务或提供担保。为了保护债权人，有限责任公司简易减资也需要适用与股份公司简易减资相类似的限制条件。同时，法律只允许由于解除资本公积、盈余公积金以及基本资本而释放出来的资金用于弥补价值减少或核销损失。[④] 并且，在简易减资后，在资本公积金和法定公积金达到基本资本的10%之后，公司才被允许在减资决议作出之日起5年内向股东分配盈余。并且，仅在公司减资决议公告之日起两年开始的营业年度，公司才被允许支付超过4%的盈余，除非公司已经清

---

① 德国《股份法》第233条，载《德国商事公司法》，胡晓静、杨代雄译，法律出版社2014年版，第174页。

② 德国《股份法》第237条，载《德国商事公司法》，胡晓静、杨代雄译，法律出版社2014年版，第175页。

③ 德国《有限责任公司法》第58条，载《德国商事公司法》，胡晓静、杨代雄译，法律出版社2014年版，第53页。

④ 德国《有限责任公司法》第58b条，载《德国商事公司法》，胡晓静、杨代雄译，法律出版社2014年版，第54页。

偿决议公告日前已产生的债权或已为其提供担保。[①]

(四)德国公司分配限制的评价

从德国公司法所规定的对公司分配、股份回购以及减资的限制可以看出,其有以下几个特点:第一,在股利分配限制方面对股份公司与有限责任公司区别对待。对股份公司而言,由于欧盟公司法指令的统一规定,股份公司分配所适用的就是资产负债表标准与累积利润的标准。但是,对有限责任公司股利分配实行的仅有资产负债表标准。但是,在股份回购与减资方面,德国股份公司和有限责任公司则基本上适用了相同的标准。第二,在公司减资方面,德国公司法区分了实质上的减资(将伴随公司资产的实际减少)以及形式上的减资(减资仅是为了弥补价值减少或核销损失),而分别适用不同的程序,大大简化了形式减资的程序、降低了其成本;另外,在股份公司的回收减资中,如果资金来源为可分配利润,也无须适用烦琐的普通减资程序。第三,从德国的股利分配、股份回购以及减资的规定看,与英国相比,其严守公司资本以及各种不可分配的公积金,将之作为公司分配的底线。即使是在有限责任公司部分,也没有采取英国公司法中所采用的清偿能力标准,而同样采取了严厉的、基本资本的限制。这些差异可以从英、德两国对待闭锁公司的态度中找到原因:在英国,大多数观点不认可闭锁公司资本的债务担保功能,因此公司法也没有规定闭锁公司的法定最低出资额;而在德国,主流观点仍强调有限责任公司资本债务担保功能,德国法也规定了有限责任公司的最低法定资本额为25000欧元。

---

① 德国《有限责任公司法》第58d条,载《德国商事公司法》,胡晓静、杨代雄译,法律出版社2014年版,第54页。

四、日本公司法对公司分配的限制

(一)对股利分配的限制

根据日本《公司法》第 453 条的规定,股份公司可以向其股东进行盈余金的分红。[①] 根据日本《公司法》第 446 条的规定,盈余金是指从净资产额与库存股份账面价值的合计总额中扣除资本金,公积金以及法务省令规定的金额后所得的金额。[②] 其中公司的资本金是指公司设立或新发股份时成为股东者所实缴或交付的财产额。[③] 公积金是指资本公积金和利益公积金。根据日本《公司法》第 445 条第 4 项,在进行盈余金分红时,股份公司必须依法务省令的规定,将因分配盈余而减少的盈余额的 1/10 作为资本公积金或利益公积金。根据日本《公司财务规则》第 22 条的规定,资本公积金和利益公积金之和超过资本额的 1/4 时,可以不再提取。[④]另外,根据日本《公司法》第 458 条的规定,公司的净资产低于 300 万日元时不能向股东分配盈余金。日本学者认为,从限制公司分配的角度看,300 万日元的限制事实上起到了法定最低资本金的作用。[⑤]

(二)对股份回购的限制

根据日本《公司法》第 461 条的规定,依据日本《公司法》第 157 条(由公司决定取得自身股份)、第 163 条(由公司决定取得子公司持有的自身股份)和第 165 条(通过市场交易取得自身股份)取得公司自身股份时,其向股东所支付的对价不得超过公司的可分配额。可见日本公司法将对股利分配的

---

① 日本《公司法》第 453 条,载《最新日本公司法》,于敏、杨东译,法律出版社 2006 年版,第 257 页。

② 日本《公司法》第 446 条,载《最新日本公司法》,于敏、杨东译,法律出版社 2006 年版,第 253 页。

③ 日本《公司法》第 445 条,载《最新日本公司法》,于敏、杨东译,法律出版社 2006 年版,第 253 页。

④ [日]近藤光男:《最新日本公司法》(第 7 版),梁爽译,法律出版社 2016 年版,第 350 页。

⑤ [日]山本为三郎:《日本公司法精解》,朱大明等译,法律出版社 2015 年版,第 244 页。

限制一并适用于股份回购。

(三)对减资的限制

根据日本《公司法》第309条的规定,公司减资须由公司股东大会以特别决议为之。但是,如果减资是用于弥补亏损的话,则由股东大会普通决议通过即可。[①] 同时,根据日本公司法,股份公司还可以减少公积金,须以股东大会普通决议为之。另外,根据日本《公司法》第447条第3款的规定,在发行新股的同时减少资本金,且减资生效后公司资本金金额不少于未减资前的金额时,则减资仅由董事会通过即可。

根据日本《公司法》第449条的规定,无论是减资(包含上述日本《公司法》第447条第3款规定的减资同时新发股份的情形[②])还是减少公积金,公司债权人对此均享有异议权。若债权人行使此权利,则公司应清偿债务或对债权人提供担保。但是,如果减少的公积金是记入资本金,或者符合以下条款,则债权人不得提出异议:(1)该减少公积金的决定由年度股东大会作出;(2)减少的公积金金额未超过定期股东大会之日以法务省令规定计算的亏损额。

(四)日本公司分配限制的评价

从日本公司法所规定的对公司股利分配、股份回购以及减资的限制可以看出,其有以下特点:第一,日本公司法对股份公司中的公开公司和闭锁公司并没有区别对待。无论是英国还是德国,其对公开公司和闭锁公司在股利分配方面适用不同的标准。但是,日本却没有对二者进行区分,适用统一的标准。第二,在公司减资方面,日本几乎所有的减资情形(包括仅为了弥补损失)均须适用债权人异议权方面的规定,因此,与德国和英国相比更为严苛。第三,与德国的股利分配、股份回购的规定相似,日本坚守严格的资本金和公积金标准,将资本金和公积金作为衡量公司分配的标尺。但是,

---

① [日]近藤光男:《最新日本公司法》(第7版),梁爽译,法律出版社2016年版,第352页。

② [日]近藤光男:《最新日本公司法》(第7版),梁爽译,法律出版社2016年版,第352页。

与德国公司法分别规定了股份公司和有限责任公司法定最低资本金不同,日本公司法并未规定股份公司的法定最低资本金,所以本书认为其仍将公司资本金作为公司分配重要衡量尺度似乎意义不大。但是,日本公司法上关于300万日元净资产的规定又事实上充当了法定最低资本额的角色。

五、美国公司法对公司分配的限制

(一)示范商业公司法

1. 对分配的限制

如前文所述,1984年修改后的美国示范商业公司法将任何公司向股东的无偿财产转移定义为公司分配,从而适用相关的规定。据此,公司股利分配和公司股份回购所适用的法律规定并无二致。另外,示范商业公司法全面废除了以面值为核心的法定资本制度。既然公司都没有资本了,“皮之不存,毛将焉附”,美国示范商业公司法中自然也没有减资制度了。美国《示范商业公司法》第6.40(c)条规定,如果公司分配后将产生如下结果,则公司不得进行分配:(1)如果公司的分配将导致公司不能清偿其在正常营业中的到期债务,或(2)公司的总资产将会低于其总负债加(章程另有规定除外)假使公司在分配时解散,用于满足权利优于本次拟接受分配股东的优先股股东的权利所需的金额。[①] 美国示范商业公司法官方解释(以下简称官方解释)将第6.40(c)(1)条所述的测试标准称为“衡平偿付不能测试”(equity insolvency test),而将第6.40(c)(2)条所述的测试标准称为“资产负债表测试”(balance sheet test)。[②] 根据第6.40(c)条的规定,衡平偿付不能测试和资产负债表测试任何一项不满足公司均不得进行分配。换言之,要进行分配,这两项测试均须得到满足。

---

① §6.40(c), MBCA.

② American Bar Association Business Law Section, Model Business Corporation Act Annotated (Fourth Edition), 2013, 6-228-229.

资产负债表测试我们并不陌生，因为前文所述英、德、日关于公司分配测试标准虽然存在具体计算方式上的差别，但是其均是基于公司的资产负债表，因此都可以称为资产负债表测试。在进行资产负债表测试时，公司可能依据资产负债表上的数字来作出是否进行公司分配的判断。与资产负债表测试相比，衡平偿付不能测试则没有给出明确的参照标准，仅要求公司“能清偿其在正常营业中的到期债务”。那么，究竟以什么依据来进行判断呢？官方解释认为，虽然公司的资产负债表和利润表都不能作为该测试的排他依据，但公司在正常营业下持续经营时，公司存在的显著的所有者权益以及公司持续经营事实的本身就是公司具有清偿能力的强烈信号。如果公司的财务报告经审计，那么审计师对公司作为“持续经营实体”(going concern)出具的无保留的审计意见，以及其后无不利事件的事实，就足以证明公司可以通过衡平偿付不能测试。真正需要公司董事或管理层评估衡平偿付不能测试标准的是在公司经营发生困难或其流动性和经营处于不确定状态的时候。官方注释认为，即使此时也没有针对衡平偿付不能测试的统一的、明确的判断标准。官方注释认为，在判断衡平偿付不能测试是否被满足时，只要没有相反的证据，公司董事或管理层对于未来公司业务经营的判断和假设通常是被允许的。该等判断和假设包含以下可能性：(1)基于目前和可预见的对公司产品或服务的需求，公司可以在一段时间内产生足够的资金来清偿其到期债务；和(2)公司近期到期的债务可以由举借新债来偿还，而且考虑到公司的财务状况和重新举债的难度，举借新债是可以完成的。对于公司的或有债务，在考虑公司保险可以涵盖的范围内，要判断或有债务的可能性、金额和发生时间。另外，也可以借助于公司一段时间的现金流量分析，来判断公司在该等时间内偿还到期债务的可能性。根据《示范商业公司法》第 8.30(b)条的规定，在作出上述判断时，董事或管理层可以依赖专家所提供的意见。①

---

① American Bar Association Business Law Section, Model Business Corporation Act Annotated (Fourth Edition), 2013, 6-228-29.

与衡平偿付不能测试相比，资产负债表测试的依据似乎明确无疑。根据第6.40(d)条的规定，董事会可以依据合理会计实践和准则所编制的财务报告，或依据公允价值，或其他在当时情况下合理的方法。由此可见，虽然在进行资产负债表测试时，董事会通常应当依据根据合理会计准则编制的财务报表，但是董事会也有很大灵活性和裁量权选择公允价值或其他方法。并且在根据第6.40(d)条作出判断时，董事会也可以依赖专家所提供的意见、报告、陈述等。[①] 值得关注的是，在适用资产负债表测试时，不仅要考虑公司的总资产和总负债，而且还要考虑优先股股东的优先清算权。这实际上是为了分配的目的将股东的优先清算权所对应的公司的义务看作公司所承担的债务。[②] 股东的优先清算权是指由公司章程所确立的，享有该权利的股东在公司清算时优先于其他股东而取得公司财产的权利。由于该权利是章程所赋予的，当章程并无此约定时，在适用第6.40(c)(2)条时就无须考虑股东的优先清算权了。

2. 示范商业公司法分配限制的评价

与欧盟、英、德、日对公司分配的限制相比，示范商业公司法有着非常显著的区别和特色：(1)从立法技术上讲，相较于上述国家或地区公司分配限制规定的繁复冗长，示范商业公司法的规定简单明了。示范商业公司法将公司股利分配、股份回购或回赎等均置于公司分配这一概念之下并适用统一的标准。(2)示范商业公司法全面抛弃了以面值为核心的法定资本概念，这样不仅减资制度已不必要，而且公司分配不再受制于公司资本以及各种复杂的公积金。(3)提出了衡平偿付不能测试——这一与基于资本负债表各种测试所完全不同的测试方式。关于二者之间的深刻差别下文会进行详细论述。

---

① American Bar Association Business Law Section, Model Business Corporation Act Annotated (Fourth Edition), 2013, 6-230.

② American Bar Association Business Law Section, Model Business Corporation Act Annotated (Fourth Edition), 2013, 6-233.

(二)特拉华州公司法

1. 对股利分配的限制

根据《特拉华州公司法》第170条的规定,公司董事会可以从以下公司财产来源中支付股利:(1)根据该法第154条和第244条所计算出的公司盈余(surplus);(2)当公司没有盈余时,则公司从股利宣布的当前或上一个财务年度的净利润中进行支付。①

根据《特拉华州公司法》第154条的规定,盈余是指公司净资产超过公司资本的部分;而净资产是指总资产减总负债的金额。② 根据《特拉华州公司法》第244条的规定,公司可以通过减资的形式将面值以外的公司资本转为盈余。③

根据《特拉华州公司法》第170(a)(2)条的规定,当公司没有盈余时,则公司从股利宣布的当前或上一个财务年度的净利润中进行支付,这被叫作"当期股利"(nimble dividend)。当期股利的发放前提是公司没有盈余,即公司的净资产小于公司资本,也就是说,公司整体亏损,但是公司在当前财务年度或上一财务年度却有净利润。但是,第170(a)条第2款规定,如果公司资本由于公司财产贬值、亏损或其他原因而少于对分配有优先权的优先股所代表的资本,则公司不得宣布和支付上述净利润。由此可见,特拉华州公司法对优先股股东的特别保护。

2. 对股份回购或回赎的限制

特拉华州公司法将股份回购或回赎视作公司分配,④因此与股利分配实行同样的财源限制标准,即公司回购或回赎不得减损公司资本。⑤

---

① §170, Title 8 of Delaware Code.

② §154, Title 8 of Delaware Code.

③ §244, Title 8 of Delaware Code.

④ Jonathan Rickford, *Reforming Capital Report of the Interdisciplinary Group on Capital Maintenance*, 15 Eur. Bus. L. Rev. 919, 1021 (2004).

⑤ §160, Title 8 of Delaware Code.

3. 对减资的限制

根据《特拉华州公司法》第 244 条的规定,公司董事会可以决议通过以下方面进行减资:(1)收回、回购或回赎股份;(2)由于不同股份的转换(比如,将每股面值为 100 美元的优先股转为 3 股每股面值为 20 美元的普通股,实际上会减少资本 40 美元);(3)将资本中超过面值和无面值股代表的资本的部分转入盈余。但该条同时也规定了减资的限制,即除非减资后公司资产足够清偿公司债务,否则公司不得减资。另外,公司减资也不得解除未实缴股款股东的实缴义务。

4. 对特拉华州公司法分配限制的评价

从特拉华州公司法所规定的对公司股利分配、股份回购以及减资的限制可以看出,其有以下几个特点:第一,其将公司分配财源限为公司资本。与示范商业公司法不同,特拉华州公司法仍保留了资本的概念。然而,特拉华州公司法却没有规定法定最低资本额。现实中在特拉华州注册的公司仅会规定一个数额很小的资本。第二,特拉华州公司法对股利分配、股份回购与股份回赎的财源限制适用相同的标准。其法律规定要比示范商业公司法略复杂,但与德、日等国相比却大为简化。第三,特拉华州在公司减资限制方面事实上采用了衡平偿付不能测试这一标准。即将公司减资受限于公司的偿债能力。第四,特拉华州关于股利分配的最大特色就是当期股利的规定,即允许公司即使在亏损的情况下也能宣派和支付股利。

(三)美国加利福尼亚州公司法

1. 对分配的限制

1977 年美国加利福尼亚州对其公司法进行了变革性的修改,废除了公司股份面值和法定资本制,因此也无所谓减资制度。在公司分配方面,其首先采取了清偿能力测试(solvency test),即公司分配不得使一个公司陷入无清偿能力的境地。[①] 除清偿能力测试外,公司还需满足未分配利润标准,或

① §501, Cal Corp Code (1977).

一个结合资产负债标准和流动性标准的综合标准。因此，根据1977年的加利福尼亚州法律，在满足清偿能力标准后，当公司符合未分配利润标准时公司可以进行分配。当没有未分配利润时，公司满足以下条件时也可以进行分配：在分配后，(1)公司资产（不包含商誉、资产化的研发费用和延期费用）应为公司负债（不包含递延税项、递延收入和其他递延贷项）的2.25倍；并且(2)公司的流动资产必须至少等于公司的流动负债。[①]

1977年修改后的公司分配标准条款虽然经过精心设计，且引入大量的会计术语以求达到公司分配时的精确，但是该标准长期以来被人诟病过于复杂，公司适用起来比较困难。有鉴于此，2011年9月，加州修改了其公司法中的公司分配条款，对其进行了简化。在坚持清偿能力测试的前提下，《加利福尼亚州公司法》第500条规定，除非公司董事善意地认为已满足以下条件之一，则一个公司或其子公司不能向该公司的股东进行分配：(1)在公司分配前未分配利润金额等于或超过拟分配额和所欠优先股股利的和；或(2)在公司分配前公司的资产应等于或超过其总负债与优先权利的和。[②]此外，根据《加利福尼亚州公司法》第166条的规定，股利分配与股份的回购与回赎均统一定义为向股东分配，因此，股份回购与回赎也适用上述分配标准。

2. 对加利福尼亚州公司法分配限制的评价

总体上看，加利福尼亚州公司法中关于公司分配的限制与示范商业公司法中的相关规定最为类似。这是因为，加利福尼亚州公司法与示范商业公司法一样，废除了以面值为核心的公司法定资本制度。同时，对公司分配采取了与示范商业公司法一致的广义定义，即将公司股利分配、股份回购和回赎等均定义为公司分配从而采取统一的法律标准。另外，与示范商业公司法一致，公司分配标准在保护公司债权人的同时也同等保护公司优先股股东的利益。

---

① 以上仅是一个概括，2011年修改前，加利福尼亚公司法中的分配条款非常之复杂，包含非常多会计上的术语，基本上相当于一个关于公司分配的会计准则。参见 Cal Corp Code (1977)。

② §500(a), Cal Corp Code.

第三节　公司分配法律限制标准的类型与选择

从本质上看,公司分配标准是保护公司债权人的尺度。如果持之过严,则会挫伤股东的投资热情,对公司债权人过度保护;如果失之过宽,则容易鼓励公司股东掏空公司财产,不利于公司债权人的保护。公司分配标准的设定,从小的角度讲,取决于一国公司法对于公司资本制度功能的定位;从大的角度讲,取决于一国公司法的整体价值是更注重安全,还是更注意效率。

从上述各国公司分配法律限制标准来看,各国的规定可谓五花八门,各有特色。这些限制有的以公司资本为标准,有的以资本加公积金为标准,有的以净资产为标准,有的以留存利润为标准,有的以当期利润为标准,有的则以总资产大于总负债为标准。凡此种种,这些标准都有一个共同的特点:其均是基于公司资产负债表上的数字,因此也将这些标准统称为"资产负债表测试"。然而,也存在一种与资产负债表测试迥然不同的标准,即衡平偿付不能测试。从上文的比较法研究看,并不是一国法律只可以选择其中一项具体的标准或测试,一国公司法可能对同一种公司选择一种或多种测试标准,这些测试标准有可能是"并且"的关系也可能是"或者"的关系;抑或,一国公司法可以对不同的公司类型(如公开公司和闭锁公司)选择适用不同的测试标准。

一、资产负债表测试

(一)资产负债表

资产负债表诸种测试均基于公司的资产负债表。公司的财务报表主要有三种,即资产负债表、损益表与现金流量表。资产负债表是反映企业在一定日期全部资产、负债和所有者权益情况的会计报表。① 资产负债表编制是

---

① 徐文彬主编:《会计学原理(新编)》(第2版),立信会计出版社1996年版,第153页。

按照“资产 = 负债 + 所有者权益”这个公式来进行的。以下是一个资产负债表的示例。

资产负债表(201×年12月31日)	
项　目	期末数
资　产	
流动资产:	
货币资金	100.00
短期投资	50.00
流动资产合计	150.00
长期投资:	
长期股权投资	50.00
长期债权投资	50.00
长期投资合计	100.00
固定资产:	
固定资产原价	100.00
减:累计折旧	20.00
固定资产合计	80.00
无形资产及其他资产:	
无形资产	30.00
开办费	10.00
无形资产及其他资产合计	40.00
资产合计	370.00
负债和股东权益	
流动负债:	
短期借款	100.00
应付账款	20.00
流动负债合计	120.00
长期负债:	
长期借款	20.00

续表

资产负债表(201×年12月31日)	
项　　目	期末数
长期应付款	20.00
长期负债合计	40.00
负债合计	160.00
所有者权益:	
股本	100.00
资本公积	20.00
盈余公积	10.00
未分配利润	80.00
股东权益合计	210.00
负债及所有者权益合计	370.00

本质上讲,在资产负债表中,在资产一栏标示的是公司可利用的总的资产,而在负债与所有者权益一栏中标示的则是债权人和所有者对公司拥有的请求权的数额。所有者权益是指假使公司在清偿完毕其所有债务后可归属于股东的财产,因此也叫作净资产。在构成上,所有者权益或净资产包括公司的股本(一般为实缴资本),资本公积金、盈余公积等公积金,以及未分配利润。未分配利润是由本财务年度的利润和以往财务年度利润累加所得。

资产负债表有以下几个特征:①(1)资产负债表仅仅是公司财务报告所含报表的一种。公司财务报告由主表与附表组成,主表包括资产负债表、损益表与现金流量表;附表包括利润分配表、所有者权益增减变动表等。②(2)与反映公司一段时间经营状况的利润表和现金流量表不同,资产负债表仅反映公司某一时点的资产、负债与所有者权益状况。(3)资产负债表和其

① Bayless Manning & James J. Hanks, JR., *Legal Capital*, Fourth Edition, Foundation Press, 2013, p.47.

② 杨明等主编:《会计学原理》,中国财政经济出版社2014年版,第163页。

他所有的财务报表仅反映公司经营的历史情况,其本身并不含有对未来数据的预测。(4)资产负债表仅报告对公司财务有影响的事件。而对于关涉公司经营管理的重要事项如产品质量、公司所面临的市场竞争以及管理团队效率等却没有任何反映。该等未反映在资产负债表上的重要事件虽然不会对公司财务数字有直接影响,但却会对公司的经营管理有长远的影响。(5)资产负债表中对于资产与负债的分野并不总是明确的。例如,税务机关可能要求公司将级别非常低的债务作为公司高级股权,从而杜绝公司将债务上所产生的利息当作可以税前抵扣的成本。(6)资产负债表中的许多科目,尤其是资产类科目,并不总是很明确,因此在记录时需要录入者的解释与判断。

(二)资产负债表测试种类

基于公司的资产负债表,各国公司法发展出不同的资产负债表测试。

1. 净资产测试

净资产测试,也称为单纯净资产规则(bare net assets rule),[①]是指公司所有的净资产都可用于公司分配。其对于公司分配的限制在于,在公司进行分配后公司的总资产数额不得低于其总负债数额。例如,美国示范商业公司法第6.40(c)(2)条规定,如果公司在向股东分配后,其资产总额会小于负债总额和优先股股东在公司解散时的请求金额之和,则该分配是被禁止的。[②] 该测试可以被看作一个净资产测试,但是测试中将股东的优先清算权也作为公司的负债来看待。相同的规定也可见于加利福尼亚州公司法第500(a)(2)条。

净资产也即所有者权益,其包含公司的资本(股本)、资本公积金、法定公积金以及留存利润等。因此,在净资产测试下,理论上上述科目下的金额均可以进行分配。从分配限制的比较法研究可知,适用该标准的法域——

---

① Jonathan Rickford, *Reforming Capital Report of the Interdisciplinary Group on Capital Maintenance*, 15 Eur. Bus. L. Rev. 919, 969 (2004).

② §6.40(c)(2), MBCA.

无论采用示范商业公司法模式的美国各州,还是加利福尼亚州——均已废除了法定资本制。没有资本,自然也不会有资本公积。另外,示范商业公司法和加利福尼亚州公司法也未强制规定提取其他任何不可分配的公积金。此外,从对各国分配限制的比较法研究看,单纯净资产测试均未作为一个独立的标准,而是作为衡平偿付不能测试标准的补充标准进行规定的。

2. 以公司资本加强的净资产测试

“加强净资产测试”,[①]也叫作“调整的净资产测试”,[②]是指在净资产测试的基础上以其他科目进一步限缩公司的可分配金额。以公司资本加强的净资产测试是指仅净资产中除公司资本以外的部分才可用于分配。以公司资本加强的净资产测试的代表是美国特拉华州公司法。该测试方式将公司资本作为净资产中不可分配的部分。

公司资本,也称为股本。在公司发行有面值股的情况下,公司股本是所有股份面值之和。在公司发行无面值股,但法律仍保留法定资本概念的情况下,公司股本为公司有权机关(在美国为董事会)所指定的股东缴纳股款的全部或一部分,在美国也称为“声明资本”(stated capital)。当然,当公司股本不表现为股份,因此不存在面值概念时,如德国和我国的有限责任公司,公司股本也表现为公司的注册资本。

一个问题是:该测试标准下的资本是指认缴资本还是实缴资本呢?从英国公司法的规定看,该资本是指实缴资本(called - up capital)。[③] 但是,在特拉华州公司法中资本是指认缴资本。[④]

3. 以公司资本和公积金加强的净资产测试

在该分配测试下,公司可分配部分的计算仍以公司净资产为基础,在此

---

① 这是 Rickford 报告中的称谓,参见 Jonathan Rickford, Reforming Capital Report of the Interdisciplinary Group on Capital Maintenance, 15 Eur. Bus. L. Rev. 919, 969 (2004)。

② Bayless Manning & James J. Hanks, JR., *Legal Capital*, Fourth Edition, Foundation Press, 2013, p. 72.

③ s. 831, Company Act 2006, U. K.

④ § 154, Title 8 of Delaware Code.

基础上，不仅公司资本不能被分配，法律和章程所规定的不可用于分配的公积金也不得用于分配。从以上比较法研究看，该测试标准是适用欧盟公司法指令的欧盟国家，如英国、德国，关于公开公司分配限制的测试之一。

公积金是各国公司法或财务法律规则所规定的记载于资产负债表所有者权益部分、公司股本以下的科目。不同国家法律或会计准则所要求的公积金种类不同。一般来说，与公司分配相关的公积金有以下几种：(1)资本公积金（“share premium” or “share surplus”）。资本公积金的资金来源可能有多种，其中主要的一种为股东实缴股款总额减去归属于公司资本的部分，也称为公司股份的溢价。一般法律或会计规则对资本公积金的金额并无限制。由于现代公司发行的股份的面值普遍较低，因此股东实缴股款的绝大多数被记为资本公积金。在很多国家，资本公积金与资本具有相同的地位，不得用于分配。例如，在英国，资本公积被视为股本同等性质而不得用于分配。但是欧盟公司法指令对此并没有要求，而有的欧盟国家也将资本公积作为可用于分配的公积（available reserve）。① (2)法定公积金，是指公司将其利润的一定比例归于该公积金，用于弥补亏损等特定用途，当其金额达到公司资本的一定比例后，公司可不再提取。法定公积金立法的代表国家如德国和日本。(3)资本回赎公积金，是指当公司回购或回赎股份而造成公司资本减少时，该减少的资本部分应转入资本回赎公积金，如英国《公司法》第733条的规定。② 资本回赎公积金不得用于公司分配。(4)未实现利润公积金，是指公司累积的、未实现的利润减去其累积的、未实现的损失的差额。根据英国《公司法》第831条的规定，该公积金也不得用于分配。(5)公司章程规定用于各种目的的公积金。这些公积金根据章程规定，有的可用于公司分配，有的被禁止用于公司分配。

---

① Jonathan Rickford, Reforming Capital Report of the Interdisciplinary Group on Capital Maintenance, 15 Eur. Bus. L. Rev. 919, 939 (2004).

② s. 733, Company Act 2006, U.K.

4. 累积利润测试

累积利润测试是指仅公司的累积利润可供公司进行分配。这里的累积利润应指累积净利润，即累积利润减去累积损失的净额。此外，根据英国公司法，该利润也是指已实现的利润（realized profit）。与已实现的利润相对应的概念是未实现的利润，此外还有已实现的损失和未实现的损失，这些都是会计上的概念。举例来说，如A公司于数年前以100万元购得一块土地，现在该土地市场价格已涨至500万元，如果A公司此刻将土地卖出，则可实现400万元的利润，此即为已实现利润；但如果A公司仅根据"调至市价原则"（mark to market）将土地账面价值上调为500万元却没有实际卖出，则此时400万元的利润并没有实现，因此称为未实现利润。

累积利润测试从表面上看似乎是依据于公司的利润表，而非资产负债表，因此似乎累积利润测试不应被归为资产负债表测试。利润表所反映的是一段时间内企业的营利活动所带来的收入、费用以及由此产生的净利润或净损失的变动情况。[①] 但是，利润表只反映一段时间内的利润情况，其不会反映各个时间段内利润的累积。如果一个财务周期内的净利润没有用于分配，则其会在资产负债表的资产项中体现为一定形式的资产（如现金、应收账款等），同时在所有者权益部分体现为留存利润（retained earnings）。因为资产负债表是反映某一时间点企业的财务状况，因此，其数字是累积性。资产负债表中的累积利润正反映了利润的累积情况。因此，英国的Paul Davies教授也认为，累积利润测试也是资产负债表测试。[②]

在以公司资本和公积金加强的净资产测试中，可供分配的部分为资产负债表所有者权益部分除去资本和不可分配公积金的部分，剩下的部分即为可供分配的公积金和留存利润。而累积利润测试下，可供分配的资产部分为累积利润，该累积的利润在资产负债表上也体现为留存利润以及从公

---

① ［美］约翰·J. 怀尔德等：《会计学原理》（第21版），崔学刚译，中国人民大学出版社2015年版，第21页。

② Paul L. Davies and Sarah Worthington: *Gower & Davies Principles of Modern Company Law* (Ninth Edition), Sweet & Maxwell, 2012, p. 301.

司利润中提取的可分配的公积金。由上可见，二者所代表的数额似乎是一致的。但是，为何两个测试要分别单列呢？这是因为，二者依据适用的会计准则进行计算时可能会有一定的差别。如在英国，在适用以公司资本和公积金加强的净资产测试时，应考虑未实现损失，而在适用累积利润测试时则无须考虑未实现损失，[①]因此，依前者计算出的可分配财产可能要少于依后者所计算出的可分配财产。

5. 当期股利

当期股利（nimble dividend）是指当公司没有盈余可供分配，但是公司却在当前财务年度或前一个财务年度有利润时，该利润可供公司进行公配。严格地说，当期股利标准并非基于资产负债表的测试，因为其依据的是记载于利润表上的当期或前期公司利润。但是，当期股利所适用的前提是公司资产负债表上所记载的总资产小于其总负债与公司资本之和，因此，适用当期股利的前提还是要看资产负债表。为了行文方便，本书将其置于资产负债表测试之下。

当一个公司深陷亏损的财务困境并有大量的未清偿债务时，其很难再获得新的债权融资，因为债权人，尤其是金融债权人对公司的资产负债比有着严格的要求。此时，如果公司能获得新的股权投资，则可以有效降低公司的资产负债比率，从而为获得新的债务投资用于业务发展或偿还旧债。但是，如果固守“有盈才分”的标准，那么拟给处于财务困境提供融资的股权投资人要等很多长时间才能获得股利分配，这样潜在股权投资人就可能不愿意给陷于财务困境的公司提供融资。如果不能获得新的股权融资，公司便有极大可能被启动破产程序，这会给公司债权人利益造成巨大的损害。在这种情况下，其实公司债权人情愿公司放弃“有盈才分”的通常标准，在产生当期利润时就分配给股东，以此来吸引新的股权投资人。因为，新的股权投资人的投资对公司已有债权人的好处远远超过突破“有盈才分”原则给债权人所带来的风险。从公司债权人角度讲，当期股利并没有将其置于更差的

---

① Eilis Ferran & Look Chan Ho, *Corporate Finance Law*, Second Edition, Oxford University Press, 2014, p. 216.

境地,因此不会反对。

(三)对资产负债表测试的评价

1. 基于公司资本或各类公积金的资产负债表测试都过于武断,并不能保护公司债权人的利益

从对公司分配法律限制的比较法研究看,大多数国家的法律限制中都包含有公司资本不得用于分配的限制。但是,公司资本数额的设定是非常随意的。目前世界上许多国家,包括我国已取消了公司法定最低资本额的要求。即使在仍然保留公司法定最低资本额的国家,公司最低资本额也很难说与公司所承担的债务有对应关系。概括来说,以公司资本作为分配限制的测试标准任意而武断地将相同的公司作不同对待,而将不同的公司作相同对待。该等测试无法在个体公司债权人所面临的风险和公司股东的分配需求之间达致平衡。因此,该等标准并不是不完美的,而是与债权人保护不相关的。[①] 同样,公司的各种不可分配的公积金,其要么是公司资本的一部分(如英国公司法上的股份回赎公积金),要么是公司资本的溢价(资本公积金),要么是当期利润的一定比例且超过公司资本一定比例后可不再提取(如日本公司法上的法定公积金)。这些公积金在数额上或大于公司资本,或小于公司资本,但与公司资本一样,其充满了任意性和武断性。因此,以公司资本或各种不可分配的公积金作为公司分配限制所产生的结果就是对债权人的过度保护或根本保护不足。

2. 资产负债表所依赖的会计记录标准存在不确定性,以此计算出来的可分配金额也含有偶然性

首先,会计账目并非对公司所有方面的反映。会计只是选择无数公司经营行为中的一组可比的数据进行记载。许多对公司偿债有重要影响的因素,如管理团队的声誉与背景并不反映在会计记录中。但是,在现实中,如

① Jonathan Rickford, *Legal Approaches to Restricting Distributions to Shareholders: Balance Sheet Tests and Solvency Tests*, European Business Organization Law Review 7: 135, 142 (2006).

果公司管理团队有着良好的市场声誉,则其举借新债偿还旧债的可能性就较大,因此会直接影响到公司的偿债能力。事实上,即使是依据最严格的、机械的方法记载的会计账目也必须参照未反映在账目上的信息进行理解。[①]其次,会计账目仅反映历史数据。会计数据是对已发生并已确认的公司活动的记录,并不反映面向未来的数据。但是,面向未来的信息和关于企业策略方面的信息对公司的经营乃至偿债能力有着重要的影响。因此商业实践中,债务评级机构也考虑范围广泛的面向未来的信息。[②] 再次,会计账目记载充满主观判断。比如,在对待公司的或有债务(contingent liabilities)上,是否将其反映在资产负债表一栏,则依赖于公司对于或有债务变成真实债务可能性的判断。最后,通用会计准则会与适用于公司分配的会计原则产生冲突。目前,国际上适用的主流会计准则之一为国际会计准则理事会(International Accountig Standards Board,IASB)所制定的国际财务报告准则(IFRS)。根据国际财务报告准则,公司的财务报告应体现其资产与负债的公允价值(fair value)。根据国际财务报告准则第 13 号,所谓公允价值是指假使在衡量日,在一个市场参与者之间的有序交易中出售资产所收到的价格或转让债务所支付的价格。[③] 根据国际财务报告准则,资产的重估升值应记入公司利润,这样,根据国际财务报告准则未实现利润(unrealized profit)也应被确认为利润,从而用于分配。在欧盟,国际财务报告准则被强制应用于公开公司的合并财务报告,欧盟成员国可以选择将其用于单个公司的财务报告。由于适用国际财务报告准则所计算出的净资产额可能与公司法中规定的可分配额存在差异(如对未实现利润的确认上),数个欧盟国家为了分配的目的而修正了国际财务报告准则。2006 年,毕马威会计师事务所受欧盟委托对欧盟的公司资本制度进行了全面的实证调查与研究,其中就涉

---

① Jonathan Rickford, *Legal Approaches to Restricting Distributions to Shareholders: Balance Sheet Tests and Solvency Tests*, European Business Organization Law Review 7: 135, 166 (2006).

② Jonathan Rickford, *Legal Approaches to Restricting Distributions to Shareholders: Balance Sheet Tests and Solvency Tests*, European Business Organization Law Review 7: 135, 166 (2006).

③ IFRS 13.

及对公司分配制度的研究。在2008年发布的研究报告中,毕马威认为:国际会计准则理事会概念框架下所发展的会计准则的初衷并非为了公司分配的目的。[①] 国际会计准则理事会也意识到这一问题,在其颁布的《财务报告概念框架》中,其认为:"在财务资本维持的概念下,资本是用面值金钱单位来认定的,在该定义下,利润是指一定期间内票面金钱资本的增加。因此,在期间内被称作资本收益的资产留存价格的增加在概念上属于利润。但是,直到在一个交易中被实现,该利润也许不能用于分配。"[②]

因此,将公司股利分配标准维系于财务账簿上的数据会导致公司实际分配能力与被允许分配数额的差别。因为公司财产的价值在不断发生变化,这会产生公司财产账面价值与实际价值的偏离,因此公司财产的账面数额的赤字或盈余并不能反映公司的偿债能力。[③] 其后果是:要么公司分配过度,要么公司分配不足。这是因为:首先,公司资产的价值并不是一成不变的,其会随着市场、供求等因素发生变化;其次,公司债务的期限也是不同的,有些债务要求在短期清偿,有些债务是长期清偿,有些债务则可能是分期清偿的。所有与资产相关的标准都面临同一个问题:如何来确认资产?在这一点上,不同的国家做法不同。比如,如果资产通过重新估值已经升值,但却并未真正通过出卖该资产而获取升值部分,即未实现利润(unrealized profits)。那么这种未实现利润是否可以被确认为资产?与此相对,如果资产经过重新估值发生了减值,但该资产却并未出售,那么这种未实现损失(unrealized loss)是否作为资产的减项呢?再如,商誉(goodwill)是否可以被认定为资产?现实中不同的会计准则对这些问题的认定不同,即使是在同一会计准则下,也会产生不同的意见。

综上所述,虽然基于公司资产负债表的诸标准都以保护公司债权人的利益为己任,但无论是要求公司分配底线为公司累积利润、公司认缴资本或

---

① KPMG Feasibility Study on Capital Maintenance, p. 7. (2008).

② 4. 63, The Conceptual Framework for Financial Reporting, IFRS.

③ Jonathan Rickford, *Reforming Capital Report of the Interdisciplinary Group on Capital Maintenance*, 15 Eur. Bus. L. Rev. 919, 938 (2004).

其他财务数据，这些标准都只是在坚守一个与债权数额无关的、公司资产负债表上的抽象数字而已。况且，公司资产负债表依赖于会计准则，而会计准则却绝非一个客观的标准，其充满了各种主观的判断。[①] 因此，基于公司资产负债表的诸标准无异于以一些经会计准则产生的、主观的数据来保护金额与之毫不相关的债权，还无论这些债权是明天到期还是20年后到期——其结果是可想而知的。另外，各国公司分配法律制度中还规定了各种公积金，来试图加厚保护公司债权人的公司资产垫子，但是，各种公积金都是以注册资本的一定金额来提取或以注册资本一定比例为上限的，在公司法取消法定最低注册资本的时候，这些公积金对公司债权人还能产生多少保护作用呢？

3. 资产负债表测试内容烦琐，会给公司增加大量成本

资产负债表测试将公司可分配财产取决于公司资产负债表中的各资产科目、负债科目以及各种属于所有者权益部分的公积金科目。如上文所述，由于许多科目存在不确定性，因此公司在决定分配时需要请专业顾问对这些问题详加论证，从而给公司招致成本。另外，由于公司所运用的通行的国际财务报告准则与公司法所规定的可分配财产标准存在差异，且各国公司法所规定的分配标准并不相同，这样公司一方面需要按国际财务报告准则准备财务报表，另一方面又需要考虑本国公司法对于分配的特殊限制，这样难免会产生多余的成本。同时，会计准则国际化和统一化所带来的好处也被各国不同的分配限制规则所抹杀了。[②]

二、衡平偿付不能测试

（一）衡平偿付不能测试的定义

对公司分配进行法律限制的根本原因在于债权相对于股权对公司资产

---

① Bayless Manning & James J. Hanks, JR., *Legal Capital*, Fourth Edition, Foundation Press, 2013, p. 130.

② Jonathan Rickford, *Legal Approaches to Restricting Distributions to Shareholders: Balance Sheet Tests and Solvency Tests*, European Business Organization Law Review 7: 135, 171 (2006).

请求权的优先性。这决定了,法律绝不能允许公司将公司财产分配给股东而导致不能清偿债权人的到期债权。因此,公司分配法律限制的核心在于防止公司陷入偿付不能的境地。然而什么叫作“偿付不能”? 至少在英美法系,其含义具有双重性。第一重含义是由英国的衡平法院所发展起来的,是指债务人不能清偿其到期债务。这种判断偿付不能的标准便称为“衡平偿付不能测试”(equity insolvency test),或有的时候简单称为“偿付能力测试”(solvency test)。第二重含义则是由英国普通法法院所发展起来的用于审理破产案件的测试标准,是指债务人的总资产小于其总债务。这种用于破产的偿付不能测试标准也因此被称为“破产测试”(bankruptcy test)。[①]

两种偿付不能标准有着很大的不同。衡平偿付不能测试所关注的是一个正常经营企业的资产流动性,而破产法意义上的破产测试强调企业在清算后的资产状况。当一个企业有大量的不动产,却由于缺少现金而不能清偿其到期债务时,按衡平偿付不能测试,其已处于偿付不能的状况,但是依破产法意义上的标准,其并没有资不抵债,因此尚未达到破产法上的破产标准。如果一个企业长期处于亏损的境地,其资产总额可能已小于其负债总额,但其却有足够的现金来清偿到期债务时,则虽其已达到了破产法上的破产标准,但却没有达到衡平偿付不能测试标准下的偿付不能。从财务会计的角度讲,衡平偿付不能测试所关注的是一个企业的利润表和现金流量表,而破产法上的破产标准所关注的是企业的资产负债表。[②]

(二)衡平偿付不能测试的评价

与资产负债表测试不同的是,衡平偿付不能测试是对公司偿付能力的直接回应。该测试的核心内容是公司可以清偿其到期债务,因此对公司债权人无疑有着更为直接的、更强的保护作用。

---

① Bayless Manning & James J. Hanks, JR., *Legal Capital*, Fourth Edition, Foundation Press, 2013, p. 72.

② Bayless Manning & James J. Hanks, JR., *Legal Capital*, Fourth Edition, Foundation Press, 2013, p. 69.

但是,资产负债表测试虽然有种种弊端,但其确能从形式给公司分配提供一个底线明确的指导,即财务会计报告上所载的各种数字。与之相比,不得不承认,仅从定义上看,衡平偿付不能测试是一个捉摸不定的概念,①其并没有为公司分配限制提供一个明确的指导。如果不能为公司分配限制提供明确的指导,那么其如何保护公司债权人的利益?另外,从相反的方面讲,如果没有明确的指导,公司分配决策机关是否会怕招致违法分配责任而更倾向作出不分配的决定呢?

在运用衡平偿付不能测试时,董事应判断在分配时和分配后公司能清偿其到期债务,但董事在行使这一自由裁量权时并不是没有限制的。首先,董事还是受到董事对公司和股东的忠实义务与勤勉义务的限制。忠实义务要求董事要以公司和股东利益最大化为目标,在自身利益与股东和公司利益相冲突时要把股东和公司利益摆在首位。根据英国普通法,不因公司分配而使公司陷入丧失清偿能力的境地也是董事信义义务的要求。② 此外,董事的勤勉义务也要求董事在作出分配的决定时要善意地作出相应的调查,以作出知情决策。其次,从目前采取衡平偿付不能测试的立法看,法律对董事在行使判断公司偿付能力的自由裁量权时应考虑的因素也有具体的规定。例如,美国示范商业公司法第6.40(d)条就规定,董事在作出公司偿付能力的判断时可以依据合理的会计准则或公允价值或其他合理方法基础上所编制的会计报告。③ 当然,公司的财务报告并不是唯一可以参考的因素。根据美国示范商业公司法的官方注释,董事也可以考虑公司产品的市场销售情况以及公司融资能力等情况。④ 又如,英国公司法允许闭锁公司董事发表董事声明来确认公司的清偿能力,以允许公司用其股本回购股份,但是英

---

① Jonathan Rickford, *Legal Approaches to Restricting Distributions to Shareholders: Balance Sheet Tests and Solvency Tests*, European Business Organization Law Review 7: 135, 171 (2006).

② Flitcroft's Case, In re Exchange Banking Co. 1882 Ch D 519 CA.

③ §6.40(d), MBCA.

④ American Bar Association Business Law Section, Model Business Corporation Act Annotated (Fourth Edition), 2013, 6-228-229.

国公司法同时要求公司董事“对公司事务进行全面调查”，[①]并且，在形成公司具有清偿能力的声明时，董事要考虑“公司所有的负债（包括或有债务和可预期债务）”。[②]

此外，在当前奉行衡平偿付不能测试的美国示范商业公司法和新西兰公司法中，[③]该测试并不是唯一的对公司分配限制的测试标准，在这一标准之外，公司还需同时满足另一项资产负债标准。简言之，美国示范商业公司法与新西兰公司法所实行的是衡平偿付不能测试与资产负债表测试的综合标准。例如，新西兰公司法第4(1)条规定，要通过偿付能力测试，公司须满足以下两个条件：(a)公司能够清偿在其正常经营中产生的到期债务；并且(b)公司资产总值大于包括或有负债在内的负债总值。[④] 有学者认为，在衡平偿付不能测试标准之外再并行规定一个资产负债表测试有其合理性，这是因为单纯的衡平偿付不能测试仅能显示公司短期债务的清偿能力，但不能保障公司长期债务人的利益，而一个要求公司总资产大于总负债的资产负债标准则可以较好保护公司长期债权人的利益。[⑤]

但是，如前文所分析，资产负债表标准本身与债权人利益保护并不相关，如作为限制公司进行分配的依据，会造成对债权人保护不足或保护过度的后果。在现实中，债权人只关心一件事，这就公司能持续清偿其到期债权，而不会关心公司的资产负债表。并且，适用资产负债表测试经常会产生与适用直接反映公司偿债能力的衡平偿付不能测试所不一致的结果。以下面两个资产负债表为例：

---

① s.714(3), Company Act 2006, U.K.

② s.714(4), Company Act 2006, U.K.

③ 在新西兰，这一标准称为“偿付能力测试”(Solvency Test)，但其实质内容与美国示范商业公司法上的“衡平偿付不能测试”是一致的。

④ s.4(1), New Zealand Companies Act 1993.

⑤ Wolfgang Schön, *Balance Sheet Tests or Solvency Test-or Both*? European Business Organization Law Review 7:181, 193 (2006).

表4-1 资产负债表一

单位:元

资产		负债	
现金	50	应付账款	500
应收账款	100	长期应付票据	400
存货	150	负债合计	900
厂房与设备	500	所有者权益	
土地	600	股本	100
		资本公积	200
		留存利润	200
		所有者权益合计	500
资产合计	1400	负债及所有者权益合计	1400

表4-2 资产负债表二

单位:元

资产		负债	
现金	800	应付账款	200
应收账款	200	长期应付票据	1300
厂房与设备	100	负债合计	1500
土地	300	所有者权益	
		股本	100
		资本公积	200
		留存利润	(400)
		所有者权益合计	(100)
资产合计	1400	负债及所有者权益合计	1400

在表4-1资产负债表一中,公司的总资产大于总负债,并且有500元的净资产。但是该企业的短期可变现财产(现金和应收账款)却远远小于其短期负债(应付账款)。这意味着,公司将不能偿还其到期债务,处于失去清偿能力的境地。

在表4-2资产负债表二中,公司的总资产小于总负债,并且有100元的赤字。但是,公司所拥有的短期可变现财产(现金和应收账款)却远远超过其短期负债(应付账款)。这意味着,虽然公司的净资产为负,但公司却可以清偿其到期债务。

综上所述,将衡平偿付不能测试与资产负债表测试作为并列的公司分配限制并不会给公司提供额外的保护,有时可能还会不适当地阻碍公司进行分配,因此本书认为,资产负债表测试不应为作衡平偿付不能测试的并列测试标准。

三、本节总结:现代公司需要什么样的分配测试标准

(一)衡平偿付不能测试是公司分配的最佳标准

无论是什么样的公司分配测试标准,其目标是一致的,即防止公司通过向股东分配而损害债权人的利益。只要公司具有清偿能力,债权人的利益就可以得到保证。清偿能力事实上是公司债权人所唯一关注的事项。[①] 债权人所真正关心的既非公司的注册资本,也非作为历史数据的、记载于公司资产负债表上的抽象数据,而是公司的偿债能力。然而,设立一个绝对保证公司偿债能力的制度既不可能,也不可取,因为任何对股东的分配都有可能导致公司偿债能力的降低。如果禁止公司向股东进行分配,那么将无人投资于公司,债权人的利益也无从谈起。因此,公司分配制度必须在债权人保护和公司股东基于分配的利益之间求得一个平衡。[②] 要达到此目的,必须考虑现代公司经营的实际情况,并且考虑公司法律和实践中对债权人的保护和风险。

资产负债表测试将公司的分配限制与一些抽象的、武断的指标(如公司股本、公积金)等相联系,而这些指标与公司的偿债能力并不相关。所以资

① Bayless Manning & James J. Hanks, JR., *Legal Capital*, Fourth Edition, Foundation Press, 2013, p. 72.

② Jonathan Rickford, *Reforming Capital Report of the Interdisciplinary Group on Capital Maintenance*, 15 Eur. Bus. L. Rev. 919, 967 (2004).

产负债表测试不能有效评估公司的偿债能力，也不能真正保护公司债权人的利益。从另一方面讲，要求公司保持一定数量的股本、公积金对股东或公司却有可能构成重大的负担。因此，资产负债表测试既不能保障债权人利益，也不能保护股东利益，更无法在二者之间形成一个合理的而公正的平衡。

与资产负债表测试不同，衡平偿付不能测试本身就是一个关于偿债能力的标准。因此，衡平偿付不能测试与公司偿债能力是直接相关的，可以有效避免公司陷入不能清偿的境地。因此，该标准从根本上回应了公司债权人的关切，能够对公司债权人的利益进行有效的保护。同时，不同于破产法意义上的破产标准，衡平偿付不能测试把企业作为一个持续经营的实体进行看待，而非一个处于清算中的实体。衡平偿付不能测试关注的不是企业是否能清偿其所有负债，其关注的是企业能否清偿其到期债务，更关注公司资产的流动性，以及公司经营的前景。衡平偿付不能测试在保护债权人利益的同时，又允许公司即使在没有利润的情况下也可以进行分配，只要其能偿还其到期债务。因此，衡平偿付不能测试是一个动态的、能在效率与公平以及股东利益与债权人利益之间达到一种理想平衡的标准。在欧盟委托毕马威会计师事务所对美国加利福尼亚州、特拉华州、新西兰公司财务负责人的大规模问卷调查中，大部分接受调查的人认为，由于衡平偿付不能测试考虑了公司未来的现金流，因此与资产负债表测试相比，其更有助于确定公司的分配。①

因此，衡平偿付不能测试是公司分配的最佳标准。在其基础上附加任何的资产负债表测试标准都是多余的。

（二）衡平偿付不能测试的具体执行

衡平偿付不能测试较之资产负债表测试的优越性无须多言。但是，一个理想的公司分配标准须为公司董事提供较为具体的标准，以便他们在决定进行分配时有所依据，从而避免其因违法分配而动辄得咎。换句话说，公

---

① KPMG Feasibility Study on Capital Maintenance, p. 4. (2008).

司分配制度须为公司和公司管理层提供一个“安全港”。[①] 另外，衡平偿付不能测试既要关注公司偿还到期债务的能力，也要考虑公司作为一个持续经营实体对公司资产的需求。除此之外，公司董事还须对公司的偿付能力作出正式说明并进行披露。对此，本书认为，英国闭锁公司在进行股份回购以及减资时采用的、以“董事声明”为形式的衡平偿付不能测试标准，以及新西兰对于衡平偿付不能测试的具体执行方式可资借鉴。

1. 董事在运用衡平偿付不能测试时的依据

首先必须承认，衡平偿付不能测试本身就不是一个计算公司分配数额的精确方程式。事实上，由于公司资产、负债以及公司经营的千变万化，也不可能存在一个计算公司可分配金额的精确方程式。在董事运用衡平偿付不能测试作出分配决定时，其有权利考虑所有的因素，如宏观经济、市场竞争、公司产品供求、融资前景等一系列的因素。当然公司的财务报告也是其重要参考之一。如上文所述，本书不主张将资产负债表测试作为与衡平偿付不能测试并列的公司分配标准，原因之一就是会计数据在反映公司实际可分配财产时的局限。本书反对将资产负债表测试作为公司分配的标准，但并不否认其在作出公司分配决定时的重要参考价值。事实上，如果公司董事会在没有参考公司财务报告数据的情况下作出公司分配决定，这个决定行为很难说履行了董事的勤勉义务，从而可能受到法院的非难。

因此，在运用衡平偿付不能测试时，董事应当考虑：(1)公司最新的财务报表，如果该报表是经过审计的，则应参考审计师的审计报告，特别是报告中对于公司作为持续经营实体的意见；(2)与分配相关的财务账目；(3)要考虑所有已知的或应当知道的对公司资产或负债产生影响的事件，包括要考虑公司的或有债务以及预期债务；(4)要采取合理的方法来对资产与负债的价值进行评估，如可以使用公允价值方法。在董事考虑这些事项时，其可以委托并依赖专家的意见。

---

① Jonathan Rickford, *Reforming Capital Report of the Interdisciplinary Group on Capital Maintenance*, 15 Eur. Bus. L. Rev. 919, 968 (2004).

2. 董事声明

在考虑上文所述所有可能对公司分配产生影响的因素后，公司董事应该就以下事项发表意见：(1)在可预见的未来，考虑到公司正常经营时的前景，公司可以被合理期待有能力清偿其到期债务；且(2)在作出分配决定后1年内公司可以作为一个持续经营的实体经营其业务。[①] 由此可见，董事声明既应涵盖公司在可预见未来的偿债情况，也应涵盖其在分配后一段时间内的持续经营能力。

另外，假使适用总资产大于总负债的资产负债表标准会使公司无可分配财产，但董事在考虑其他因素的基础上仍运用衡平偿付不能测试标准而作出分配的决定时，则董事需要在董事声明中对该偏离进行合理、详细的解释。换言之，衡平偿付不能测试给董事在公司不满足资产负债表测试时进行分配的权力，但董事必须对此作出合理的解释。

3. 信息披露

上述董事声明必须进行公示。如果是上市公司则需要进行公告，如果是闭锁公司则需要向其注册机关进行登记。

第四节　对公司分配有限制作用的其他法律制度

在一国，建立什么样的公司分配法律制度取决于一国的具体制度情况，特别是保护债权人的其他制度。[②] 如前文所述，对公司债权人来说，最大的风险在于公司失去偿债能力。这种风险不可能完全消弭，固有的商业风险将不可避免地减损某些公司的资产，继而使其陷入失去清偿能力的境地。法律制度所要防范的更多的是商业风险以外的、不合理的道德风险，而非商

---

① Jonathan Rickford, *Legal Approaches to Restricting Distributions to Shareholders: Balance Sheet Tests and Solvency Tests*, European Business Organization Law Review 7: 135, 175 (2006).

② Jonathan Rickford, *Reforming Capital Report of the Interdisciplinary Group on Capital Maintenance*, 15 Eur. Bus. L. Rev. 919, 968 (2004).

业风险本身。公司分配制度的目标之一就是要减少公司失去清偿能力的不合理风险,从而保护债权人的利益。但是,公司分配制度并非唯一具有此功能的制度设计,其他法律制度也在发挥着相同的功能。如欺诈转让法与公司法人格否认法理等制度对公司分配也有着限制作用。本节将对这两项制度作一个概述。需要指出的是,与公司法中的分配限制规定专门针对公司分配不同,欺诈转让法与公司法人格否认并不是专门针对公司向股东分配的,因此,本节无意对该等制度进行全面的研究与论述,而仅在其涉及公司分配限制的方面进行讨论。

一、欺诈转让法

(一)美国统一欺诈转让法及其内容

1. 美国统一欺诈转让法

欺诈转让法(Fraudulent Transfer Law)起源于16世纪的英国。1571年,英国议会颁布了法令,规定任何迟延、阻碍或欺诈债权人的转让行为无效。当美国继受英国普通法后,美国法律逐渐赋予债权人更多的权利,即只要具备法律所规定的其他条件,欺诈转让法并不要求债务人具有普通法上的欺诈。① 美国的统一欺诈财产让与法(Uniform Fraudulent Conveyance Act, UFCA)最早颁布于1918年。1984年美国统一法律委员会(Uniform Law Commission)颁布了新的统一欺诈转让法(Uniform Fraudulent Transfer Act, CFTA)来取代统一欺诈财产让与法,目前美国大部分州采纳了统一欺诈转让法,也有少数州仍在采用统一欺诈财产让与法。二者在基本内容上区别并不大,统一欺诈转让法一般被视为统一欺诈财产让与法的更新版。2014年,美国统一法律委员会对统一欺诈转让法进行了进一步的修改,并将其名称变更为统一可撤销交易法(Uniform Voidable Transactions Act),但在内容

---

① Douglas G. Baird, *Legal Approaches to Restricting Distributions to Shareholders: The Role of Fraudulent Transfer Law*, European Business Organization Law Review 7:199, 201(2006).

上相对于统一欺诈转让法并无实质修改。① 鉴于此,统一欺诈转让法目前仍是对该法律的主流称呼,本书仍沿用该称呼。

2. 什么是"转让"

根据《统一欺诈转让法》第1条的规定,该法中所称的"转让"是指:"处分或放弃财产或财产上的利益的任何方式,无论该方式是直接的或间接的,绝对的或有条件的,自愿的或非自愿的,包括金钱支付、豁免、出租或创立一项担保或其他期权负担。"②可见该法中所指的"转让"包含范围广泛的交易形式,是指任何处分财产的行为。

3. 欺诈转让构成条件

根据《统一欺诈转让法》第4(a)条的规定,以下转让对于债权人构成欺诈转让行为,无论债权人的债权形成于转让之前还是转让之后:(1)债务人有阻碍、迟延或欺诈债权人的真实意图;或(2)在没有就转让收到合理相当的对价时,(i)债务人所从事的交易会使其剩余财产相对于其经营或交易不合理地少,或者(ii)在明知或应当知道其不能偿付到期债务的情况下仍然承担这些债务。③

《统一欺诈转让法》第5(a)条进一步规定,如果债务人在作出转让行为或承担债务时没有收到合理的相应对价,并且在该转让行为作出或债务承担时债务人没有清偿能力或由于上述转让行为或承担债务而失去清偿能力,则以上转让行为或承担债务的行为对该等行为作出前的已有债权人来说就属于欺诈转让。④

4. 救济

《统一欺诈转让法》第7条规定了对公司债权人的多种救济措施。首先,债权人可以撤销转让或负债行为以清偿债权。其次,债权人可以依衡平

① National Conference of Commissions on Uniform State Law, Uniform Voidable Transactions Act, Prefatory Note (2014).

② §1, CFTA.

③ §4(a), CFTA.

④ §5(a), CFTA.

法获得多种救济,如禁止债务人和/或受让人进一步转让财产的禁令、为财产指定接管人或其他任何具体情况所要求的救济措施。

(二)欺诈转让法与公司分配限制

1. 欺诈转让法与公司分配制度的关联性

欺诈转让法与公司法中的公司分配限制规则有着很强的关联性。首先,二者的宗旨是大致相同的。无论是欺诈转让法还是公司法中的公司分配限制制度,二者都旨在保护公司债权人的利益(在公司分配制度中,也特别将优先股股东的权利视为债权进行保护)。其次,公司分配也属于欺诈转让法中的"转让"。如前文所述,公司分配系指公司财产由公司向其股东的无对价的移转。对公司来说,公司分配当然是其财产处分行为,故而毫无疑问地落入《统一欺诈转让法》第1条所规定的"转让"的范围之内。最后,二者所适用的情形基本一致,且公司分配可能构成欺诈转让法中的"欺诈转让"。二者均适用于债务人无清偿能力或由于该行为而将丧失清偿能力。如果公司有足够的财产清偿对债权人的债务,则公司董事会作出的处分其财产的行为,哪怕是不合理地行为,可能会受董事诚信义务的规制,但却不属于公司分配限制规则或欺诈转让法所规范的范围。仅在公司处于丧失或即将丧失清偿能力时,才有适用二者的空间。

2. 欺诈转让法与公司分配制度的规范差别

尽管存在上述诸多关联,欺诈转让法与公司法中的公司分配限制规则还是存在显著的区别。

首先,欺诈转让法的适用范围要比公司法中的分配限制规则广泛得多。欺诈转让法并不只是专门针对公司分配的。事实上,在美国统一欺诈转让法的正文中,并没有明文提到公司分配这一交易形式。在主体上,欺诈转让法不仅适用于法人,也适用于自然人;在行为上,其规范所有属于其"转让"定义的行为。例如,一个无清偿能力的公司在其资产之上为股东向银行的借款提供担保,从而使股东能以较低的利息从银行获得贷款。该较低的利息和如果没有担保所适用的较高的利息之间的差额,其经济实质上相当于公司向其股东的股利。公司法上的分配限制对该交易无能为力,因为并没有公司和股东之间的财产转移。但是,该种行为却属于欺诈转让法中的欺诈行为而受制于债权人的撤销权。

其次,将欺诈转让法适用于公司分配时,其对公司分配所产生的限制与适用公司法中的分司分配限制规则的要求也不尽相同。如上文所述,除存在真实欺诈意图的行为外,欺诈转让行为是指:在没有就转让收到合理相当的对价时,(i)债务人所从事的交易会使其剩余财产相对于其经营或交易不合理地少,或者(ii)在明知或应当知道其不能偿付到期债务的情况下仍然承担这些债务。[①] 因此,欺诈转让法要求转让后债务人的剩余财产不得相对于其经营或交易不合理地减少。那么,究竟转让后剩余多少财产才算合理呢?欺诈转让法并没有给出一个具体的衡量方式。在司法实践中,法院应根据具体情况,依个案确定一个剩余财产的数额以防止债务人未来财产的进一步减少以致其不能清偿未来的到期债务。[②] 当适用公司法公司分配限制规则时,如果适用的是衡平偿付不能测试,则对公司分配后的剩余财产没有数额限制;如果适用资产负债表测试时,公司分配后的剩余财产应为净资产的某一部分。但是也没有法律或司法判例将资产负债表测试下的该净资产的一部分等同于欺诈转让法中要求剩余的合理财产。

既然欺诈转让法和公司法中的分配限制规则均可适用于公司分配,且二者对公司分配所产生的限制不尽相同,那么在法律适用上如何处理二者之间的关系呢?从表面上看,欺诈转让法属于保护公司债权人的一般法律,而公司法中的公司分配限制规则属于保护公司债权人的特别法律,如果按特别法优于一般法的原则,公司分配应适用公司法中的分配限制规则,而不适用欺诈转让法。确实,在美国的司法实践中,有法院也认为应优先适用公司法中的公司分配限制。但是,美国学者 Clark 教授认为,如果一个州同时制定了欺诈转让法与公司法中的分配限制规则,公司分配应同时满足这两

---

① §4(a), CFTA.

② Robert Charles Clark, *Corporate Law*, Little, Brown and Company, 1986, p. 87.

种不同的标准。[①]

二、公司法人格否认

(一)公司法人格否认一般理论

公司法人格否认系指当公司控股股东滥用股东有限责任或公司法人资格,致使债权人利益受到损害,从而司法机关可以判令股东直接向债权人承担法律责任。[②] 关于公司法人格否认的法理依据有另一自我说、工具说、混同说等。[③] 各种学说有不同的理论依据,但归根结底就是对股东有限责任的滥用。股东有限责任赋予了公司法人人格、责任独立的内涵,从而成为现代公司法的基石。[④] 相对于公司有限责任确立之前的法律制度,股东有限责任将公司经营的风险转移到公司债权人身上。针对这种不平衡,现代公司法创制了一系列的法律制度来保护债权人的利益,传统的资本维持原则以及本书所论述的公司分配制度莫不属于旨在保护公司债权人的制度。这些制度的标准就是:在尊重股东有限责任和公司独立人格的前提下,通过为公司行为设定各种事前的标准,从而保护公司债权人的利益。但是,股东有限责任的前提是公司独立人格,如果股东漠视公司的独立人格,将股东有限责任和公司独立人格作为其操纵公司、损害债权人利益的工具时,法律即允许在个案下突破股东有限责任的基本原则,要求股东直接向公司债权人承担责任。目前,公司法人格否认法理已被现代公司法所广泛接受,无论是属英美法系的美国和英国,还是属大陆法系的德国和日本,均确立了公司法人格否认这一法律原则。[⑤] 在美国该原则被称为"刺破公司面纱",在德国则被称为

---

① Robert Charles Clark, *Corporate Law*, Little, Brown and Company, 1986, p. 89.

② 刘俊海:《现代公司法》(第3版),法律出版社2015年版,第662页。

③ 金剑峰:《公司人格否认理论及其在我国的实践》,载《中国法学》2005年第2期。

④ 虞政平:《股东有限责任:现代公司法律之基石》,法律出版社2001年版,第12-13页。

⑤ 金剑峰:《公司人格否认理论及其在我国的实践》,载《中国法学》2005年第2期。

"法人穿透"。①

然而,无论是美国的还是德国的公司法人格否认制度都是建立在判例法基础之上的。② 关于公司法人格否认的适用情形也是由法院在个案的基础上不断进行总结的。在美国,刺破公司面纱的诉讼数量是涉及公司法诉讼中最多的,但是法院对该种诉讼却没有统一的、明确的标准。③ 大致总结起来,在美国适用公司法人格否认有以下几种情形:(1)事务混合(Intermixture of affairs);(2)缺乏公司程序(lack of corporate formalities);(3)资本不足(inadequate capitalization);(4)利用公司人格进行欺诈或违法(evasion of a contract or statute or use of a corporation solely to work a fraud);(5)沦为股东工具(instrumentality)。④

(二)公司法人格否认与公司分配

股东有限责任在公司分配上的体现为:在一般情况下,当公司向股东进行分配后,即使公司陷入不能清偿其债务的境地,债权人也不得要求公司股东承担责任。但是,公司分配是否会构成公司法人格否认的原因,从而使股东对债权人直接承担责任呢?

从上述列举出的五种情形看确实有这种可能。主要相关的有两种情形:其一,公司控股股东可能罔顾公司有可能不能清偿到期债务的现实,而操纵公司向自己进行分配,从而构成对债权人的欺诈。这种分配可能表现为股利、股份回购,也可能表现为关联交易等形式。其二,公司分配可能导致公司资本不足。第一种情形虽然与公司分配有关联,但毋宁说其根本原

---

① [德]托马斯·莱塞尔、[德]吕迪格·法伊尔:《德国资合公司法》,高旭军等译,法律出版社2005年版,第478页。

② 高旭军:《论"公司法人格否认制度"中之"法人人格否认"》,载《比较法研究》2012年第6期。

③ Arthur R. Pinto & Douglas M. Branson, *Understanding Corporate Law*, Third Edition, Lexis-Nexis, p. 36 – 37 (2009).

④ Arthur R. Pinto & Douglas M. Branson, *Understanding Corporate Law*, Third Edition, Lexis-Nexis, p. 39 – 49 (2009).

因还是股东对公司的不当操纵和人格混同,只不过公司分配是其表现形式而已。但是在第二种情形中,公司分配本身却可能成为公司法人格否认的直接原因。出于与本书主题的相关性,本书仅讨论资本不足这一种情形。

资本不足作为公司法人格否认的一种情形,首先要明确什么是其所指的"资本",其次要明确什么是"不足"。关于资本不足这一公司法人格否认情形下的"资本",在美国存在不同观点。有的观点认为,资本就是股东向公司所缴纳的股本,有的认为除股本外还应包含股东向公司提供的股东贷款。还有观点认为,在特定情况下还应考虑公司为其责任所购买的保险。① 美国判例法一般认为,该情形下的资本系指股东向公司的出资。② 因此,可以看出,资本不足中的"资本"并非指公司的法定资本、注册资本或声明资本,而是指股东向公司的全部出资。然而,什么构成公司法人格否认下的"资本不足"呢?美国判例法并未提供一个明确的数额指导,而是在个案中进行确定,但其大致标准可概括为:如果与公司的业务和损失风险相比资本是微不足道的,则可认为是"资本不足"。需要指出,在美国"资本不足"是否可独立作为公司法人格否认的原因是存在争议的。在司法判例中有的法院认为其可作为独立的原因,有的法院则认为不可。在德国,资本不足是否可以作公司法人格否认的原因也是存在争议的。③

要避免资本不足,股东应当投入与公司业务和所面临的风险相匹配的权益资金。这首先要求股东在公司成立时有足够出资,以保证公司的运营及应对公司所面临的风险。但是,是否当股东在公司成立时缴付了与其业务和面临的风险相当的资金,其就肯定不会被基于资本不足刺破公司面纱而直接向债权人承担责任吗?本书认为仍然会。这是因为,虽然公司股东原始出资充足,但其却可以嗣后通过公司分配的方式来减少该等出资,从而

---

① Arthur R. Pinto & Douglas M. Branson, *Understanding Corporate Law*, Third Edition, LexisNexis, p. 44 (2009).

② Baatz v. Arrow Bar, 452 N. W. 2d 138 (S. D. 1990).

③ [德]托马斯·莱塞尔、[德]吕迪格·法伊尔:《德国资合公司法》,高旭军等译,法律出版社2005年版,第482页。

使公司资本变得不足。如果公司向股东分配的是公司的盈余,则无可厚非,因为这是公司在其股东投入基础之上所赚得的额外财产。在公司向股东分配盈余后,即使公司在后来经营中出现严重亏损,不能清偿其到期债务,也不得要求刺破公司面纱,要求股东向债权人直接承担责任。但是,如果股东在公司成立时出资相较于其业务和所面临的风险充足,但嗣后公司在没有取得盈利的基础上却将股东先前出资的一部分以公司分配的形式返还给股东,从而会使公司资本不充足时,这与公司成立时公司出资不足在实质上是相同的,所以也应依出资不足而适用公司法人格否认。需要指出的是,这种"先出后返"的形式不一定会违反公司法关于分配限制的规则。例如,根据美国示范商业公司法所适用的衡平偿付不能测试标准与总资产大于总负债的资产负债表测试标准,如果一个公司在分配时在股东初始出资的基础上没有任何盈利,但也没有任何负债,则按照美国示范商业公司法上的公司分配限制规则,该分配是完全合法的。但该分配却可能会导致公司资本不足,从而导致公司不能清偿其承担的侵权责任。在这种情形下适用公司法人格否认就是合理的,股东也不能以其公司成立时已充足出资为由而进行抗辩。①

有观点认为,将资本不足作为公司法人格否认的情形之一,会在公司法已经废除公司法定最低资本制后,实际上给公司施加一个保持最低资本的负担。② 照此推论,将资本不足作为公司法人格否认的情形之一也会给公司分配设置一个类似于公司股本或公积金的资金垫子。如前文所述,将公司净资产中的一部分作为公司分配的依据是无效率和高成本的,因此本书不主张将资产负债表测试作为公司分配的标准。但是,本书认为,在公司分配时,只要公司不是意图在短时间内清算,就应该将公司视作一个持续经营实体,而不应该因分配将公司资产降至公司营业和风险所要求的适当水平之下。事实上,本书所主张的公司分配限制中必须考虑公司在分配后的持续经营。

---

① 王洪伟:《公司股利分配法律制度研究》,中国民主法制出版社 2009 年版,第 222 页。

② Arthur R. Pinto & Douglas M. Branson, *Understanding Corporate Law*, Third Edition, Lexis-Nexis, p. 45 (2009).

当然本书也认为，一般情况下，应将资本不足与公司法人格否认的其他原因结合使用。如果单独作为公司法人格否认的理由时，应当仅适用于侵权债权人，并且如果不将其单独作为公司法人格否认理由时会严重违反公平正义的原则。

第五节　我国的公司分配法律限制

一、我国现行法对公司分配法律限制的规定

（一）对股利分配的限制

根据我国《公司法》第166条，在公司有当年税后利润时，如果法定公积金不足以弥补以前年度亏损的，首先要弥补以前年度的亏损，然后要按法律规定提取利润的10%作为法定公积金，若经股东会或股东大会决议后还要提取任意公积金，最后才能把剩余的利润分配给公司股东。另外，根据我国《公司法》第168条，公司的公积金可用于转增资本、扩大经营或弥补亏损。但资本公积金不得用于弥补亏损，且其在转增资本后余额不应少于转增前公司注册资本的25%。

从上述公司法的规定，可以将我国公司股利分配限制概括如下：

1. 从条款字面来看，公司分配的来源为“当年税后利润”。当年利润体现在损益表上，所以如果严格按我国公司法的字面意思看，在公司分配时应首先参考公司损益表上的公司税后利润。

2. 当公司存在以前年度亏损的，应先用法定公积弥补，不足的，由公司当年利润来弥补。

3. 反映在资产负债表上，公司不可分配的部分应为以下几项之和：（1）实缴资本；（2）资本公积金；（3）法定公积金；（4）公司章程规定的其他不可分的任意公积金。虽然公司法没有明确规定公司实缴资本不可用于分配，但从第200条关于禁止公司抽逃出资的规定看，公司资本不得用于股利

分配。《公司法》第167条规定资本公积金的来源为股份公司股东所缴纳的股份溢价款和国务院财政部门所规定的其他收入。虽然《公司法》第167条仅列举了股份公司的股份溢价款，但从财政部颁布的《企业会计制度》来看，有限责任公司出资额认购所产生的溢价也应记入有限责任公司的资本公积金中。[①] 资本公积金并不只包含股份或股权的溢价，根据我国的相关会计准则，其还包括接受他人捐赠、外汇汇率变动而产生的资本折算差额、债务豁免额、特定国家拨款以及企业资产价值重估产生的增值等。[②] 另外，根据《企业会计制度》的规定，盈余公积包括法定盈余公积和任意盈余公积。[③] 盈余公积与资本公积不同。因为资本公积的主要来源为股东出资时每股价格超过面值时产生的溢价，其本质上还属于股东投入公司的资金。但是盈余公积却是从公司利润中所提取的一部分，其属于公司“赚得”的资金。我国公司法中规定的法定公积金应指会计制度中的法定盈余公积，公司法中规定的任意公积金应指会计制度中的任意盈余公积。

（二）对公司股份回购的限制

1. 关于有限责任公司股权回购的规定

我国《公司法》第74条规定了有限责任公司异议股东的强制回购请求权，规定以下三种特定情形下有限责任公司股东可以要求公司收购其股权：(1)公司连续5年不向股东分配利润，而公司该5年连续盈利，并且符合本法规定的分配利润条件的；(2)公司合并、分立、转让主要财产的；(3)公司章程规定的营业期限届满或章程规定的其他解散事由出现，股东会会议通过决议修改章程使公司存续的。但公司法未规定这些回购的股权如何处理，是以减资的方式注销，还是可以再次转让；如果可以再次转让，是否有期限限制。公司法也未规定该等回购的资金来源。除此之外，公司法有限责任

① 财政部《企业会计制度》(2001年)第82条。

② 刘燕：《新〈公司法〉的资本公积补亏禁令评析》，载《中国法学》2006年第6期。

③ 财政部《企业会计制度》(2001年)第83条。

公司部分并未规定公司可以收购股东的股权。因此,可以理解为:除《公司法》第74条有明文规定外,有限责任公司不得收购其股东的股权。

2. 关于股份有限公司股份回购的规定

我国《公司法》第142条规定股份公司不得收购自身股份,但规定了6种例外情形。回购的股份有两种处理方式:在一定期间内转让或者注销。

3. 关于上市公司股份回购的特殊规定

中国证监会于2005年颁布了《上市公司回购社会公众股份管理办法(试行)》(以下简称回购办法),对上市公司回购社会公众股作出统一的规定。根据该回购办法第2条,该法中所规定股份回购的目的是减少公司注册资本,回购的股份将被注销。该回购办法第4条规定:"上市公司回购股份,应当有利于公司的可持续发展,不得损害股东和债权人的合法权益。"第8条规定,上市公司进行股份回购后应"具备持续经营能力"。第13条规定,董事会在作出股份回购决议后应公告回购股份预案,预案内容应包括:"……(五)拟用于回购的资金总额及资金来源……(八)管理层对本次回购股份对公司经营、财务及未来发展影响的分析。"第15条规定,财务顾问应就股份回购出具独立财务顾问报告,报告应包含以下内容:"……(三)结合回购股份所需资金及其来源等因素,分析回购股份对公司日常经营、盈利能力和偿债能力的影响,说明回购方案的可行性。"另外,根据该回购办法第17条、第18条,就股份回购,上市公司股东大会应以特别决议作出,并在作出决议后通知公司债权人。

(三)对于股份回赎的限制

我国《公司法》第126条规定,股份公司发行的同类别的股份须同股同价、同股同权,这为股份公司发行优先股留下余地。中国证监会颁布的《优先股试点管理办法》明确允许上市公司和非上市公众公司发行优先股。根据该办法,上市公司和非上市公众公司既可以发行强制分红优先股,又可以发行非强制分红优先股。[①] 该办法第 13 条规定："发行人回购优先股包括发行人要求赎回优先股和投资者要求回售优先股两种情况，并应在公司章程和招股文件中规定其具体条件。发行人要求赎回优先股的，必须完全支付所欠股息，但商业银行发行优先股补充资本的除外。优先股回购后相应减记发行在外的优先股股份总数。"另外，该办法第 37 条规定，在发行优先股时股东大会须就优先股的回购条款进行表决，回购条款包括"回购的条件、期间、价格及其确定原则、回购选择权的行使主体等（如有）"。然而，该办法没有规定优先股回赎时的财源限制。本书认为，上市公司优先股的回赎也属于上市公司回购股份的一种，应参照适用回购办法的规定，即回购不得影响公司的盈利能力与债务清偿能力。

（四）对公司减资的限制

根据我国公司法规定，公司减少注册资本应由公司股东会或股东大会作出特别决议并必须编制资产负债表及财产清单。公司须于作出减资决议之日起 10 日内通知债权人，并于 30 日内在报纸上公告。公司债权人有权要求公司清偿债务或提供担保。[②]

二、对我国公司分配法律限制的分析

（一）对公司股利分配法律限制的分析

1. 从形式上看，我国公司法关于股利分配法律限制的表述不清，且与会计制度中的规定不一致

首先，公司法"当年税后利润"指意不明。《公司法》第 166 条规定的公司股利分配的来源为"当年税后利润"。这是否意味着只有公司利润表上记载的当期利润可以分配，而公司以前年度累积的利润不可用于分配呢？从前文所述的关于公司股利分配的比较法研究看，只有"当期股利"标准（nim-

① 中国证监会《优先股试点管理办法》（2014 年）第 6 条。

② 《公司法》第 177 条。

ble dividend)用于分配的财产来源是当期利润,但当期股利标准适用的前提是公司没有盈余,而且当期利润也可不必弥补以前年度的累积亏损而可直接用于分配。由于《公司法》第166条规定当年税后利润需弥补以往年度亏损,所以我国公司法上规定的肯定不是当期股利标准。由于我国公司法所规定的股利分配限制依赖于公司的财务会计报表,因此,公司法的相关规定必须结合财政部关于企业会计制度的相关规定进行理解和执行。当参照财政部所颁布的《企业会计制度》时,首先发现公司法中所规定的"税后利润"并非会计制度中的用语,《企业会计制度》中使用的相应概念为"净利润"。[①]根据该制度,净利润是指利润总额扣减所得税后的数额。另外,根据《企业会计制度》,可供分配的利润是指"企业当期实现的净利润,加上年初未分配利润(或减去年初未弥补亏损)和其他转入后的余额"。由此可以看出,《企业会计制度》中所指的可分配利润是指公司的累积利润减去累积损失的差额。《企业会计制度》的规定比公司法的规定更为合理,而且这也与欧盟国家针对公开公司的累积利润标准一致。因此,本书认为应以《企业会计制度》中关于净利润和可分配利润的规定为准,而且应该在适当时候修改公司法以实现公司法与《企业会计制度》的统一。

其次,公司法中规定的"税后利润"与会计制度中的"净利润"在数额上会产生不同。公司法所规定的税后利润为公司当年利润减去应纳所得税的余额。[②] 根据《企业会计制度》净利润是指利润总额扣除所得税后的余额,而所得税是指"企业应记入当期损益的所得税费用"。[③] 根据会计准则,由于递延所得税,公司当期的应缴所得税与其所得税费用是不一样的,因此会产生公司法上的税后利润与会计制度上的净利润在数额上的差异。[④] 在现实中,也有公司直接适用会计制度中关于净利润的计算方法,而未采用公司法规

---

① 财政部《企业会计制度》(2001年)第106条。

② 赵旭东主编:《公司法学》(第4版),高等教育出版社2015年版,第340页。

③ 财政部《企业会计制度》(2001年)第106条。

④ 张春燕:《一起公司利润分配案引起的思考——〈公司法〉与会计制度在利润分配方面的差异与协调》,载《财务与会计》2015年第8期。

定的方法。[①] 公司法和财务会计制度关于税后利润与净利润规定的不一致会导致公司实践中在分配利润时的无所适从,也容易引起争议甚至是诉讼。因此,本书认为,公司法应对"税后利润"的定义进行明确,并与会计制度中的净利润概念统一起来。

最后,公司法中规定的利润分配顺序与会计制度中的利润分配顺序也不一致。根据我国《公司法》第166条的规定,公司税后利润在弥补亏损、提取法定公积金后应按公司股东会或股东大会决议提取任意公积金,然后才在股东之间按一定比例进行分配。根据《企业会计制度》,企业净利润在弥补亏损、提取法定盈余公积金后,[②]即支付优先股股利,在支付优先股股利之后才提取任意盈余公积,然后才是普通股股利的支付。在公司法中向股东支付股利是在任意公积金之后,而《企业会计制度》则将优先股股利支付置于任意盈余公积之前,二者之间不一致。根据《优先股试点管理办法》,如公司发行了具有强制分红条款的优先股,则当公司有可分配税后利润时必须向优先股股东进行分配。[③] 公司有税后利润时,因为法定公积金是法律的强制性规定,因此必须依法进行提取,但是任意公积金则是公司股东大会可自行决定提取的公积金。既然公司在发行具有强制分红条款的优先股时股东大会已同意公司有税后利润时即向优先股股东分配,那么嗣后公司股东大会也不得以提取任意公积金为由而拒绝或减少向优先股股东的分配。因此,本书认为,《企业会计制度》中规定的分配顺序更具有正当性。

2. 从实质上看,我国的公司分配限制规则并不能有效保护债权人利益,也不能平衡债权人和股东的利益

从我国公司法所规定的公司股利分配限制规则看,我国公司法实行的是属于资产负债表测试的累积利润测试。从前文的分析可见,该种测试标准不能真正保护公司债权人的利益。我国的公司股利分配限制规则将公司

① 高翠莲、刘畅:《我国公司利润分配基础辨析》,载《山西财政税务专科学校学报》2010年第3期。

② 《企业会计制度》中规定的法定公益金在2005年公司法修改后已被废除。参见财政部《关于〈公司法〉施行后有关企业财务处理问题的通知》(2006年)。

③ 中国证监会《优先股试点管理办法》(2014年)第68条。

资本以及法定公积金作为债权人保护的“专属基金”而不得进行分配。在我国公司法已彻底取消公司法定最低注册资本制后，公司的资本可能微不足道，如果这样，以注册资本50%为上限的法定公积金也就失去作为债权人债权担保的意义了。债权人最关注的公司的偿债能力并没有在我国公司法的股利分配限制规定中得到体现。这样很可能产生对债权人的保护不足。举例说明。假设甲公司有资产100万元，但其中90万元的资产为难以变现或虽能变现但会大打折扣的资产；公司有负债80万元，其中有50万元为即将到期的短期负债。假设公司当年税后利润在弥补亏损、提取各种公积金后尚有现金20万元。根据公司法的规定，该20万元由公司股东会决议是全部可以分配给股东的。但是，公司将20万元现金全部用于分配后，公司却可能无法清偿其到期的50万元短期债务。由于该股利分配完全是符合公司法规定的，不能得到清偿的债权人并不能主张接受分配的股东返还。相反，我国的股利分配标准也可能对债权人保护过度。如果一个公司有庞大的注册资本金、资本公积和法定公积金，只有少量的债务，却没有累积利润时，如果公司股东有切实的现金需求，其也不能从公司分得股利。如果要取得分配，也必须先进行减资，再进行分配；或者当资本较小而公积金较大时，需要先将公积金转增资本，再进行减资。而且，还需要提前清偿债务或给本没有担保的债权人提供担保。这显然是对债权人的过度保护。

公司法所规定的资本公积金不得用于弥补亏损的规定也未体现股东与债权人利益的平衡。我国公司法规定公司公积金可以用来扩大经营、转增资本和弥补亏损，但是特别规定资本公积金不可用于弥补亏损。回顾我国公司法修改的历史，1993年公司法并没有禁止资本公积弥补亏损。2005年公司法修改时特别规定资本公积金不可用于弥补亏损，其很可能是为了配合我国资本市场监管者的要求，防止上市公司将由于债务重组而产生的资本公积的增加值用于弥补公司亏损，从而在账面上扭转亏损。① 但是，在公司现实经营中，无论是公司资本金，还是资本公积金，其并不体现为任何独

① 刘燕：《新〈公司法〉的资本公积补亏禁令评析》，载《中国法学》2006年第6期。

立的财产，而是体现为一个账面上的数字，其实际所代表的财产，无论表现为现金、存货还是固定资产，都已经与公司其他财产混同而不可分割。在公司实际经营中，公司以其拥有的全部资产用于营业并承担风险。当公司经营发生巨额亏损时，公司的净资产可能已经小于公司的资本（或大于资本但小于资本与资本公积之和），在这种情况下，代表公司资本公积的财产事实上已被部分或全部亏损掉了。此时，用资本公积弥补亏损不过是一种账面上的调整，并不会产生公司资本的净流出，因此也不会减少作为公司债权人一般担保的公司资产，不会损害债权人的利益。但是，以资本公积弥补亏损对股东而言却是有利的，因为累积亏损的部分或全部弥补可以为公司未来盈利时进行分配留出空间，因此届时公司利润就不必先用来弥补亏损了。这也可以有效地吸引潜在的投资人投资于公司。然而，用公司资本公积金弥补亏损，有可能在当年公司没有可分配利润的情况下产生账面上的可分配利润，从而损害债权人的利益。对此解决办法是：(1)要规定所有者权益不同科目资产弥补亏损的顺序。依次应为：当年利润—任意公积金—法定公积金—资本公积金—资本。(2)资本公积弥补亏损后不得产生当年可分配利润。另外，根据我国会计制度，记入公积金这一会计科目的不仅有股本溢价、捐赠、国家拨款等伴有实际资产流入的金额，而且包含资产价值重估增值等未实现利润。在公积金弥补亏损时应该仅用有实际资产流入的公积金金额来弥补亏损。①

（二）对公司股份回购、回赎法律限制的分析

我国公司法规定了有限责任公司异议股东股权强制回购请求权以及股份有限公司回购股份的六种例外情形。有限责任公司异议股东股权回购请求的规定中，并未规定有限责任公司回购股权后如何进行处理，是一律采取减资的方式，还是可以先回购，再出售给第三人。在股份有限公司股份回购的规定中，分不同情形进行处理：(1)以减资为目的而回购的股份应在收购

---

① 刘燕：《新〈公司法〉的资本公积补亏禁令评析》，载《中国法学》2006年第6期。

之日起 10 日内被注销;(2)将股份用于员工持股计划或者股权激励,用于转换上市公司发行的可转换为股票的公司债券及上市公司为维护公司价值及股东权益为目的的回购应在 1 年内转让或者注销;(3)与持有本公司股份的其他公司合并以及因股东对公司分立、合并持异议而回购的股份则应于回购之日起 6 个月内转让或注销。

基于前文对公司股份回购法律限制的论述,我国公司法对公司股份回购的财源限制缺乏明确规定。股份回购意味着公司财产向股东的净流出,当然会对债权人产生影响。因此,各国公司法莫不对股份回购的财源进行限制,以保护公司债权人。中国证监会关于上市公司股份回购的一系列规定虽然涉及股份回购对债权人的保护,以及可以发行优先股筹措资金来回购股份,但是,一则这些规章中相关措辞不清晰,没有明确地对回购的财源进行限制;二则该等规则仅为证监会的行政规章,立法层级低,且仅对上市公司有效。

(三)对减资的限制

减资分为两种:其一为以股份回购的方式进行减资;其二为减资以弥补亏损为目的。第一种减资伴随公司资产净留出,而后一种减资则仅是账面上的调整,并没有真实资产流出公司。即使是在第一种减资中,如果回购股份的财源为公司当年的可分配利润,则对债权人利益也并无实质不利影响。

我国公司法并未区分这些减资的不同情形,而一律课之以通知、公告等烦琐的法律程序限制,并要求对债权人进行清偿或提供担保。如前文所述,公司减资并不必然影响公司债权人的合法权益,当公司从其当年税后可分配利润从支付回购款,或者以新发股份所筹措的资金支付回购款时,债权人利益并未受到不合理影响,在这种情况下要求公司提前清偿债务或提供担保就构成了对债权人利益的过度保护。

三、合理构建我国公司分配法律限制

基于本书关于公司分配法律限制的比较法研究、两种不同分配限制测试的比较以及我国公司法中关于公司分配法律限制的缺陷,本书对我国公司分配法律限制规则完善提出远期改革目标和近期改革目标。建议我国公司法先依据近期改革目标进行改革,近期改革目标实现后再着手远期改革目标的实现。之所以作出这样的建议,是考虑到我国目前公司立法、司法以及理论的现实决定公司分配法律制度改革不可能一蹴而就,而需渐进地进行改革。远期目标是我国公司分配限制规则改革的最终方向,因此先论述远期目标,次而论述近期目标。

(一)我国公司分配法律限制规则改革远期目标

第一,要将公司股利分配、股份回购、股份回赎,以及与公司分配相关的减资,都在公司法上统一规定为公司分配,而适用统一的法律限制规则。

第二,在分配法律限制标准上应采取偿付能力测试为唯一的标准。根据前文分析,各资产负债表测试与公司债权人保护并不相关,只有偿付能力测试才能真正保护债权人的利益。

(二)我国公司分配法律限制规则改革的近期目标

鉴于公司资本维持原则仍作为我国公司法所坚持的一项原则,因此,公司分配法律限制规则改革的近期目标是:在仍保留这一原则的基础上一方面加强对公司债权人的保护,另一方面则在公司、股东和债权人利益之间达至平衡。因此,以下近期改革是必要的:

第一,在公司股利分配方面,可以保留目前所适用的累积利润标准,但同时应并列采取偿付能力标准。公司的偿付能力标准应关注两个方面:(1)当公司不能清偿其到期债务,或者股利分配会导致公司不能清偿到期债务时,公司不得进行分配;(2)公司股利分配不得损害公司的持续经营。可以规定,在公司作出分配决定后1年内公司可以作为一个持续经营的实体经营其业务。①

---

① Jonathan Rickford, *Legal Approaches to Restricting Distributions to Shareholders: Balance Sheet Tests and Solvency Tests*, European Business Organization Law Review 7: 135, 175 (2006).

第二,在公司股份回购方面,应秉持与股利分配相同的标准,即偿付能力测试与资产负债表测试的结合。但与股利分配时的财源限制相比,应允许公司以新发股份所得融资款进行股份回购。应该说中国证监会已注意到公司分配时对公司到期债务以及公司持续经营的影响。如前文提及,中国证监会在《上市公司回购社会公众股份管理办法(试行)》第 15 条中规定,财务顾问应就股份回购出具独立财务顾问报告,报告应包含以下内容:"……(三)结合回购股份所需资金及其来源等因素,分析回购股份对公司日常经营、盈利能力和偿债能力的影响,说明回购方案的可行性。"关于以发行新股所得收入来进行股份回购,《鼓励上市公司兼并重组、现金分红及回购股份的通知》第 11 条也有规定。另外,股份回购应与股份回赎适用相同的财源限制。

第三,在减资方面,应区分不同情况实行不同的减资程序:(1)减资仅为弥补亏损。这种情况下,本身并无资产从公司流出,所以应豁免适用冗长而苛刻的债权人保护程序。但是,由于弥补亏损本身可能会产生当年或以后可分的利润,而这些可分配利润如果没有减资就不会产生,因此要规定减资当年不得产生可分配利润,而且在两年内,除非法定公积已达到一定比例的标准,否则也不得进行利润分配。(2)以可分配利润进行股份回购来减资。如果回购所支付的金额来自当年税后利润中的可分配部分,则也应豁免相关的债权人保护程序。(3)利用公司资本或公积金来减资。在这种情况下,应与目前公司规定一样,适用公司债权人的保护程序。

第五章

分配责任论:违法分配的法律责任

上一章论述了公司分配的法律限制。该等法律限制旨在通过给公司以及决定公司分配的公司机关设定行为模式,以期通过这些行为模式的完全遵守保护公司债权人的利益。但是,如果当事人违反了这些法律限制,则构成违法分配,需要承担不利的法律后果。

第一节　违法分配责任的比较法考察

一、欧盟公司法指令上的违法分配责任

欧盟《公司法指令》第 18 条规定,如果公司存在任何违反指令第 17 条的股利分配,则股东必须将获得的分配返还给公司,但前提是这些股东明知分配的违法性,或者虽不明知,但根据当时的情形应当知道其是违法的。[①] 欧盟公司法指令没有规定公司回购和减资的法律责任。欧盟公司法指令仅是为其成员国提供一个最低限度的法律标准,具体的关于违法分配的法律规定由其成员国在此基础上自行制定。

---

① Art. 18, Directive 2012/30/EU.

二、英国公司法上的违法分配责任

(一)股东责任

英国2006年《公司法》第847条规定了在违法股利分配时股东的返还责任。根据该条规定,如果股东在股利分配时知道或应当知道该分配是违法的,那么:(1)该股东就有义务将其所获得的支付(或其中一部分)归还给公司;或者(2)当公司股利分配是以非现金进行的,则股东须向公司返还股利分配时与该非现金分配价值相当的金额(或一部分)。[①] 值得注意的是,英国《公司法》第847条并没有说违法分配行为是无效或可撤销的。关于股东"应当知道"的标准,通常认为只要其收到公司的财务报告,无论其是否阅读,都可认为其已经知道。另外,从股东有义务归还的部分看,其应该是超过应分配金额的那部分。除了英国《公司法》第847条的成文法规定外,股东也可能基于英国普通法而承担违法分配的责任。根据英国普通法原则,如果股东知道其所收到的分配是(董事)违反信义义务的结果,则其也应承担违法分配责任。与英国公司法上的股东违法分配责任不同,普通法上的股东违法分配责任必须基于董事违反信义义务,而英国成文公司法上的股东违法分配责任则不依赖于董事违反信义义务。

(二)董事责任

英国的成文公司法中并未规定董事在违法分配中的责任。本书认为,这是因为按照2006年英国公司法,公司分配是由股东会而非董事会来决定的,按照权力责任相配比的原则,在违法分配的情况下由股东承担责任更为合理。但是,英国的普通法却确立了公司董事在违法分配中的责任。根据英国普通法,在违法分配的情况下,董事应向公司承担责任,承担责任的范围可能为违法分配股利的总额。关于董事违法分配的归责原则,英国学者之间似乎存在分歧。有观点认为,董事违法分配股利的责任应为无过错责

---

① s. 847(2), Company Act 2006, U. K.

任,这是因为董事的分配决定依赖于公司的会计报告,因此并不难以遵循。但是,如果董事能依英国《公司法》第1157条证明其行为是“诚信和合理”的,[①]则其可能不会承担责任。[②] 但也有观点认为英国董事违法分配责任应为过错责任。[③]

三、德国公司法上的违法分配责任

(一)关于股份公司的违法分配责任

1. 股东的返还责任

德国《股份法》第62条规定了违法分配责任。根据该条:(1)如果股东接受违法分配,仅当股东知道或因过失而不知道时,股东才负有返还的义务;(2)若债权人不能从公司获得清偿则债权人可以行使上述第(1)项的请求权;(3)上述返还请求权的消灭时效为10年。根据第62条的规定,其既适用于股份回购的场合,也适用于公司股利分配的场合。当德国股份公司发生违法分配,仅有过错的股东才负有返还义务。该请求一般由公司来行使,股东无权行使。但是,当公司陷入不能清偿的境地时,债权人可以代公司来主张。一般认为,如果股东大会违反《股份法》第57条第1款(不得返还出资)和第3款(仅允许向股东分配结算盈余)的规定,则其作出的股东大会决议无效。[④]由上可以看出,股东所承担的违法分配返还责任是过错责任。

2. 董事的赔偿责任

根据德国《公司法》第93条第1款、第2款、第3款,当公司董事违反注意义务,违法从事向股东返还出资、向股东支付股利、取得公司自身股份或

---

① s. 1157, Company Act 2006, U. K.

② Paul L. Davies and Sarah Worthington, *Gower & Davies Principles of Modern Company Law* (Ninth Edition), Sweet & Maxwell, 2012, p. 313.

③ Jonathan Rickford, *Reforming Capital Report of the Interdisciplinary Group on Capital Maintenance*, 15 Eur. Bus. L. Rev. 919, 973 (2004).

④ [德]托马斯·莱塞尔、[德]吕迪格·法伊尔:《德国资合公司法》,高旭军等译,法律出版社2005年版,第307页。

分配公司财产等行为时,其应该就此而对公司造成的损害承担连带赔偿责任。如果董事从事的该等违法行为系(事先)由股东大会作出决议则可免除董事的该等赔偿责任,但监事会的(事先)决议不可免除其责任。但公司股东大会可以在该赔偿请求权产生 3 年后,经股东大会同意并没有超过持股10%以上股东反对的情况下免除董事的该等责任或与董事达成和解。当公司债权人不能从公司获得清偿时,其也可以直接向董事主张公司的赔偿请求权,此时,公司不能免除董事的赔偿责任。[①] 从以上规定看,董事赔偿责任应为过错责任,系由于董事违反其勤勉义务。在向公司承担责任的情形下,董事的责任为连带责任,在向债权人承担责任的情形下,其应为补充赔偿责任。根据第 93 条的规定,对董事的请求权的消灭时效若为上市公司为 10 年,其他公司为 5 年。

德国学者认为,以上董事的赔偿责任对董事的约束作用有限,因为只要公司没有处于丧失清偿能力的境地,就只有公司享有向董事的赔偿请求权,而公司是由董事会来代表的。因此,德国学者也在讨论进一步加强董事的违法分配赔偿责任。

(二)关于有限责任公司的违法分配责任

1. 股东的违法分配责任

德国《有限责任公司法》第 31 条规定了有限责任公司违法分配的责任。根据该条规定:(1)如果公司分配违反《有限责任公司法》第 30 条的规定,则被违法分配的金额须返还给公司;(2)但是如果受领股东为善意的,则只能要求其在清偿公司债务所必需的范围内进行返还;(3)如果从个别股东处不能取得返还,则其他股东在公司债权人不能受偿的范围内按其持股比例进行分摊;(4)以上返还义务不得免除;(5)以上第(1)项请求权的消灭时效为

① 德国《股份法》第 93 条,载《德国商事公司法》,胡晓静、杨代雄译,法律出版社 2014 年版,第 107 页。

10 年，第(3)项请求权的消灭时效为 5 年。①

从上文来看，有限责任公司股东的违法分配返还责任不以过错为前提，但如果接受分配的股东是善意的，则请求的金额仅限于公司不能清偿债权人的部分。德国主流观点认为，如果接受分配的人存在故意或重大过失，则其就不是善意的；善意乃是指接受分配的股东相信公司分配符合德国《有限责任公司法》第 30 条第 1 款所规定的不得将基本资本的财产返还给股东的要求。②

2. 业务执行人的违法分配赔偿责任

根据德国《有限责任公司法》第 43 条的规定，当公司业务执行人违反其对公司应负有的一个通常商人的注意义务，违反该法规定向股东支付或回购自身营业份额，则其须向公司承担连带损害赔偿责任。如果该赔偿责任对于向公司债权人清偿债务是必需的，则不得因其为执行股东会决议而被免除。对业务执行人的损害赔偿请求权的消灭时效为 5 年。③ 另外，根据德国《有限责任公司法》第 31 条第 6 项，如果有限责任公司股东依第 31 条第 3 项承担了填补返还责任，且公司业务执行人对违法分配有过错的，则公司业务执行人须对履行了填补返还责任的股东承担连带赔偿责任。从以上可以看出，有限责任公司业务执行人所承担的违法分配责任为过错责任。

四、日本公司法上的违法分配责任

(一)业务执行者的违法分配责任

日本《公司法》第 461 条规定，公司股份回购和盈余分红时向股东支付

---

① 德国《有限责任公司法》第 31 条，载《德国商事公司法》，胡晓静、杨代雄译，法律出版社 2014 年版，第 38 页。

② [德]托马斯·莱塞尔、[德]吕迪格·法伊尔：《德国资合公司法》，高旭军等译，法律出版社 2005 年版，第 621 页。

③ 德国《有限责任公司法》第 43 条，载《德国商事公司法》，胡晓静、杨代雄译，法律出版社 2014 年版，第 43 页。

的金钱金额不得超过该等行为生效日公司的可分配额。[①] 该法第462条规定,如果股份公司违反上述第461条的规定,则因为该等违法分配而接受金钱给付的人和执行了该等违法分配的公司业务执行者(指公司执行董事或日本法务省令规定的其他执行公司业务的主体)以及第462条第1款第1项至第6项所列的其他人,应该连带地承担向公司返还违法分配接受者因违法分配接受的金钱的账簿价额。[②] 第462条第1款第1项至第6项所列的其他人包括:公司股份回购或盈余金分红时,如该等决议由股东会作出,则为向股东会提案的董事;如果该等分配由董事会决议,则为向董事会提案的董事。但根据第462条第2款的规定,上述业务执行者和董事如果能证明其已尽注意义务时,则其不承担违法分配责任。第3款规定,业务执行者或董事的违法分配责任不得免除,但全体股东可以在可分配金额的限度内一致同意对其进行责任免除。

(二)股东的违法分配责任

根据日本《公司法》第462条的规定,接受违法分配的股东应将其接受支付的账面金额返还公司。该责任是无过失责任。但是,出于对善意股东的保护,第463条第1款规定,如果股东在接受违法分配时是善意的,则即使第462条中所规定的业务执行者向其提出追偿的请求,其也不承担义务。但是,根据第463条第2款的规定,债权人有权要求公司股东以债权额和接受分配额孰低向其承担责任。在这种情况下,股东不得以善意对抗。日本学者认为,债权人的该种请求权并不以公司无清偿能力为要件。[③]

---

① 日本《公司法》第461条,载王保树主编:《最新日本公司法》,于敏、杨东译,法律出版社2006年版,第261页。

② 日本《公司法》第462条,载王保树主编:《最新日本公司法》,于敏、杨东译,法律出版社2006年版,第261页。

③ [日]近藤光男:《最新日本公司法》(第7版),梁爽译,法律出版社2016年版,第364页。

五、美国示范商业公司法上的违法分配责任

美国《示范商业公司法》第 8.30 条规定了董事的行为标准，第 8.31 条则规定了董事因违反这些行为标准可能承担的责任。一般来讲，公司董事违反美国示范商业公司法所招致的所有责任都适用第 8.31 条的规定。但是，《示范商业公司法》第 8.33 条专门规定了违法分配时公司董事的责任，这是示范商业公司法中唯一就特定的董事行为所规定的责任。① 根据该条：当一名董事所投票同意的公司分配超过了《示范商业公司法》第 6.40(a)条所规定的分配限额时，则该名董事个人须就超过合法分配额的部分承担责任，但前提是董事违反了《示范商业公司法》第 8.30 条所规定的行为标准。当一个董事承担责任后，他可以要求其他同意违法分配的董事分担责任，并且可以要求在接受时明知分配违法的股东返还超出其应分得的部分。法律没有规定其他董事的分担责任和明知分配违法股东的补偿责任之间的关系，在现实中由法院根据衡平的原则来进行处理。董事违反示范商业公司法的分配限制或章程规定而应承担的上述违法分配责任仅在分配被衡量之日起 2 年内才能被追究；承担了赔偿责任的董事仅能在其被判定承担赔偿责任起 1 年内向其他董事或股东进行追索。作为免责辩护，董事可以援引《示范商业公司法》第8.30 条(d)(合理注意)(reasonable care)和(e)(合理依赖)(warranted reliance)两项，或者依赖于普通法上的"商业判断规则"。② 美国示范商业公司法没有规定违法分配责任的请求权主体。从美国各州的判例来看，大多数州法院认为董事仅向公司承担违法分配责任，债权人不得直接要求董事向其承担责任。但是，当公司处于解散等特殊状态时，也有州法院判令董事直接向债权人承担违法分配责任。

由上可以看出，美国示范商业公司法上所规定的违法分配责任与上述

① §8.30 - 8.33, MBCA.

② American Bar Association Business Law Section, Model Business Corporation Act Annotated (Fourth Edition), 2013, 8 - 300.

英、德、日等国所规定的违法分配模式有根本性的不同。在英、德、日等国家中,其违法分配责任实行的基本上是董事与接受分配的股东责任的双轨制,即公司或债权人有权不分先后地向二者进行主张。但是,美国将违法分配法律责任的主体仅定位为公司董事,股东仅在当董事被判决承担责任时才受董事的追偿而承担责任。示范商业公司法的这种违法分配责任制度充分体现了"权力—责任"相配比的原则,即董事在公司分配时享有排他的决定权,将其作为违法分配责任的主要承担者也理所当然。

第二节　违法分配责任的构成

一、违法分配责任的构成

(一)责任发生的前提

本书第四章所讨论的公司分配法律限制旨在保护公司债权人利益以及维持公司的持续经营,属于法律的强制性规定。然而,强制性规定本身并不当然能实现其所规定的秩序,只有对违反这种规定的行为施之以制裁,才能保障其功能的最终实现。[①] 因此,当相关主体违反这一强制性规定时必将伴之以否定性的法律后果,此即公司违法分配责任。但是,法律强制性规定并不是违法分配责任产生的唯一原因,如果公司章程对公司分配也作出了限制,那么违反章程的限制而进行分配也会产生违法分配责任。如美国《示范商业公司法》第8.33(c)(1)条就将违反章程的公司分配也作为董事承担违法分配责任的依据。

(二)责任主体

违反法律或章程会导致法律责任的产生。但是谁负此责任呢?责任是

---

① [美]E.博登海默:《法理学:法律哲学与法律方法》,邓正来译,中国政法大学出版社1998年版,第347页。

违反法律规则所导致的否定性后果，而法律规则所遵循的逻辑结构为“要求受其规整之人，应依其规定而为行为”。[①] 因此首先要看哪个主体是“受其规整之人”。显然，公司分配限制旨在于规范公司有权作出分配决定主体的行为，因此违法分配责任主体也必然主要是具有分配决定权的主体。

从本书第二章的讨论可知，诚然由于不同公司法传统，各国对公司分配决定权主体有不同的规定，但从主要国家的立法看，董事会无疑在公司分配决定中扮演着重要角色，因此公司董事必然为公司违法分配责任的主要责任主体。这在美国示范商业公司法中体现最为突出，在该法中董事是违法分配的首要主体，也可说是唯一责任主体。即使在德、日等传统大陆法系国家，由于董事在公司分配中重要的决定作用，因此董事责任在该等国家的违法分配责任中占主要地位。虽然在许多大陆法系国家，公司分配的最终决定权属于股东会，但是，即使是在股东会对公司分配有最终决定权的情形下，适用各种分配限制测试标准，如衡平偿付不能测试或资产负债表测试的依然是董事会，[②]因为仅有熟悉公司财务状况且具有相关经营管理经验的董事才能根据以上测试标准作出判断，股东会对分配的表决也不过是在董事提案推荐以及说明的情况下作出的。如日本公司法就规定，如果公司违法分配则由向股东会提案的董事承担赔偿责任。同时要指出的是，并不是所有参与决议的董事均须承担违法分配责任，仅仅是违反注意义务赞同该等违法分配的董事才对此负责。

相较于公司董事所承担的违法分配赔偿责任，公司股东仅承担返还责任。因为在一般情况下，股东个人对公司分配并没有决定权，作出决定的是作为公司机关的股东会。因此，在发生违法分配的情况下，股东相当于失去了取得该等分配的依据，应此要求其返还也符合情理。但是，当一个公司，特别是股东人数较少的闭锁公司存在控股股东，且控股股东违反其注意义

---

① [德]卡尔·拉伦茨：《法学方法论》，陈爱娥译，商务印书馆2004年版，第132页。

② Leos Lennarts, *Directors' and Shareholders' Liability as a Means of Protecting Creditors of the BV*, European Business Organization Law Review 8:131, 137 (2007).

务的情况下促成违法分配,此时其是否应承担与公司董事类似的赔偿责任呢? 本书认为,在这种情况下,处于控制地位的股东事实上享有公司分配决定权,同时,其也应该对公司承担信义义务,如果其违反这种义务,就应该令其承担对公司的损害赔偿责任。

(三)归责原则

归责原则是指法律基于何种原则而归咎于责任主体,是对归责事由的一般化。归责原则大致可分为过错责任或无过错责任。归责原则的选择体现了法律的价值判断。① 由于现代公司中所有权与经营权的分离,董事被赋予了极大的自由裁量权来经营公司业务。在这种情况下,如果对董事的行为采取无过错责任的归责原则,则会使董事动辄得咎,董事在这种情况下必然畏首畏尾,不敢采取任何承担风险的行为——这对公司、股东和债权人都是不利的。因此,董事承担相关责任不应以某种结果的发生为依据,而应以其是否履行了其注意义务为前提。为此董事的违法分配责任应以其违反其应有的注意义务为其归责原则。从德、日、美三国的法律规定看,仅当公司董事违反了其应有的注意义务其才承担违法分配责任。该注意义务其实就是董事勤勉义务的体现。根据董事的勤勉义务,董事在履行职责时应具有一名合理谨慎的人在类似情形下应有的技能、勤勉以及注意程度。②

与此相对,公司股东并不直接经营公司,因此也无相应的注意义务,其不应对公司承担赔偿责任。一种观点认为,因为在违法分配的情况下公司事实上无权进行支付,并且股东也没有支付对价,因此股东接受违法分配属于不当得利。③ 如果从外观看,当一项公司分配被认定为违法分配,股东先前由此获得的分配金额确实类似于民法上的不当得利。如果是属于不当得利,则受益人就必须负返还义务,而不问受益人是善意还是恶意;只不过善

---

① 程啸:《侵权行为法总论》,中国人民大学出版社 2008 年版,第 102 页。

② Robert Charles Clark, *Corporate Law*, Little, Brown and Company, 1986, p. 123.

③ J. Payne, *Unjust Enrichment, Trusts and Recipient Liability for Unlawful Dividends*, 119 L. Q. R. 583 (2003).

意受益人返还时以其现存利益为限，而恶意受益人则须返还全部利益。① 另一种观点认为，股东接受股利并不属于不当得利，因为根据公司章程公司本来就有向股东支付股利的义务，当股利分配的决议通过后，股东即对公司产生了一项实实在在的、可诉的请求权，这相当于一个合同上的义务，而公司向股东实际支付的股利的对价是上述债权的消灭，因此是有对价的；另外，当分配被认定为违法时，并不当然导致上述合同无效。② 本书认为，股东与公司之间的关系有异于民法上不当得利之债中的受益人与受损人的关系，而是一种公司法上所规定的特殊的关系。在这种关系中，股东的股利分配请求权是其基本股东权利，它伴随股东身份的整个过程，因此，很难说其所得的分配金额"没有法律依据"。德国法学家也认为，在违法分配的情况下，公司对股东的返还请求权属于"特别的公司法请求权"，而不属于民法上的请求权。③因此，当接受分配的股东为善意时，即使分配是违法的，股东也不负有返还责任。从上述比较法研究来看，各国法律均采取这一态度。

二、董事违法分配责任与股东违法分配责任的关系及主张

（一）二者的关系

如上文所述，董事的违法分配责任与股东的违法分配责任是两种性质完全不同的责任。其中，董事的违法分配责任是因为其违反了其注意义务而致公司损害时应对公司所承担的损害赔偿责任。董事承担责任并不以其接受公司分配为前提条件，也不以其是否受益为要件。但是股东的违法分配责任则是一个返还责任，以其所受分配金额为限。如果董事的损害赔偿责任的范围是公司的损失，那么，公司的损失可由非善意股东的返还进行部分补偿，则可在此范围内减少董事的赔偿责任。

---

① 刘心稳：《债权法总论》，中国政法大学出版社 2009 年版，第 124 页。

② Chee Ho Tham, *Unjust Enrichment and Unlawful Dividends: A Step Too Far?*, The Cambridge Law Journal, 64[2005], p. 177 – 211.

③ [德]托马斯·莱塞尔、[德]吕迪格·法伊尔：《德国资合公司法》，高旭军等译，法律出版社 2005 年版，第 308 页。

(二)对责任的主张

董事的违法分配责任会产生赔偿请求权,而股东违法分配责任会产生对股东的返还请求权。违法分配所减损的是公司的财产,因此,仅有公司作为一个独立的法人才有权向董事和股东主张该等请求权。公司债权人和股东均不得进行主张。但是,从各国公司法规定来看,其均赋予公司债权人在公司不能清偿其债务时向董事和股东直接进行主张的权利。日本学者认为,债权人的该种权利应属于民法上的债权人代位权的特例,且不以公司无清偿能力为前提。[①] 本书不同意日本学者的这种观点。本书认为,仅当在公司不能清偿对债权人所负债务时,该债权人才有权直接向董事和股东行使请求权,因为根据民法上的债权人代位权,仅当债务人不能清偿其到期债务时,债权人方得主张。当债权人的债权并无损害之虞时,赋予债权人该权利是不合理的。事实上,德国学者就认为,通常只有在公司财产不足以清偿债务或开始破产程序后,债权人始得主张以上权利。[②] 另外,由于债权人代位行使属于公司的权利,因此,因债权人的该等主张所得利益也应归属于公司,而不能被直接用来对债权人进行清偿。

三、违法分配责任范围

(一)连带责任抑或个别责任

由于分配的决议是由董事会成员集体作出的,因此,当发生违法分配时,赞同该分配的董事应对公司承担连带赔偿责任。该原则也被各国公司法关于董事违法分配责任的规定所确认。至于股东,由于其是个别接受公司的分配,因此其返还责任一般应为个别责任。

但值得关注的是,德国《有限责任公司法》第 31 条却规定:当公司不能

---

① [日]近藤光男:《最新日本公司法》(第 7 版),梁爽译,法律出版社 2016 年版,第 363 页。

② [德]托马斯·莱塞尔、[德]吕迪格·法伊尔:《德国资合公司法》,高旭军等译,法律出版社 2005 年版,第 307 页。

从个别股东处取得应返还的金额时，在清偿公司债权所必需的范围内，其他股东应按其持股比例对该等金额承担填补责任。① 德国学者将这一责任称为“填补返还责任”，且认为这种责任类似于有限责任公司股东的出资担保责任。② 从本书第四章对德国公司分配法律限制的比较法研究来看，德国法对有限责任公司和股份有限公司采取了不同的标准。在有限责任公司部分，法律仅要求公司不得将维持公司基本资本所必要的资产返还给股东。因此，公司违反这一条进行分配时，很可能其已将公司资本返还给股东，从而造成公司资本的不足，这事实上相当于公司股东没有足额出资。因此，基于有限责任公司股东之间人合性较强的特点，同时为了保障公司资本的充足性，德国公司法对其他股东施加了填补返还责任。

（二）责任金额

关于违法分配责任的金额，是以所有分配金额为准，还是仅针对超过可分配额以上的那一部分呢？在这一点上不同的国家立法产生了分化。其中英国和美国仅要求董事和股东承担超过合法可分配额的那一部分，而德国和日本则要求承担所有分配金额。本书认为，要求返还超过合法的部分还是全部取决于是否承认违法分配决议的效力。如果决议有效或至少在可分配额的范围内有效，则股东有权利保留其可分配份额内的部分，在可分配额的范围内也不能视作公司遭受了损失，而是进行了一次合法的分配。但是，如果认为决议无效，则意味着公司向股东给付的全部都不属于合法分配的范围，所有的分配都视为公司的损失，公司应该在就该等损失受到全额补偿后重新作出有效的分配决议。在英国公司法上，虽然分配被认为是违法的，但分配决议本身却并非无效或可撤销的，向股东的返还请求权仅是公司法

① 德国《有限责任公司法》第 31 条，载《德国商事公司法》，胡晓静、杨代雄译，法律出版社 2014 年版，第 38 页。

② ［德］托马斯·莱塞尔、［德］吕迪格·法伊尔：《德国资合公司法》，高旭军等译，法律出版社 2005 年版，第 623 页。

规定的一项特别救济。[①] 同样,在美国示范商业公司法中也只是要求董事向公司赔偿超过合法分配的部分。根据德国《股份法》第 241 条第 3 项,如果股东大会决议的内容违反为保护债权人利益的规定,则该决议无效。因此,德国学者认为违法分配的股东会决议是无效的。[②] 同样,虽然日本公司法没有明文规定违法分配的决议效力,但日本学者认为违法分配责任是以分配决议无效为前提的。[③]

本书认为,决议是否有效是一国法律基于其立法思想和法律传统的选择,其本身并无对错之分。但是两种模式下,似乎只要求就超过合法分配的部分进行赔偿和返还更有效率。因为如果认为决议无效,则应在董事赔偿和股东返还后再次作出分配决议,并根据重新作出的决议再次向股东给付。

(三)责任时限

从上述比较法研究看,德国和美国就违法分配对董事和股东产生的请求权规定了消灭时效,超过该等时效,则公司不得再向董事或股东进行请求。从时间长短看,德国的该等时效(视不同情况为 10 年或 5 年)要长于美国示范商业公司法上规定的时效(视不同情况为 2 年或 1 年)。日本公司法虽然没有明确规定公司违法分配责任所产生请求权的消灭时效,但根据日本《商法典》第 522 条的规定,除其他法律规定更短的时间外,商行为所产生债权的消灭时间为 5 年。[④] 各国公司法或商法之所以规定这些消灭时效是为了尊重已持续的事实状态,为商事当事人创造安全、快速的交易条件。[⑤]

---

① Paul L. Davies and Sarah Worthington, Gower & Davies Principles of Modern Company Law (Ninth Edition), Sweet & Maxwell, 2012, p. 311.

② [德]托马斯·莱塞尔、[德]吕迪格·法伊尔:《德国资合公司法》,高旭军等译,法律出版社 2005 年版,第 620 页。

③ [日]山本为三郎:《日本公司法精解》,朱大明等译,法律出版社 2015 年版,第 248 页;参见[日]近藤光男:《最新日本公司法》(第 7 版),梁爽译,法律出版社 2016 年版,第 362 页。

④ 《日本商法典》第 522 条,载《日本最新商法典译注》,刘成杰译注、柳经纬审校,中国政法大学出版社 2012 年版,第 299 页。

⑤ 王保树:《商法总论》,清华大学出版社 2007 年版,第 258 页。

第三节 我国公司法上的违法分配责任

一、我国公司法关于违法分配责任的规定

(一)股东返还责任

我国公司法专门关于公司分配责任的规定十分简单,仅用了1个条文中的一款。我国《公司法》第166条第5款规定,股东会、股东大会或者董事会违反规定分配利润的,股东必须将违反规定分配的利润退还公司。

(二)董事赔偿责任

我国公司法没有专门规定公司违法分配时的董事责任。但这并不意味着在我国公司法下公司董事对违法分配不承担责任。根据我国《公司法》第149条,董事在执行公司职务时违反法律、行政法规或者公司章程的规定,给公司造成损失的,应当承担赔偿责任。由此可见,当公司董事违反其忠实义务和勤勉义务而导致违法分配,从而给公司造成损失时,董事应当就此承担赔偿责任。

二、我国公司法关于违法分配责任规定的不足

(一)现有规定不清晰、不合理

《公司法》第166条第5款要求股东承担返还责任的依据是股东会或董事会违反"前款"规定。"前款规定"系指第166条第1-4款,分别为:(1)从税后利润中提取法定公积金;(2)法定公积金不足以弥补亏损的应当以当年利润弥补;(3)经股东会决议提取任意公积金;(4)按章程或法律规定的比例分配利润。可以看出,第1-4款既规定了利润分配的程序,也规定了利润分配的数额限制。问题是如果仅是违反了利润分配的程序性规定,是否一定构成违法分配,从而要求接受分配的股东返还呢?举例来说,如果公司在税

后利润中没有提取法定公积金,直接向股东分配了利润,但其分配的利润却只是税后利润的一部分,公司仍留存了大量的利润足以涵盖应提取的法定公积金的数额。在这种情况下是否会构成违法分配责任呢?本书认为,违法分配构成是指公司分配违反了法律或章程规定的可分配金额限制,就是把不应分的分掉了,这样才会产生返还责任。如果一项分配仅仅是分配时的程序有问题,而并未违反法律或章程规定的可分配额,则并不构成违法分配,股东也不负有返还责任。该等程序瑕疵从会计上处理予以补正即可。

另外,《公司法》第 166 条的"前款规定"显然也未包含第 168 条,即关于公积金用途的规定。而第 168 条却会影响公司的可分配数额。假设公司违反第 168 条的规定,以资本公积金弥补了亏损,从而依《公司法》第 166 条第 1－4 款产生了本不可分配的利润。如果按《公司法》第 166 条第 5 款的规定,该分配并不属于违法分配,因为其并没有违反《公司法》第 166 条第 1－4款的规定。但在这种情形下,公司显然违反了公司法关于可分配数额的规定。

综上,我国公司法仅有的关于违法分配的一款规定表述非常不清晰,且不合理。其可能导致应属合法的分配违法,而应属违法的分配合法。而且,在违法分配时不区分股东是否善意而一律要求其返还的规定也不合理。

(二)违法分配规定过于简单、必备规范缺失

从前文所述比较法研究看,几乎所有涉及的国家都对公司违法分配责任进行了全面而系统的规定,这些规定包括:承担责任的主体、有请求权的主体、归责原则、责任性质(连带或个别)、责任范围(全部返还还是只返还超过可分配的部分)以及责任的消灭期限。而以上规定大部分在我国公司法关于违法分配责任的规定中是缺失的。过于粗陋和不清晰的立法必然会引起公司运营和司法实践中适用的困难性,并且容易引发纠纷。

三、我国公司违法分配法律责任的完善

基于本书的比较法考察、对公司违法分配法律责任的分析以及对我国

相关立法缺陷的认识,本书认为应从以下方面来进行规定,从而完善我国违法分配责任法律制度。

第一,应将超过法律或章程规定的可分配额作为违法分配的唯一原因。公司分配法律限制规则是为了保护公司债权人的利益,而违反这些规则则产生违法分配责任。如果公司分配仅有程序上的瑕疵,但并没有突破法律或章程所规定的可分配额,则不认为损害了债权人的利益,因此也无须追究相关当事人的违法分配责任。

第二,应明确违法分配法律责任的主体为董事和股东。这里的董事是指在董事会决议中同意分配的董事,而股东是指接受分配的股东。董事所承担的责任为对公司的赔偿责任,而股东承担的责任为在其接受分配范围内的返还责任。董事的责任为连带责任,而股东的责任则为个别责任。另外,当对公司享有控制权的股东参与了违法分配的决定,则应使其也对公司承担赔偿责任,性质上与董事的违法分配赔偿责任类似。

第三,应分别规定董事与股东违法分配责任的归责原则。董事的违法分配责任应为过错责任。该过错的判断是其违反了其应有的注意义务,这也事实上与我国现行《公司法》第 147 条和第 149 条的规定相符。另外,接受分配时为善意的股东无须承担返还责任。这里判断善意的标准是股东接受分配时对于违法分配是否为知道或应当知道。

第四,违法分配责任范围应以超过合法可分配额的部分为限。公司分配制度旨在保护债权人利益的同时也应实现债权人利益与股东利益的平衡。合法可分配额范围内的金额本来就是股东根据其分配请求权可以获得的部分,仅在超出该范围外才视为对债权人利益的损害,法律才应予以救济。

第五,违法分配责任所产生的损害赔偿请求权与返还请求权应由公司行使,但在公司不能清偿到期债务的情况下应允许公司债权人行使。违法分配首先减损的是公司的财产,因此,由该责任所产生的损害赔偿请求权与返还请求权应归属于公司,债权人和公司股东均不得行使。仅在公司不能清偿其到期债务时,债权人才可能在清偿债权的范围内代公司行使该权利。

第六,应该规定违法分配产生的损害赔偿请求权与返还请求权的消灭时效。违法分配的损害赔偿请求权与返还请求权均为商法上的债权,为了保障交易的安全,应该规定这两项请求权的消灭时效。

第四节 我国公司法上的"抽逃出资"规则

一、我国公司法上关于"抽逃出资"的规定

(一)定义

"抽逃出资"对我国学者并不陌生,它首次出现于我国于1993年制定的第一部《公司法》。[①] 我国现行《公司法》在规范有限责任公司的第35条规定:"公司成立后,股东不得抽逃出资。"同时,现行《公司法》在规范股份有限公司部分的第91条规定:"发起人、认股人缴纳股款后,不得抽回其股本。"虽然公司法第35条与第91条一个使用了"抽逃出资",另一个使用了"抽回其股本",但二者实质应属一致,本书统称为抽逃出资。另外,我国公司法第200条规定了抽逃出资的行政责任。除公司法外,我国公司法司法解释三以较为详细的规则规定了抽逃出资的表现形式与法律后果,但未对其进行定义。

抽逃出资作为中国公司法领域一个为人熟知和广泛使用的概念,学者对其含义进行了阐释。有观点认为,抽逃出资是指股东在实缴出资后又将其转归个人所有的行为;[②]有学者将其定义为:公司成立后且股东缴纳股款后未经法定程序抽回相当于其出资额的财产而继续保留股东资格的行为;[③]另有观点认为,抽逃出资指公司发起人或股东在公司成立后,将其已缴纳的

① 《公司法》(1993年)第209条。

② 席建林:《试论公司股东抽逃出资的认定及其民事责任》,载《政治与法律》2005年第2期。

③ 赵旭东主编:《公司法学》(第4版),高等教育出版社2015年版,第200页。

出资全部或部分抽回却仍保留出资份额和股东身份的行为；[①]也有学者认为，抽逃出资是指公司成立且股东已缴纳股款后，公司违法向股东返还出资或者股东违法无偿或以不合理低价从公司取得利益并且使股本或资本减少的行为或者交易。[②] 归纳之，抽逃出资有以下特点：其一，其为违法行为；其二，其发生于公司成立且股东缴纳股款之后；其三，股东抽回了作为出资的财产。

（二）表现形式

公司法司法解释三第12条以列举加概括的方式对抽逃出资的样态进行了展示，分别为：(1)通过虚假会计报表产生虚假利润从而进行分配；(2)通过虚构债权债务关系将出资转出；(3)利用关联关系将出资转出；(4)其他未经法定程序将出资抽回的行为。[③] 通过以上列举可以看出，我国司法机关大致上将抽逃出资视为一种含有“虚假”和“欺诈”性质的行为，而这种行为一般以一种表面上的股东与公司之间的交易形式进行。一般来说，股东与公司可能存在两种交易形式，一种为资本性交易，另一种为经营性交易。[④] 资本性交易是指股东仅作为出资人身份与公司进行的交易，如股东的出资、股份回购、股份回赎以及利润分配等；而经营性交易则不限于公司与股东之间，公司可以作为一个独立主体为了公司经营而与任何第三方进行经营性交易，如购买原材料、从银行贷款、出售产品等。但股东有时也会作为公司的相对方与公司进行这种经营性交易，如公司可能从股东或股东控制的另一公司处购买商品或服务。从我国公司法司法解释三第12条的列举看，其中第(1)项应属于股东与公司间的资本性交易，而第(2)、(3)项应属于经营性交易。资本性交易是基于股东身份的特别交易，其一般由公司法进行专

---

① 江必新等主编：《公司诉讼指导案例评选》，法律出版社2013年版，第297页。

② 刘燕：《重构“禁止抽逃出资”规则的公司法理基础》，载《中国法学》2015年第4期。

③ 《最高人民法院关于适用〈中华人民共和国公司法〉若干问题的规定(三)》(2014年)第12条。

④ 刘燕：《重构“禁止抽逃出资”规则的公司法理基础》，载《中国法学》2015年第4期。

门的规范。而经营性交易则更多地由合同法进行规范,而公司法关注的往往是其中的利益冲突、债权人保护和股东保护相关的问题。资本性交易与经营性交易并不是总是界限清晰。本书第一章第二节所讨论的英国法上的"掩饰的分配",就是通过表面上的经营性交易进行实质上的属于资本性交易的公司分配。

(三)抽逃出资的法律责任

公司法司法解释三第14条规定了抽逃出资的法律责任。分为两个部分:其一为抽逃出资股东的返还责任。即将所抽逃出资的本息向公司进行返还。该处的利息如何确定?是按同期银行存款利率?贷款利率?还是公司章程可以进行自由约定?公司法司法解释三没有进行明示。其二为协助抽逃出资的其他股东、董事、高级管理人员或实际控制人的连带赔偿责任。此处规定该等主体承担责任的原因为"协助"。公司法司法解释三没有明示何为"协助"。如果一个董事本身对抽逃出资并不知情,但其没有对公司财务报表进行审慎调查,结果导致利用虚假财务会计报表进行利润分配从而抽逃出资时,该董事的行为是否可以被认定为"协助"呢?在这种情况下董事无疑违反了其注意义务,但是否构成"协助"却可能引起歧义。

根据公司法司法解释三第14条的规定,当产生以上责任时,有两类主体享有请求权。一类主体为公司或其他股东,其可向抽逃出资的股东请求向公司返还本息,并可请求协助抽逃出资的其他主体承担连带责任。另一类请求权主体为公司债权人。公司债权人可以请求在其债权不能被清偿的范围内,要求抽逃股东承担返还责任或要求其他协助抽逃的主体承担连带责任。

公司的请求权易于理解,因为在股东抽逃出资的情况下,首先受损害的是作为独立法人的公司的利益,公司理应具有请求权。有的学者认为,抽逃出资实际上是侵犯公司财产权的行为,属于侵权行为的一种。①

---

① 樊云慧:《从"抽逃出资"到"侵占公司财产":一个概念的厘清》,载《法商研究》2014年第1期。

但是股东进行请求的理由何在呢？因为在抽逃出资的情况下，公司的利益直接受损，股东的利益只是间接受损。本书认为，股东的请求权应依《公司法》第151条的规定，即只能提起股东派生诉讼。公司法司法解释三第14条也侧面承认了股东提起诉讼的"派生性"，因为根据公司法司法解释三第14条，股东只能请求抽逃出资的股东向公司返还出资本息，而非向该主张股东赔偿。根据《公司法》第151条的规定，股东提起派生诉讼必须有两个基本要件：其一为适格股东，即"有限责任公司股东、股份有限公司连续180日以上单独或合计持有公司百分之一以上股份的股东"；其二为公司怠于行使其直接诉权，即经以上适格股东要求后，公司机关仍不行使其权利。因此，本书认为，股东在依公司法司法解释三第14条对抽逃出资股东提起诉讼时，应满足公司法第151条的规定。

在债权人请求的情况下，首先这种请求权的性质是什么呢？学者对此有不同的见解，有学者认为该请求权为第三人侵害债权的侵权请求权，有学者认为该请求权是基于公司法人格否认，而也有的学者认为其是债权人的代位权。[①] 本书认为，在抽逃出资情况下债权人的请求权可能会与第三人侵害债权或者公司法人格否认中债权人向股东的直索权存在一定的重合之处，但是，并不是所有的抽逃出资都会构成第三人侵害债权或者导致公司法人格否认。当发生抽逃出资时，首先是公司的财产权受到损害，所以有权请求返还或赔偿的主体是公司，但是当公司怠于行使其请求权从而使债权人的债权不能受到清偿时，债权人始得以自己名义向法院起诉。本书认为，抽逃出资情形下债权人的请求权为公司法上的一种独立请求权。从严格意义上讲，公司法司法解释三第14条的规定与合同法关于债权人代位权的构成也存在差别。但这不影响借鉴合同法上债权人代位权来理解抽逃出资时债权人的请求权。本书认为，抽逃出资情形下债权人的请求权类似于合同法上的代位请求权，仅当债权人的债权不能被清偿，且公司怠于行使其请求权

① 关于抽逃出资责任中债权人请求权的性质，参见冯静：《抽逃出资民事责任的性质及认定》，载《法学》2015年第6期。

时债权人方得行使。

二、"抽逃出资"规则的困境

(一)"出资"概念的困惑

1. 出资如何抽逃

"抽逃出资"规则的困境源于对"出资"界定的困难。当股东认缴公司出资或认购公司股份时,其产生了向公司的支付义务。当股东履行该义务向公司实际出资时,其出资就与其他股东的出资一道混同构成公司的独立财产。这些财产在金额上体现为公司资产负债表上的一个数额,在物理形态上则可能表现为公司的厂房、设备等财产。假以时日,公司可能通过负债的形式取得更多财产,而这些资产与股东出资形成的财产进一步混同,均构成公司的独立财产。这时,再也无法区分哪些是股东甲的出资、哪些是股东乙的出资。总之,股东出资在其出资的那一刻就已消失。既然已无出资,何来"抽逃出资"?我国有学者就批评"抽逃出资"是一个非常不严谨的术语。①

2. 抽逃的是认缴资本还是实缴资本

意识到"抽逃出资"语义中的逻辑缺陷,有学者进而将"出资"解释为与出资相当的公司财产。② 这一观点认识到了公司出资一旦投入公司便无法加以辨识的事实,从而将抽逃的对象指向与出资额相当的财产。但是,该出资是指实缴资本,还是认缴资本呢?我国学者几乎是一致地认为,该出资是指实缴资本。因为,如果还没有出资,何来抽逃一说。③ 学者还将我国的"抽逃出资"规则与德国公司法中不得向股东返还出资的规定进行了比较,认为

---

① 邹海林:《我国司法实务应对公司注册资本制度改革的路径选择》,载《法学论坛》2014 年第 5 期。

② 赵旭东主编:《公司法学》(第 4 版),高等教育出版社 2015 年版,第 200 页。

③ 赵旭东:《认缴资本制下的股东有限责任——兼论虚报资本、虚假出资和抽逃出资行为的认定》,载《法律适用》2014 年第 11 期;参见江必新等主编:《公司诉讼指导案例评选》,法律出版社 2013 年版,第 297 页。

二者并无实质差别，所不同的仅是：禁止“抽逃出资”是对股东的要求，而“不得向股东返还出资”则是对公司的要求。[①] 然而，仔细研究德国公司法会得出不同的结论。以德国有限责任公司法为例，该法第30条规定，“为维持基本资本所必要的公司财产不得支付给股东”[②]。根据德国《有限责任公司法》第3条第1款第3项规定，基本资本数额必须记载于公司章程。可见基本资本系指公司的注册资本。[③] 该法第5条第1款规定公司最低基本资本应达到25000欧元。根据该法第7条第2款，如果股东的实缴货币出资额加应以实物出资的营业份额的面值达到最低基本资本额的一半公司便可申请商事登记。从上述条款不难看出，德国《有限责任公司法》第30条所述的“基本资本”是认缴资本的概念，而非实缴资本的概念。德国学者由此认为，第30条中的基本资本“是章程确定的基本资本金额，而与基本出资的缴付、追加出资和附属义务没有关系”。[④] 由此可见，即使从德国《有限责任公司法》第30条的字面意思来理解，德国公司法上的资本维持也指的是注册资本或者是认缴资本，而非实缴资本。更何况，在德国无论是有限责任公司还是股份公司，除基本资本或股本不得返还给股东外，资本公积金和法定公积金也是不可分配的；在股份公司部分，德国法更规定分配仅能来源于盈余。[⑤] 由此看出，德国公司法上的资本维持原则，其实扩大到公司的整个资产了。

由此可见，德国公司法上的禁止返还资本与我国公司法上的“抽逃出资”有着根本性的区别。前者体现资本维持原则对于公司资本（指认缴资本）乃至公司资产的维持，而后者体现的仅是对实缴资本的维持。但是与认

---

① 刘燕：《重构“禁止抽逃出资”规则的公司法理基础》，载《中国法学》2015年第4期。

② 德国《有限责任公司法》第30条，载《德国商事公司法》，胡晓静、杨代雄译，法律出版社2014年版，第37页。

③ 德国《有限责任公司法》第3条，载《德国商事公司法》，胡晓静、杨代雄译，法律出版社2014年版，第25页。

④ ［德］温德比西勒、［德］怀克：《德国公司法》，殷盛译，法律出版社2010年版，第367页。须指出，该书中用的是“原始资本”的概念，但根据上下文，应指本书中所使用的“基本资本”，二者只是中文翻译用词不同。

⑤ 详见本书第四章第二节。

缴资本相比，实缴出资并未被要求进行强制公示，因此不具有公信力，这就留给了股东进行恣意操作的空间，从而可能成为商业欺诈的工具。[①] 此外，需要思考的是，在2013年公司法修订后，如果我国仍坚持资本维持原则的话，那么其维持的究竟是什么？还是如有学者指出的："因其再没有可资参照的维持数额，资本维持已经上升为一种理念……"[②]

(二)"抽逃出资"法律认定和适用上的困难

如果抽逃出资中的"资"系指实缴资本。那么在股东缴纳出资后，所有来源于股东的财产均已混同成为公司独立财产的情况下，如何判断股东抽逃的是实缴资本，还是公司财产的其他部分呢？公司法司法解释三第12条所列举的几种情形并没有给出明确的判断标准。第12条列出的第1项为利用虚假会计报表虚增利润进行分配。因为利润分配可能涉及公司的任何财产，所以无法判断其是否分配的是股东已实缴的出资。第12条列举的其余3项的描述为"出资转出"或"出资抽回"，这等于循环论证，并没有提供有价值的判断标准。对此学者认为，当公司资产负债表所有者权益部分仅有"股本"一项时，则公司向股东的任何无偿财产流出均构成抽逃出资；当公司资产负债表所有者权益部分除股本外，还有公积金和留存利润，但公司向股东的支付却多于留存利润和公积金之和时也构成抽逃出资。[③] 这种将抽逃出资基于公司资产负债表上所有者权益部分数据的判断方法确实提供了较为明确的指引。但问题是，当公司存在利润和公积金但公司向股东无对价地支付多于留存利润和公积金的金额时，应如何适用法律？由于我国公司法下的抽逃出资法律责任部分仅针对被抽逃的资本，那么被支付的公积金部分应适用什么法律责任呢？无论适用什么法律责任，这都会造成同一项支付行为被人为分割且适用不同的法律判断规则，承担不同的法律后果。这

---

① 赵旭东：《资本制度变革下的资本法律责任——公司法修改的理性解读》，载《法学研究》2014年第5期。

② 赵万一：《资本三原则的功能更新与价值定位》，载《法学评论》2017年第1期。

③ 刘燕：《重构"禁止抽逃出资"规则的公司法理基础》，载《中国法学》2015年第4期。

样不仅徒增司法成本，而且也很难说具有公平性。

三、分配限制及违法分配法律责任是解决抽逃出资的有效途径

根据本书第一章对于公司分配的定义，公司分配系指公司向股东的任何无对价的财产转移。根据这一定义，我国公司法上的抽逃出资无疑是包含在其中的。事实上，区别于我国公司法将股利分配作为公司分配唯一方式的方法，公司法司法解释三第 12 条在判断是否构成“抽逃出资”时采取了实质性的标准，即无论股东通过何种方式，只要发生了出资受损则认定为抽逃出资。仅从这一点上来说，其体现了与本书中所述的公司分配相似的实质认定标准。可以说，公司法司法解释三中所规定的抽逃出资似乎承担了公司分配概念的类似使命。[①] 当然，本书所述的公司分配概念更为灵活，完全可以涵盖抽逃出资的范围，而抽逃出资规范却只是局限在更窄的范围之内。所以正确的推理是抽逃出资应适用公司分配规定，而不是相反。

用违法分配责任来规范抽逃出资可以更好地体现公司资产信用的价值理念，可以解决抽逃出资中“出资”难以定义的困境。我国 2005 年和 2013 年两次公司法的修改，都体现了从资本信用到资产信用的转变。目前，公司资产信用也成为我国学者的共识。公司分配将公司所有资产向股东的无对价流动作为其关注目标，并以统一的标准来判断该等财产流动的合法性，其体现了对公司资产的整体的关注。因此，在统一的公司分配制度下，无须区别这些转出的财产哪些是公司的资本，哪些是公积金，自然也没有必要对“出资”进行定义了。

另外，由公司违法分配责任来规范抽逃出资也可以保证对同一行为法律适用的一贯性。如果一项向股东的分配违反了公司分配的法律限制，从而构成违法分配，则对其适用统一的法律责任，而不问该等分配是涉及不可

① 张保华：《分配概念解析——兼评〈公司法司法解释（三）〉中的抽逃出资》，载《政治与法律》2011 年第 8 期。

分配利润(如未弥补亏损的利润)、法定公积金、资本公积金或者是股本。这样可以大大简化法律适用规则,在给当事人提供更为清晰的预期的同时会大大减少法律适用的成本。当然也会避免同一分配行为却要适用可能宽严完全不同的法律责任。

结 论

根据我国《民法典》第76条的规定，公司是营利法人，以取得利润并分配给出资人为目的。可见，公司分配是公司这一商业组织的固有机制，也是股东成立公司的目的所在。正是因为公司分配对于公司的重要性，当今世界主要国家公司法莫不对公司分配制度详细加以规定，以求建立公司向股东财产流动的合理有效机制。本书全面地对公司分配法律制度进行了研究，目的是为我国公司分配立法提供有价值的参考。本书的研究采取了“主体—行为模式—法律责任”的进路。经过全书的研究后，本书得出以下主要结论。

第一，公司分配法律制度应“重实质、轻形式”，采用广义的分配概念。本书认为，公司分配系指公司财产向股东的无对价的转移。在这一定义下，股利分配、股份回购与回赎、公司以负债形式进行分配，以及我国公司法上的所谓“抽逃出资”，统统都是公司分配的具体表现样态。采取公司分配广义界定的好处在于：可以把经济实质相同的交易行为置于相同的行为规范下，并适用相同的法律责任。这样就可以大大节约立法和司法成本，同时也会产生公平的后果。公司分配会减损公司财产，甚至会危及债权人的利益，从而产生外部性。因此，公司分配法律制度的首要价值目标便是保护公司债权人，在此基础上保护公司的持续经营与股东的利益。我国公司法应采广义的公司分配概念，将股份回购和抽逃出资也纳入这一概念下统一进行规范。

第二，公司分配决定权应归于董事会。由于分配决定权涉及公司的经营，因此属于公司经营权的范畴，所以其理应归属于董事会，或者至少由股东会与董事会进行分享。但是，由于现代公司中的代理问题，公司分配决定权存在被滥用的可能性，所以必须通过股东权利保护和对董事施加以信义义务的方式来防止董事会分配决定权的滥用。在我国，董事会仅有权制订公司利润分配方案，股东会才有权决定公司分配。并且，公司利润分配提案权也并不是专属于董事会，适格的股东个人也可以向股东会提案进行利润分配。这样董事会对公司分配的影响力所剩无几。我国公司法的这种规定不符合现代公司治理原则，也没有充分认识到公司分配决定权属于公司经营权的本质。因此必须重新审视，择机修改。

第三，闭锁公司的公司分配决定权存在特殊性，因此需要对小股东进行特别救济。闭锁公司的分配决定权实际上由控股股东拥有。由于闭锁公司股份很难被转让，因此闭锁公司小股东可能遭受大股东的欺压，并无法获得任何分配。由于不存在监督控股股东的内部治理机制和外部治理机制，法院需要对不能合理获得分配的小股东进行司法救济。对于是否应对没有股东会决议支持的股东利润分配请求权进行司法救济，我国理论和司法界一直存在争议。2017 年，公司法司法解释四首次明确地确认了无股东会决议的股东利润分配请求权的司法救济。但是，目前该种司法救济的要件还不甚明确，需要在司法实践中进一步总结。

第四，在公司分配限制标准中，偿付能力测试能更好地保护公司债权人和公司的利益。公司分配法律制度的首要目标就是保护债权人利益。公司债权人不关心公司有多少资本、多少公积金，其唯一关注的是公司的清偿能力。在传统的资产负债表测试下，公司可分配金额或者是基于公司注册资本、公积金，或者是基于公司资产负债表上的数字。但问题是，注册资本、公积金只不过是一些抽象的数额，与债权人的债权并无关联；资产负债表上的数字也并不能客观反映公司的资产变现能力和偿债能力。因此，用资产负债表测试来限制公司分配没有针对性。与之相比，偿付能力测试则直接针对公司的偿债能力，从而能够更好地保护债权人的利益。此外，偿付能力测试也考虑公司持续经营的财产需求和优先股股东的利益，因此也能兼顾公司和股东的利益。我国目前在股利分配上还坚持的是资产负债表测试。本书认为,我国公司法最终目标是采取单一的偿付能力测试,但如果近期无法达到,也可以采取偿付能力测试与资产负债表测试相结合的标准。

第五,违法分配责任应以董事的赔偿责任为主,以股东的返还责任为辅,同时保护善意股东的利益。如本书第二章的讨论,公司分配决定权应归属于董事会。既然公司分配由董事会决定,那么如果该分配是违法的,那就应该主要由董事会来承担责任。如果股东在接受分配时知道或应当知道该分配是违法的,那么股东也应当承担返还责任。本书认为,违法分配损害的是公司的财产权,所以应由公司来行使违法分配的损害赔偿请求权和返还请求权。仅当公司不能清偿其到期债务时,公司债权人才能代公司行使该等请求权。我国《公司法》第 166 条规定股东将违反规定分配的利润退还公司。该规定过于简单,且含义不明确。我国公司法也没有明确规定公司违法分配时的董事赔偿责任。本书认为,应当在参考国外相关立法的基础上建立我国完善的违法分配法律制度。

主要参考文献

一、中文文献

(一)中文专著

1. 刘心稳:《债权法总论》,中国政法大学出版社 2009 年版。

2. 赵旭东等:《公司资本制度改革研究》,法律出版社 2004 年版。

3. 邹海林、陈洁主编:《公司资本制度的现代化》,社会科学出版社 2014 年版。

4. 陈景善:《资本制度现代化与理念的冲突——社会需求与公司法理念博弈》,中国政法大学出版社 2014 年版。

5. 王洪伟:《公司股利分配法律制度研究》,中国民主法制出版社 2009 年版。

6. 马晓芳等:《股份公司分配制度研究》,中国海洋大学出版社 2007 年版。

7. 柯芳枝:《公司法论》(下)(修订版),台北,三民书局 2009 年版。

8. 赵旭东:《公司法学》(第 4 版),高等教育出版社 2015 年版。

9. 甘培忠:《企业与公司法学》(第 7 版),北京大学出版社 2014 年版。

10. 施天涛:《公司法论》(第 3 版),法律出版社 2014 年版。

11. 李建伟:《公司法学》(第 3 版),中国人民大学出版社 2014 年版。

12. 王军:《中国公司法》(第 2 版),高等教育出版社 2017 年版。

13. 张文显主编:《法理学》(第 4 版),高等教育出版社 2017 年版。

14. 邓峰:《代议制的公司》,北京大学出版社 2015 年版。

15. 梁宇贤:《公司法论》,台北,三民书局 2015 年版。

16. 虞政平:《股东有限责任——现代公司法律之基石》,法律出版社 2001 年版。

17. 杜万华主编:《最高人民法院公司法司法解释(四)理解与适用》,人民法院出版社 2017 年版。

18. 徐文彬主编:《会计学原理(新编)》(第 2 版),立信会计出版社 1996 年版。

19. 杨明等主编:《会计学原理》,中国财政经济出版社 2014 年版。

20. 刘俊海:《现代公司法》(第 3 版),法律出版社 2015 年版。

21. 程啸:《侵权行为法总论》,中国人民大学出版社 2008 年版。

22. 王保树:《商法总论》,清华大学出版社 2007 年版。

23. 江必新等主编:《公司诉讼指导案例评选》,法律出版社 2013 年版。

(二)中文译著

1. [德]托马斯 · 莱塞尔、[德]吕迪格 · 法伊尔:《德国资合公司法》,高旭军等译,法律出版社 2005 年版。

2. [日]山本为三郎:《日本公司法精解》,朱大明等译,法律出版社 2015 年版。

3. [美]克拉克:《财富的分配》,陈福生、陈振骅译,商务印书馆 1983 年版。

4. [古希腊]亚里士多德:《尼各马可伦理学》,廖申白译,商务印书馆 2003 年版。

5. [美]E. 博登海默:《法理学:法律哲学与法律方法》,邓正来译,中国政法大学出版社 1999 年版。

6. [日]近藤光男:《最新日本公司法》(第 7 版),梁爽译,法律出版社 2016 年版。

7. [德]温德比西勒、[德]怀克:《德国公司法》,殷盛译,法律出版社 2010 年版。

8. [英]保罗 · 戴维斯:《英国公司法精要》,樊云慧译,法律出版社 2007

年版。

9. [美]玛格丽特·M. 布莱尔:《所有权与控制:面向21世纪的公司治理探索》,中国社会科学出版社1999年版。

10. [美]阿道夫·A. 伯利、[美]加德纳·C. 米恩斯:《现代公司与私有财产》,甘华鸣等译,商务印书馆2005年版。

11. [葡萄牙]路易斯·科雷拉·达·席尔瓦等:《股利政策与公司治理》,罗培新译,北京大学出版社2008年版。

12. [德]卡尔·拉伦茨:《法学方法论》,陈爱娥译,商务印书馆2004年版。

13. [美]约翰·J. 怀尔德等:《会计学原理》(第21版),崔学刚译,中国人民大学出版社2015年版。

(三)中文论文

1. 傅穹:《公司利润分配规则的比较分析》,载《法学论坛》2004年第3期。

2. 张保华:《分配概念解析——兼评〈公司法司法解释(三)〉中的抽逃出资》,载《政治与法律》2011年第8期。

3. 许可:《股东会与董事会分权制度研究》,载《中国法学》2017年第2期。

4. 王萍:《公司抽逃出资法律问题研究——以德国法为主要考系》,载《德国研究》2016年第4期。

5. 李溪洪、陈秀环:《司法不应干涉公司的股利分配自治权》,载《人民司法》2012年第12期。

6. 陈颖:《股东利润分配请求权纠纷之司法裁判困境与出路》,载《人民司法》2009年第1期。

7. 梁上上:《论股东强制盈余分配请求权》,载《现代法学》2015年第2期。

8. 邓峰:《资本约束制度的进化和机制设计——以中美公司法的比较为核心》,载《中国法学》2009年第1期。

9. 邱海洋:《公司分配法律制度研究》,中国政法大学 2002 年博士学位论文。

10. 刘燕:《重构“禁止抽逃出资”规则的公司法理基础》,载《中国法学》2015 年第 4 期。

11. 赵旭东:《从资本信用到资产信用》,载《法学研究》2003 年第 5 期。

12. 赵万一:《资本三原则的功能更新与价值定位》,载《法学评论》2017 年第 1 期。

13. [日]布井千博:《日本公司法的美国法化》,载王保树主编:《最新日本公司法》,于敏、杨东译,法律出版社 2006 年版。

14. 白江:《论资本维持原则和公司资产的保护》,载《社会科学》2007 年第 12 期。

15. 程文进:《美国公司法人地位及股东有限责任原则确立的历史考察》,载《济南大学学报》2000 年第 10 卷第 1 期。

16. 赵渊:《“董事会中心说”与“股东中心说”:现代美国公司治理学说之辨》,载《比较法研究》2009 年第 4 期。

17. [美]迈克尔·詹森、[美]威廉·梅克林:《企业理论:管理行为、代理成本与所有权结构》,陈郁译,载陈郁编:《所有权、控制权与激励》,上海三联书店、上海人民出版社 1998 年版。

18. 王保树:《章程的适用与章程的自治空间》,载渠涛主编:《中日民商法研究》(第 8 卷),法律出版社 2009 年版。

19. 赵旭东、甘培忠、朱慈蕴:《公司利润分配该由谁决定》,载《法制日报》2006 年 6 月 13 日,第 10 版。

20. 尧艳红:《股东大会上的利润分配之争》,载《证券市场周报》2013 年第 29 期。

21. 胡东辉:《评论:董事会推翻股东大会决议全世界都没有 是赤裸裸的违法》,载《证券市场红周刊》2017 年 4 月 21 日。

22. 张辉:《上市公司监管的经验与对策》,载《证券市场导报》2013 年第 5 期。

23. 陈健:《证监会敦促上市公司现金分红》,载《上海金融报》2017 年 4 月 11 日,第 B03 版。

24. 李常青等:《半强制分红政策的市场反应研究》,载《经济研究》2010 年第 3 期。

25. 李慧:《半强制分红政策对上市公司现金分红策略的影响研究》,载《上海经济研究》2013 年第 1 期。

26. 魏志华等:《半强制分红政策与中国上市公司分红行为》,载《经济研究》2014 年第 6 期。

27. 夏芳:《七成上市公司慷慨分红　仅 31 家股息率跑赢银行一年期定存》,载《证券日报》2015 年 5 月 6 日,第 B03 版。

28. 王佐发:《强制上市公司分红未必能保护投资者》,载《经济参考报》2017 年 5 月 16 日,第 008 版。

29. 朱芸阳、王保树:《上市公司现金分红制度的自治与强制》,载《现代法学》2013 年第 2 期。

30. 郝磊:《公司股东股利分配请求权的司法救济》,载《人民司法》2011 年第 1 期。

31. 王欣新:《论法院对股东股利分配请求权的保护》,载《人民法院报》2007 年 1 月 17 日,第 005 版。

32. 李建伟、茅院生:《有限公司强制分配股利之诉的法理基础》,载《现代法学》2010 年第 2 期。

33. 金剑峰:《公司人格否认理论及其在我国的实践》,载《中国法学》2005 年第 2 期。

34. 高旭军:《论“公司法人格否认制度”中之“法人人格否认”》,载《比较法研究》2012 年第 6 期。

35. 刘燕:《新〈公司法〉的资本公积补亏禁令评析》,载《中国法学》2006 年第 6 期。

36. 张春燕:《一起公司利润分配案引起的思考——〈公司法〉与会计制度在利润分配方面的差异与协调》,载《财务与会计》2015 年第 8 期。

37. 高翠莲、刘畅:《我国公司利润分配基础辨析》,载《山西财政税务专科学校学报》2010 年第 3 期。

38. 席建林:《试论公司股东抽逃出资的认定及其民事责任》,载《政治与法律》2005 年第 2 期。

39. 樊云慧:《从"抽逃出资"到"侵占公司财产":一个概念的厘清》,载《法商研究》2014 年第 1 期。

40. 冯静:《抽逃出资民事责任的性质及认定》,载《法学》2015 年第 6 期。

41. 邹海林:《我国司法实务应对公司注册资本制度改革的路径选择》,载《法学论坛》2014 年第 5 期。

42. 赵旭东:《认缴资本制下的股东有限责任——兼论虚报资本、虚假出资和抽逃出资行为的认定》,载《法律适用》2014 年第 11 期。

43. 赵旭东:《资本制度变革下的资本法律责任——公司法修改的理性解读》,载《法学研究》2014 年第 5 期。

(四)中文法规

1.《日本公司法》,于敏、杨东译,法律出版社 2006 年版。

2.《德国商事公司法》,胡晓静、杨代雄译,法律出版社 2014 年版。

3.《公司法》(2018 年修订)。

4.《个人所得税法》(2018 年修订)。

5.《企业会计准则第 34 号——每股收益》(财会〔2006〕3 号)。

6.《证券法》(2019 年修订)。

7. 中国证监会《上市公司回购社会公众股份管理办法(试行)》(2005 年)。

8. 中国证监会《优先股试点管理办法》(2014 年)。

9. 中国证监会《上市公司章程指引(2019 年修订)》。

10.《最高人民法院关于适用〈中华人民共和国公司法〉若干问题的规定(四)》(2017 年)。

11. 中国证监会《上市公司新股发行管理办法》(2001 年,2006 年废止)。

12. 中国证监会《关于加强社会公众股股东权益保护的若干规定》(2004年)。

13. 中国证监会《上市公司证券发行管理办法》(2006年)。

14. 中国证监会《关于修改上市公司现金分红若干规定的决定》(2008年)。

15. 上海证券交易所《上海证券交易所上市公司现金分红指引》(2013年)。

16. 中国证监会《关于进一步落实上市公司现金分红有关事项的通知》(2012年)。

17. 中国证监会《上市公司监管指引第3号——上市公司现金分红》(2013年)。

18. 财政部《企业会计制度》(2001年)。

19. 中国证监会《上市公司回购社会公众股份管理办法(试行)》(2005年)。

20. 中国证监会、财政部、国务院国资委、中国银监会《关于鼓励上市公司兼并重组、现金分红及回购股份的通知》(2015年)。

21.《最高人民法院关于适用〈中华人民共和国公司法〉若干问题的规定(三)》(2014年)。

22.《日本商法典》,刘成杰译注、柳经纬审校,中国政法大学出版社2012年版。

23.《民法典》。

二、英文文献

(一)英文专著

1. Robert Charles Clark, *Corporate Law*, Little, Brown and Company, 1986.

2. Bayless Manning & James J. Hanks, JR., *Legal Capital*, Fourth Edition, Foundation Press, 2013.

3. Paul L. Davies & Sarah Worthington, *Gower & Davies Principles of Mod-*

ern Company Law (Ninth Edition), Sweet & Maxwell, 2012.

4. William T. Allen, Reinier Kraakman & Guhan Subramanian, *Commentaries and Cases on the Law of Business Organization*, Wolters Kluwer Law & Business, 2012.

5. Thomas Bachner, *Creditor Protection in Private Companies*, Cambridge University Press, 2009.

6. William W. Bratton, *Corporate Finance: Cases and Materials*, 7ed, Foundation Press, 2012.

7. Eilis Ferran & Look Chan Ho, *Corporate Finance Law*, Second Edition, Oxford University Press, 2014.

8. Petri Mantysaari, *The Law of Corporate Finance: General Principles and EU Law*, Volume Ⅲ: Funding, Exit, Takeovers, Springer, 2010.

9. H. Kent Baker, *Dividends and Dividend Policy*, John Wiley & Sons, Inc., 2009.

10. Roberta Romano, *Foundations of Corporate Law*, Law Press China, 2005.

11. James Willard Hurst, *The Legitimacy of the Business Corporation in the Law of the United States*, 1780 – 1970, The University Press of Virginia, 1970.

12. Nicholas Bourne, *Essential Company Law*, 3rd Edition, Wuhan University Press, 2004.

13. Frank H. Easterbrook & Daniel R. Fischel, *The Economic Structure of Corporate Law*, Harvard University Press, 1996.

14. Shuangge Wen, *ShareholderPrimacy and Corporate Governance: Legal Aspects, Practices and Future Directions*, Routledge, 2014.

15. Edwin Merrick Dodd, *American Business Corporations Until* 1860, Harvard University Press, 1954.

16. Reinier Kraakmanet al., *The Anatomy of Corporate Law: A Comparative and Functional Approach*, 2d ed., Oxford University Press, 2009.

17. Louise Gullifer & Jennifer Payne, *Corporate Finance Law Principles and Policy*, Hart Publishing, 2011.

18. Arthur R. Pinto & Douglas M. Branson, *Understanding Corporate Law*, Third Edition, LexisNexis, 2009.

19. Martin Schulz & Oliver Wasmeier, *The Law of Business Organizations: A Concise Overview of German Corporate law*, Springer, 2012.

(二)英文论文

1. Jonathan Rickford, *Reforming Capital Report of the Interdisciplinary Group on Capital Maintenance*, 15 Eur. Bus. L. Rev. 919 (2004).

2. Douglas K. Moll, *Shareholder Oppression & Dividend Policy In The Close Corporation*, 60 Wash. & Lee L. Rev. 841 (2003).

3. Henry G. Manne, *Our Two Corporation Systems: Law and Economics*, 53Va. L. Rev. 259 (1967).

4. Richard O. Kummert, *State Statutory Restrictions on Financial Distribution by Corporations to Shareholders*, Part II, 59Wash. L. Rev. 185 (1984).

5. Wolfgang Schön, *Balance Sheet Tests or Solvency Test-or Both?* European Business Organization Law Review 7:181 (2006).

6. Jennifer Payne, *Unjust Enrichment, Trusts and Recipient Liability for Unlawful Dividends*, 119 L. Q. R. 583 (2003).

7. Chee Ho Tham, *Unjust Enrichment and Unlawful Dividends: A Step Too Far?*, The Cambridge Law Journal (2005).

8. Merton H Miller & Franco Modigliani, *Dividend Policy, Growth, and the Valuation of Shares*, 34 J. Bus. 411 (1961).

9. Richard O. Kummert, *State Statutory Restrictions on Financial Distribution by Corporations to Shareholders*, Part I, 55 Wash. L. Rev. 359 (1980).

10. Holger Fleischer, *Disguised Distribution and Capital Maintenance in European Company Law*, Europe Company and Financial Law Review, Legal Capital inEurope, Special Volume 1(Ed. by Marcus Lutter, 2006).

11. Luca Enriques & Jonathan R. Macey, *Creditors Versus Capital Formation: the Case Against the European Legal Capital Rules*, 86 Cornell L. Rev. 1165 (2001).

12. Eiji Takahashi, "*Reception*" *and* "*Convergence*" *of Japanese and German Law*, 12 U. St. Thomas. 228 (2015).

13. Grant Hayden & Matthew T. Bodie, *Shareholder Democracy and The Curious Turn Toward Board Primacy*, 51 Wm. & Mary L. Rev. 2071 (2010).

14. Lisa M. Fairfax, *The Future of Shareholder Democracy*, 84Ind. L. J. 1259 (2009).

15. Bernard S. Sharfman, *A Theory of Shareholder Activism and Its Place in Corporate Law*, 82Tenn. L. Rev. 791 (2015).

16. Milton Friedman, *The Social Responsibility of Business Is To Increase Its Profits*, N. Y. Times, Sept. 13, 1970.

17. R. H. Coase, *The Nature of the Firm*, 4 Economica 386 (1937).

18. Oliver Hart, *An Economist's View of Fiduciary Duty*, University of Toronto Law Journal, Vol. 43, 1993.

19. Armen A. Alchian & Harold Demsetz, *Production, Information Cost and Economic Organization*, 62 Am. Econ. Rev. 777 (1972).

20. Stephen M. Bainbridge, *Director Primacy: The Means and Ends of Corporate Governance*, 97 Nw. U. L. Rev. 547 (2003).

21. Alicia J. Davis, *The Institutional Appetite for* "*Quack Corporate Governance*", 2015 Colum. Bus. L. Rev. 1 (2015).

22. Wesley Newcomb Hohfeld, *Some Fundamental Legal Conceptions as Applied in Judicial Reasoning*, The Yale Law Journal, Vol. 23, No. 1 (1913).

23. Michael C. Jensen & William H. Meckling, *Theory of The Firm: Managerial Behavior, Agency Costs and Ownership Structure*, 3 J. Financial Econ. 305 (1976).

24. John Armor, Henry Hansmann & Reinier Kraakman, *Agency Problems*,

Legal Strategies and Enforcement, Discussion Paper No. 644, Harvard Law School, 2009.

25. La Porta et al. , *Agency Problems and Dividend Policies around the World*, 55 J. Fin. 1, (2000).

26. Michael Jensen, *Agency Costs of Free Cash Flow*, *Corporate Finance and Takeover*, 76 Amer. Econ. Rev. (1986).

27. Frank H. Easterbrook, *Two Agency - Cost Explanations of Dividends*, 74 Amer. Econ. Rev. 650 (1984).

28. Randy J. Holland, *Delaware Directors' Fiduciary Duties: The Focus on Loyalty*, 11 U. Pa. J. Bus. L. 675 (2009).

29. Anil Hargovan & Timothy M. Todd, *Financial Twilight Re - Appraisal: Ending the Judiciary Created Quagmire of Fiduciary Duties to Creditors*, 78 U. Pitt. L. Rev. 135(2016).

30. George J. Siedel, *Close Corporation Law: Michigan, Delaware and the Model Act*, 11 Del. J. Corp. L. 383 (1986).

31. Robert B. Thompson, *TheShareholder's Cause of Action for Oppression*, 48 Bus. Law. 699 (1993).

32. Richard A. Booth, *Financing the Corporation*, § 5:18, Westlaw.

33. Leos Lennarts, *Directors' and Shareholders' Liability as a Means of Protecting Creditors of the BV*, European Business Organization Law Review 8: 131 (2007).

(三)英文法规

1. American Bar Association Business Law Section, Model Business Corporation Act Annotated (Fourth Edition).

2. Companies Act 2006, UK.

3. California Corporations Code.

4. Title 8 of Delaware Code.

5. Model Articles for Private Companies Limited by Shares, U. K.

6. Model Articlesfor Public Companies, U. K.

7. Directive 2012/30/EU.

8. Directive 2013/34/EU.

9. The Model Statutory Close Corporation Supplement.

10. IFRS 13.

11. New Zealand Companies Act 1993.

12. CFTA.

(四)英文判例

1. Aronson v. Lewis, 473 A. 2d 805 (1984).

2. Sinclair Oil Corp. v. Levien, 280 A. 2d 717 (Del. 1971).

3. Donahue v. Rodd Electrotype co., 328 N. E. 2d 505 (Mass. 1975).

4. Meiselman v. Meiselman, 309 N. C. 279 (1983).

5. Ridge Securities Ltd. v. IRC, [1964] 1 ALL ER 275.

6. Re Halt Garage (1964) Ltd. [1982] 3 ALL ER 1016.

7. Aveling Barford Ltd. v. Perion Ltd., [1989] BCLC 626.

8. Progress Property Company Ltd. v. Moorgarth Group Ltd., [2011] 2 ALL ER 432.

9. Wood, 30 F. Cas.

10. Flitcroft's Case, In re Exchange Banking Co. 1882 Ch D 519 CA.

11. Dodge et al. v. Ford Motor Co. et al., 204Mich. 459, 170 N. W. 668 (1919).

12. Credit Lyonnais BankNederland, N. V., 17 Del. J. Corp. L. 1099 (1991).

13. Official Comm. of Unsecured Creditors of Buckhead Am. Corp. v. Reliance Capital Grp., Inc., 178 B. R. 956 (D. Del. 1994).

14. Geyer v. Ingersoll Publications Co., 621 A. 2d 784 (Del. Ch. 1992).

15. Carrieri v. Jobs. com, Inc., 393 F. 3d 508, 534 n. 24 (5th Cir. 2004).

16. Welt v. Jacobson (In re Aqua Clear Tech., Inc.), 361 BR. 567

(Bankr. S. D. Fla. 2007).

17. North American Catholic Educational Programming Foundation, Inc. v. Gheewalla, 930 A. 2d 92 (Del. 2007).

18. Nixon v. Blackwell, 626 A. 2d 1366 (Del. 1993).

19. Wilkes v. Springside Nursing Home, Inc., 353 N. E. 2d 657 (Mass. 1976).

20. Smith v. Atlantic Properties, Inc., 422 N. E. 2d 798 (1981).

21. Alaska Plastics, Inc. v. Coppock, 621 P. 2d 270 (Alaska S. Ct., 1980).

22. Baatz v. Arrow Bar, 452 N. W. 2d 138 (S. D. 1990).

(五)英文词典、报告

1. Black's Law Dictionary, Seventh Edition.

2. European Company Law Experts, Respond to the European Commission's Consultation on the Future of European Company Law (2012).

3. Communication from the Commission to the Council and the European Parliament: Modernizing Company Law and Enhancing Corporate Governance in the European Union-A Plan to Move Forward (21.5.2003).

4. The Company Law Review Steering Group, Modern Company Law for a Competitive Economy: the Strategic Framework (October 1999).

5. The Department of Trade and Industry (UK), Company Law Reform, Cm. 6456 (March 2005).

6. ALI, Principles of Corporate Governance §4.01 (1994).

7. KPMG Feasibility Study on Capital Maintenance (2008).

8. National Conference of Commissions on Uniform State Law, Uniform Voidable Transactions Act, Prefatory Note (2014).